清心为治本
廉政的包拯

郭敬东 ◎ 著

2015年度安徽省哲学社会科学规划青年项目『法治视域下包拯廉政思想及其当代价值研究』（AHSKQ2015D09）

安徽师范大学学术出版基金项目『包拯廉政思想及其现代价值研究』（编号2021xjxm111）最终成果

安徽师范大学出版社

· 芜湖 ·

图书在版编目(CIP)数据

清心为治本：廉政的包拯 / 郭敬东著. -- 芜湖：
安徽师范大学出版社, 2025. 1. -- ISBN 978-7-5676
-5786-1

Ⅰ. K827=441；D691.49

中国国家版本馆 CIP 数据核字第 20246640BR 号

清心为治本：廉政的包拯

郭敬东◎著

QINGXIN WEI ZHIBEN LIANZHENG DE BAOZHENG

责任编辑：陈　艳　　　　　　　责任校对：阎　娟
装帧设计：桑国磊　冯君君　　　责任印制：桑国磊
出版发行：安徽师范大学出版社
　　　　　芜湖市北京中路2号安徽师范大学赭山校区　　邮政编码：241000
网　　　址：https://press.ahnu.edu.cn
发 行 部：0553-3883578　　　5910327　　　5910310(传真)
印　　刷：江苏凤凰数码印务有限公司
版　　次：2025年1月第1版
印　　次：2025年1月第1次印刷
规　　格：700 mm × 1000 mm　　　1/16
印　　张：14.5
字　　数：196千字
书　　号：978-7-5676-5786-1
定　　价：68.00元

凡发现图书有质量问题，请与我社联系(联系电话：0553-5910315)

序　言

　　本书从廉政治理的角度入手，在彰显儒家传统廉政思想发展脉络的基础上，从法治的视域阐述包拯廉政思想的价值理念、制度思考以及主要特征，并在此基础上凸显并汲取其中符合时代发展的价值资源，古为今用，为当下的反腐倡廉提供政治智慧和历史借鉴。具体来说，全书共分五个部分。

　　第一部分主要是从历史的角度梳理了传统儒家廉政思想的发展历程。先秦时期，孔子针对施政者应该具备何种政治品质的问题提出了"为政以德"的思想，主张施政者必须不断地砥砺自己的德性，正己而后正人。孟子在孔子思想的基础上进一步阐发了德性在国家治理中的重要性，强调施政者要存心寡欲，实施仁政。荀子则从性恶论的角度分析了腐败现象产生的原因，认为必须在"以义制利"的基础上发挥礼法对施政者行为的规制作用。汉唐时期，董仲舒等儒者在先秦儒家所奠定的廉政思想轨制的基础上，以阴阳五行学说为框架，构建了儒家廉政思想的形上学依据，并在制度层面提出了原则性的治腐措施。法天而行、德主刑辅成为这一时期反腐、治腐的主要价值理念。宋朝建立之后，儒家士人的政治活力开始恢复，他们在接续先秦、汉唐儒家廉政思想传统的基础上开始讲求道德，认为施政者德性的自我完善是其廉政、勤政的前提和基础，同时，由于宋初统治集团较为注重法治，所以宋初的儒者在强调"重德"

的同时，也主张发挥法治在反腐惩贪方面所起到的积极作用。可以说，先秦以来儒家所阐发的廉政思想成为包拯阐述反腐惩贪理论和主张的思想资源。

第二部分主要分析了包拯廉政思想形成的时代背景。就社会政治背景而言，北宋时期，统治者为维护统治秩序，开始崇尚文教，通过科举制度将儒家士人吸收到官僚队伍中以发挥其治国理政的才能。受此影响，儒家士大夫的政治主动性空前高涨，将治理天下视为自己应尽的职责。针对当时的腐败问题，他们通过台谏制度积极地向君主指陈朝政之得失，弹劾枉法徇私的官员。在这般社会政治氛围的影响下，包拯也积极地参与到当时的反腐活动中。就思想文化背景而言，包拯早年所受的儒家教育以及与师友之间的交往经历对其清正刚直性格的形成产生了积极的影响。而当时儒学复兴运动的兴起以及统治者对士风的重建和推动也使得包拯在进入仕途之后能够进一步坚定克己奉公、廉政勤政的价值理念和施政原则。在这些时代因素的影响下，围绕如何惩贪奖廉，包拯阐发了系统性的政策主张和建议。

第三部分分析了包拯廉政思想中所含有的民本、德教与法治等价值理念。第一，民本是包拯廉政思想的价值基点，他认为民是国之根本，如果想要确保国家的长治久安，在吏治方面就必须严惩腐败，以防止贪腐的官吏为了一己之私欲而实施虐民之举。第二，德教是包拯廉政思想的重要内涵，他认为施政者必须践行"为政以德"的治理理念，一方面要克制自己的私欲，培养自身的德性，发挥自身道德的示范作用；另一方面则要广施教化，推行仁政，努力营造清正廉洁的社会政治氛围。第三，包拯认为，法治是推进反腐惩贪的重要方式。如果说德教在腐败治理中发挥着增强官员抵抗外在利益诱惑而廉洁从政的能力的作用，那么法治则是通过对腐败行为的事后惩戒来树立官员对法律的敬畏感，使其在法律的震慑性下不敢腐败。在包拯看来，首先，施政者必须带头遵守法令。这是法治能够实施的先决条件。其次，施政者必须保持法律实施的一贯性，不能朝令夕改，损害法律的权威性。最后，法律贵在落实和贯彻，施政者不能因为各种关系的请托而影响法律的实施。

第四部分主要分析了包拯廉政思想中的制度思考。包拯从廉政的角度对宋朝政治制度中所存在的弊端进行了探讨，并对取士、择官、考课、台谏、按察、封驳、审判、问责、罢黜等问题阐发了自己的观点和建议。这些思考颇具系统性和逻辑性。第一，取士、择官、考课等制度属于廉政建设中的预防机制的范畴。在包拯看来，必须选用德才兼备而不是昏聩贪腐之人担任行政职务，这是预防腐败现象产生的前提条件，通过对取士、择官、考课制度的改革可以使朝廷选拔出贤能之士。第二，台谏、按察、封驳等制度属于廉政建设中的监督机制的范畴，包拯认为，通过对台谏、按察、封驳等制度的改革可以及时发现并查处官员们的贪腐枉法行为，规谏君主的个人私欲行为，进而使政治系统能够稳定良性运转。第三，审判、问责、罢黜等制度属于廉政建设中的惩处机制的范畴。在包拯的观念中，任何行政行为都必须要承担相应的责任，健全审判、问责、罢黜制度可以构建有效的行政惩处机制，一方面使尸位素餐的昏聩之人退出官僚队伍；另一方面则通过对腐败人员的严厉惩处来树立法治的权威，增强行政人员对法律的敬畏感，使他们勤政、廉政。围绕这些制度问题，包拯在奏疏中提出了富有建设性的建议。

第五部分总结了包拯廉政思想的主要特征和当代意义。主要特征有三点：一是强调官员德性修养的重要性；二是主张在官员选拔中选任贤能；三是认为在反腐过程中应严格执法。包拯廉政思想对当前廉政建设的借鉴意义包括：第一，推进德治，营造风清气正的价值观念；第二，健全法治，构建有腐必惩的政治生态；第三，强化监督，树立全面覆盖的监察体系。

目　录

绪　论 ………………………………………………………………1

　　一、研究现状述评 ……………………………………………1

　　二、研究意义 ……………………………………………………9

　　三、研究思路、方法和创新点 …………………………………11

第一章　儒家廉政思想发展的历史透视 ……………………13

　　一、先秦儒家廉政思想的产生 …………………………………14

　　二、汉唐儒家廉政思想的形成 …………………………………30

　　三、宋初儒家廉政思想的发展 …………………………………46

第二章　包拯廉政思想形成的时代背景 ……………………59

　　一、社会政治背景 ………………………………………………59

　　二、思想文化背景 ………………………………………………70

第三章　包拯廉政思想中的价值理念 ·····················84

　　一、民本 ·····················85

　　二、德教 ·····················102

　　三、法治 ·····················118

第四章　包拯廉政思想中的制度思考 ·····················132

　　一、预防机制 ·····················137

　　二、监督机制 ·····················160

　　三、惩处机制 ·····················174

第五章　包拯廉政思想的主要特征与现代意义 ··········190

　　一、主要特征 ·····················191

　　二、现代意义 ·····················201

结　语 ·····················214

参考文献 ·····················216

后　记 ·····················224

绪　论

一、研究现状述评

习近平总书记强调，研究和了解我国古代的廉政思想和实践有助于我们运用历史智慧来推动当前的反腐倡廉建设。[①]中国传统文化中蕴含着非常丰富的廉政思想。在长期的历史发展过程中，围绕如何遏制腐败，古代的政治家和思想家实施了不少廉政措施，并在反腐实践的基础上进行了理论思考，形成了颇具系统性的廉政思想理论。这些廉政思想理论基本上涵盖了为政者在从事政治行为时所应遵守和奉行的基本准则，如克己奉公、廉洁自律、勤政为民、尚贤使能、为政以德等。为了汲取其中的廉政智慧，并将其运用到当下的反腐倡廉活动中，学术界的研究者对中国古代的廉政思想和实践进行了深度挖掘。他们希冀从中发掘出符合时代发展的思想资源，进而为法治中国建设提供政治智慧与历史借鉴。而包拯是古代思想家、政治家中廉政自律的典范，在其从政生涯中，他严格律己、弹

---

① 2013年4月19日，在主持十八届中央政治局第五次集体学习时，习近平总书记强调："研究我国反腐倡廉历史，了解我国古代廉政文化，考察我国历史上反腐倡廉的成败得失，可以给人以深刻启迪，有利于我们运用历史智慧推进反腐倡廉建设。"习近平：《习近平谈治国理政》，北京：外文出版社2014年版，第390页。

劾不法，既具有反腐惩贪的思想，又具有反腐惩贪的实践。这引起了相关研究者对包拯廉政思想的关注。概括来说，学术界对包拯廉政思想的研究主要集中在以下五个方面：一是对包拯廉政、勤政事迹的研究；二是对包拯廉政思想内容的研究；三是对包拯廉政历史形象的研究；四是对包拯廉政思想价值的研究；五是对包拯廉政思想的现代传承研究。以下详述之。

（一）对包拯廉政、勤政事迹的研究

学术界在这一方面研究的成果比较丰硕。相关研究者大都围绕包拯的从政经历，通过具体的事件来阐发其廉政思想与实践。如贾玉英阐述了包拯在任职台谏官职时期的廉政事迹，这些事迹主要表现为：批评保守势力，积极为改革派的官员申冤；弹劾不法权贵，主张限制权贵与宦官的权力；上书劝谏君主，强调重点惩治贪官污吏；关心百姓疾苦，奏请轻徭薄赋，主动为民请命；等等。[①]李良学在《李良学讲包公》一书中对包拯的学问来源、侍亲孝道、民本思想、监察思想、断案才干等方面进行了细致的阐述，并在此基础上讲述了包拯一生不畏权贵、敢于执法的廉政事迹。孔繁斌在《包公的廉政事迹及其现代价值》一文中指出，宋朝在经历宋太祖、太宗、真宗的统治后，在宋仁宗时期，因政治管理失之于宽，对不法官员的打击力度不够，导致各种腐败事件层出不穷，而包拯针对当时官场中的腐败问题进行了不懈的斗争。他的廉政事迹主要表现在四个方面：一是在用人层面，包拯主张选任贤能之人担任官员，严惩各类贪腐人员；二是在监察层面，包拯在担任监察御史里行、监察御史以及各路转运使时，清廉自律，并积极弹劾各级贪官污吏；三是在法纪方面，包拯屡上奏疏，劝谏统治者要秉公执法，不能昧于私情；四是自律方面，包拯严格约束自己的一言一行，在其从政生涯

2

---

① 参见贾玉英：《包拯的台谏官政绩论述》，《安徽师范大学学报》（人文社会科学版），1995年第4期，第493-496页。

中，从无任何枉法索贿的行为。①李玮则在《三年为政千秋誉——包拯知端州的廉政、勤政与善政》一文中，对包拯在庐州、端州、开封等地任职的反腐活动进行了重点描述，彰显出包拯"廉政、勤政、善政"的从政品格，并在此基础上进一步凸显包拯清廉自律、刚正不阿的廉政精神。②李护暖的《包拯不持一砚归的真义》一文分析了包拯廉政事迹对后世官员的影响，指出作为一种精神符号，包拯的廉政事迹对后世官员的施政行为无形中产生了重要的规制作用。③郭达祥则通过对《肇庆府志》的研究，在《方志书写中的包公与明清时期肇庆名宦》一文详细分析了志书中关于包拯在端州任职时的大量史料，描述了包拯改善民生、廉于政事的一些具体表现：兴建各种义井，解决民众饮水问题；创办星岩书院、文昌祠等，大力推行教育；修建崧台驿、丰济仓等，发展当地经济；等等。④

（二）对包拯廉政思想内容的研究

目前学界这方面的研究主要从历史的角度出发，在彰显包拯民本思想的基础上，探讨并分析其廉政思想的主要内容。如肖建新在《包拯监察理论和实践简论》一文中指出，包拯在二十七年的仕宦生涯中，其监察思想和实践主要有三个方面：一是在天人相与思想的指导下，以天道规谏君主和宰执大臣的不合理行为；二是以维护纲纪为目的，积极揭露不法行为，严惩贪腐；三是主张防微杜渐，构建了一套以防腐为主的监察体系。⑤张全明在《包拯的反贪理论与实践探微》的文章中分析了包拯的反贪思想与实践。他认为，包拯的

① 参见李玮主编：《包公廉政文化研讨会文集》，广州：暨南大学出版社2018年版，第1-11页。

② 参见李玮主编：《包公廉政文化研讨会文集》，广州：暨南大学出版社2018年版，第12-22页。

③ 参见李玮主编：《包公廉政文化研讨会文集》，广州：暨南大学出版社2018年版，第98-100页。

④ 参见李玮主编：《包公廉政文化研讨会文集》，广州：暨南大学出版社2018年版，第248-252页。

⑤ 参见肖建新：《包拯监察理论和实践简论》，《安徽史学》1994年第3期，第11-14页。

反贪理论主要是强调通过发挥法律的作用来惩治腐败；反腐实践则包括"上书反贪、定制治贪、履责劾贪、依法惩贪"等。①杨国宜则在《略论包拯的民本思想》一文中指出了包拯廉政思想的民本价值指向，他认为包拯在从政过程中弹劾不法官员，严惩贪官污吏，其非常重要的一个目的是能够使民众安居乐业，因此，包拯廉政思想中具有浓厚的民本主义色彩。②李小红、张如安在《中国古代廉政思想简史》一书中则认为，包拯的廉政思想主要包含两方面：一是其以法治腐的思想，主要体现为包拯非常重视立法与执法，他认为"以法律提衡天下"是遏制官员腐败的有效措施；二是其制度防腐的思想，主要体现为包拯对宋朝职官管理制度的重视，他认为只有从具体的制度层面进行变革，才能有效地堵塞官员的贪腐之源。③卢萍则指出，包拯廉政思想的核心内容有三个方面：一是廉洁自律，在施政过程中刚正不阿；二是不畏权势，严惩腐败，抨击不法行为；三是注重民生，体恤百姓，为民请命。④孔繁敏在《包拯的法治思想与断案特色》一文中指出了包拯思想中的法治观，他认为包拯在长期的政治实践中针对北宋官场的贪腐现象形成了一套系统的以法惩贪思想。⑤谢健江认为，包拯在从政过程中廉政、勤政、推行善政的社会实践主要有三个方面：一是在经济上以民生为本，励精图治，改善民生；二是在文化上兴建书院，立本拓源，积极倡导儒家文化；三是在政治上惩治贪腐，与民休息，推行良政、善政等。

4

---

① 参见张全明：《包拯的反贪理论与实践探微》，《华中师范大学学报》（人文社会科学版）2001年第1期，第103-108页。

② 参见杨国宜：《略论包拯的民本思想》，《安徽师范大学学报》（人文社会科学版）2002年第1期，第75-82页。

③ 参见李小红、张如安：《中国廉政思想简史》，北京：中国方正出版社2014年版，第142-146页。

④ 参见李玮主编：《包公廉政文化研讨会文集》，广州：暨南大学出版社2018年版，第112-117页。

⑤ 参见孔繁敏：《包拯的法治思想与断案特色》，《北京联合大学学报》（人文社会科学版）2011年第4期，第118-123页。

（三）对包拯廉政历史形象的研究

学术界在这方面的研究主要集中在两个方面：一是分析包拯历史形象的特点以及人们对包拯尊崇的原因；二是从历史角度分析不同时期包拯形象的嬗变过程。在包拯历史形象的特点及人们对包拯尊崇的原因方面，朱万曙指出，包拯作为"包公"这一形象受到人们尊崇的原因，除了民间长期形成的希冀"清官"出现的心理基础影响外，包拯自身清正廉洁、刚正不阿的道德性格也是其受到尊崇的重要原因。[①]徐忠明在《包公故事：一个考察中国法律文化的视角》一书中分析了历史叙事、包拯文集以及文学叙事中的三种包拯形象，并通过比较指出这三种包拯形象之间的相同之处与差异之处。郭学信在《论包拯崇拜的文化心理》文章中也认为，在历史的发展中，包拯逐渐形成了一种清正廉洁、刚正不阿、严惩贪腐、不畏权贵的历史形象。正是因为现实政治生活中贪腐现象不断发生，使得人们通过尊崇包拯来表达自己内心对这些现象的不满和对清平世界的追求。[②]陈景良、吴欢则在《清明时节说包公："司法之神"形象的形成动因与观念基础》一文中指出，包拯作为"司法之神"的形象，是宋元明清以来通过话本、杂剧、戏曲等方式由民众在生活中自发形成的。这一形象蕴含清官、清明和青天三种观念，折射出民众对司法公正的期待与追求。[③]就从历史角度分析不同时期包拯形象，李良学认为，在长期的历史发展过程中，包拯形成了一种"青天"形象，这种"青天"形象体现了包拯铁面无私、执法如山、除恶扬善、刚正不阿的道德品质。[④]黄皓则指出，在历史发展过程中，人们对包拯逐渐生成一种民俗意义上的信仰，如修建包公的祠堂并

---

① 参见朱万曙：《论包拯的儒家人格》，《理论界》1999年第2期，第51页。

② 参见郭学信：《论包拯崇拜的文化心理》，《安徽师范大学学报》（人文社会科学版）2003年第1期，第70—73页。

③ 参见陈景良、吴欢：《清明时节说包公：包公"司法之神"形象的形成动因与观念基础》，《法学评论》2014年第3期，第185—193页。

④ 参见李良学：《李良学讲包公》，天津：南开大学出版社2014年版，第186页。

在其诞辰之日进行祭拜，制作包公符、包公砚等纪念品等。这种信仰表现出民间对包拯清正廉洁、秉公执法的尊崇。①何峰认为，包拯在去世之后，由于其廉洁自律、刚正不阿的性格，人们将其视为清官的代名词，其事迹随着历史的发展被广为流传。因此，包拯的形象开始逐渐发生一些变化。在宋代，人们将其视为铁面无私的判官。在元代，人们则将其看作替民申冤的清官。在明代，人们将其视为为民做主、断案如神的传奇人物。在清代，人们则将其看作为国为民的忠臣。在现代，人们则将包拯看作反腐倡廉的典范人物。②

（四）对包拯廉政思想价值的研究

相关研究者在对包拯廉政思想的时代价值研究上，存在高度共识，认为一方面包拯廉政思想代表了一种法律文化传统，通过对其加以现代性的转化，汲取其中合理内容，可以为当下的法治中国建设提供有益的历史借鉴。另一方面，相关研究者认为包拯本身就代表着一种文化符号，通过对其进行法治话语下的政治传播，可以为当下的廉政文化建设提供历史话语资源。如徐彪在《论包拯的司法道德观》一文中指出，包拯廉政思想中含有以"清心""直道"为核心的司法道德观，这种司法道德观要求司法人员具备一身正气、不徇私情、刚正不阿、执法如山等职业道德。在当前，通过汲取包拯廉政思想中的司法道德观，可以进一步加强社会主义法治建设。③王振国在《论包拯的吏治思想》一文中指出，包拯严惩贪腐、进用贤俊的吏治观对于当前的反腐倡廉活动具有重要的启示意义。在当前，有些官员因为利益的诱惑而出现了贪腐现象，而包拯思想中的"以教养廉"观念可以有效解决这一问题，通过对官员采取思想政治教

---

① 参见李玮主编：《包公廉政文化研讨会文集》，广州：暨南大学出版社2018年版，第221-222页。

② 参见李玮主编：《包公廉政文化研讨会文集》，广州：暨南大学出版社2018年版，第30-37页。

③ 参见徐彪：《论包拯的司法道德观》，《安徽大学学报》（哲学社会科学版）2000年第2期，第54-58页。

育、法治教育和职业道德教育相结合的思想教育方式，可以增强官员的拒腐能力。①何峰在《略论包拯与中国的清官文化》一文中认为，以包拯为代表的清官文化虽然是封建时代的产物，但其包含的刚正不阿、惩恶扬善的道德人格观念具有一种普适性。对这种道德人格观念汲取与发扬有助于培养和形塑当前官员克己奉公的道德品行。②包焕新认为，包拯清正廉洁、刚正不阿的精神千百年来对后世影响巨大，已经成为重要的历史文化遗产。包拯思想的核心内容主要有四个方面：一是爱国恤民的信仰；二是刚正不阿的精神；三是清廉如水的品德；四是善断疑案的智慧。在当下，通过汲取包拯廉政思想中的核心内容，可以为当前党建工作和政府廉政建设提供重要历史借鉴。③董蕊指出，包拯思想中包含着优秀的家训家风资源，在当前的政治教育中，这种行不逾规、崇廉守法的家训家风资源可以进一步为党员干部的治家活动提供经验，使家庭成为廉政建设的坚实堡垒。邓辉认为，包拯的廉政思想具有系统的逻辑结构，在其关于廉政方面的话语阐述中可以看出："清心"即克服自己内在的私欲、提升自身的道德品质，是廉政之本；"直道"即端正自己的行政作风，在为政过程中直道而行，是廉政之基；"孝肃"即秉公守法、廉政勤政，是廉政之道。在当前的廉政建设中，通过挖掘和汲取包拯廉政思想中符合当前需要的思想资源，有助于培养公职人员廉洁自律的行政作风，强化他们为人民服务的公仆意识，进一步完善官员的选拔任用机制。

（五）对包拯廉政思想的现代传承研究

学术界在这方面的研究主要聚焦于在当下如何通过合适的方式

---

① 参见王振国：《论包拯的史治思想》，《郑州大学学报》（哲学社会科学版）2001年第3期，第58—61页。

② 参见何峰：《略论包拯与中国的清官文化》，《合肥学院学报》（社会科学版）2010年第2期，第29—31页。

③ 参见李玮主编：《包公廉政文化研讨会文集》，广州：暨南大学出版社2018年版，第159—164页。

对包拯的廉政思想进行宣传，进而为法治中国建设起到有益的推动作用。相关研究者认为，"包拯"已经成为廉政的代名词，可以将其遗留下来的从政遗迹加以保护，并进行合理开发和利用，发挥其在廉政文化宣传中的重要作用。如贾敏指出，包拯在肇庆地区为政期间，为了解决民生问题，开凿了水井，这些水井已经成为肇庆地区珍贵的文物遗产。在廉政文化宣传和教育中，可以利用肇庆地区的包公祠和包公井作为文化载体，充分讲好包拯廉政故事，在此基础上将包拯思想中的廉政文化基因传递下去，发挥其对当前廉政建设的积极推动作用。①张锡凤在《浅谈包公文化的弘扬与传承》一文中认为，在传承并弘扬包拯廉政文化时，一方面要注重物质载体的符号象征和传播作用，如开封地区建立了"包公司法文化博物馆"，这对于弘扬传统优秀廉政文化起到了相当大的作用；另一方面则可以通过网络平台加大对包拯廉政文化的传播，拓展其影响的空间，使传统廉政文化深入社会，营造人人知廉、人人倡廉的社会氛围。②许辉则对包拯廉政文化在当前的反腐倡廉新常态下的传承路径进行了研究。他指出，可以采取形式多样的传播方式，各地因地制宜宣传包拯廉政思想，将廉政文化教育和包公文化宣传联系在一起。相关部门也可以将包拯惩治腐败的事迹进行编排，作为各地政府反腐倡廉的素材。此外，合肥、开封与肇庆都建立了关于包公文化的博物馆或纪念馆，这为包公廉政思想的传承提供了助力，可以依托这些公共性平台使包拯廉政思想走进社会。③何峰在《从历史包公到文学包公——包公的文学传播与社会影响》一文中认为，当前可以在深入挖掘包拯廉政文化的基础上，通过召开学术研讨会的方式，构建包拯廉政文化的传播平台，扩大包公文化的影响力。相关部门可以

---

① 参见李玮主编：《包公廉政文化研讨会文集》，广州：暨南大学出版社2018年版，第118—125页。

② 参见李玮主编：《包公廉政文化研讨会文集》，广州：暨南大学出版社2018年版，第211—214页。

③ 参见李玮主编：《包公廉政文化研讨会文集》，广州：暨南大学出版社2018年版，第215—220页。

采用多种艺术表现形式来传播包拯的法制思想。此外，合肥、开封与肇庆等地可以考虑采用举办包公文化节、包公戏剧节等方式拓展包拯的廉政思想。

由上述内容可以看出，学术界关于包拯的研究成果丰硕，这为本书的研究奠定了良好的理论基础。但从现有的研究成果来看，关于包拯廉政思想方面的研究也存在着一些不足之处：一是对包拯廉政思想缺少系统性、全面性的研究，且少有专著问世。包拯廉政思想内在含有一种逻辑体系，涉及反腐的价值理念与制度构建等诸多方面，因此有必要对其廉政思想做整体性研究。二是在具体的研究内容方面，对包拯的取士、择官、考课、台谏、按察、封驳、审判等思想的研究力度不够，尚有进一步拓展的空间。因此，本书从廉政建设的视域入手，对包拯廉政思想中的价值理念、制度构建以及现代价值做综合性、整体性研究，以期凸显包拯廉政思想中的时代价值，为当下反腐倡廉建设提供历史智慧与借鉴。

二、研究意义

廉政建设是国家治理中的重要一环，关乎国家的长治久安。党和国家在推进国家治理体系和治理能力现代化的过程中，多次明确指出廉政建设的重要性。如十七大报告强调要加强廉政文化建设，构建反腐倡廉的长效机制。十八大报告强调要坚持中国特色反腐倡廉道路，"坚持标本兼治、综合治理、惩防并举、注重预防方针"[①]。十九大报告进一步强调：在反腐过程中要"深化标本兼治，保证干部清正，政府清廉、政治清明"[②]。中华优秀传统文化中蕴含着丰富的反腐倡廉思想和实践，古代政治家和思想家针对腐败问题曾经阐

---

① 中共中央文献研究室编：《十八大以来重要文献选编》，北京：中央文献出版社2014年版，第42页。

② 中共中央党史和文献研究院编：《十九大以来重要文献选编》上，北京：中央文献出版社2019年版，第47页。

发了许多富有建设性的思想，这些廉政思想可以为当前的反腐倡廉实践提供历史智慧与借鉴。习近平总书记在主持中共中央政治局第五次集体学习时强调："研究我国反腐倡廉历史，了解我国古代廉政文化，考察我国历史上反腐倡廉的成败得失，可以给人深刻启迪，有利于我们运用历史智慧推进反腐倡廉建设。"①这为我们当前挖掘和汲取古代廉政思想的内容提供了方向和指导。在古代政治家、思想家中，包拯无疑是其中反腐倡廉的典范。他一生廉洁自律，克己奉公，针对当时的腐败行为进行了不懈的斗争，并在奏疏中向君主提出了大量惩贪倡廉的建议，形成了丰富的廉政思想理论。在当前，精心挖掘包拯廉政思想中的反腐倡廉主张，并在创造性转化的基础上对其内容进行合理汲取和吸收，无疑对推进当前廉政建设具有重要的理论和实践意义。

（一）理论意义

深化学术界关于中国传统廉政思想方面的理论研究。目前学术界关于包拯廉政思想内容的研究成果不少，但尚缺乏关于这一主题研究的系统性专著。本书在吸收和借鉴学术界关于包拯廉政思想研究成果的基础上，立足于文化自觉、自信和自强，从历史与现实、理论与实践、反思与汲取等多重视角，以整体性、前瞻性、探索性等为目标，进一步加深对包拯廉政思想中的价值理念、制度构建、历史影响等方面的研究，勾勒出其廉政思想的系统性轮廓，彰显其廉政思想的时代价值，进一步拓展当前学术界关于包拯廉政思想研究的深度与广度。

（二）现实意义

包括包拯廉政思想在内的中华传统优秀廉政文化蕴含着丰富的反腐惩贪方面的经验和智慧。这些丰富的廉政思想资源既是当前我们国家廉政治理的文化基因，也是推动廉政建设的有效助力。包拯

①习近平：《习近平谈治国理政》，北京：外文出版社2014年版，第390页。

是中国古代廉政官员中的杰出代表之一，在其一生的政治生涯中，围绕如何整顿吏治、选拔贤能、整肃纲纪、纠弹不法等问题提出了富有洞见的主张和建议。在当下，如何将包拯廉政思想中的理论智慧在现代转化的基础上运用到新时代反腐倡廉工作中，则成为本书研究的重点。本书在贯彻党的二十大和二十届二中、三中全会精神的基础上，对包拯思想所强调的民本、德教、法治等理念以及其反腐倡廉的建议和主张等优秀思想资源进行深入挖掘，并赋予这些思想新的时代内涵，将其转化为推动当前廉政治理的重要助力，以为当前的廉政建设提供丰富的政治智慧和历史借鉴。

三、研究思路、方法和创新点

（一）研究思路

本书研究的基本思路是围绕全面推进依法治国的目标，在彰显儒家传统廉政思想发展脉络的基础上，从法治的视域阐述包拯廉政思想的价值理念、制度思考以及主要特征，并在此基础上凸显并汲取其中符合时代因素的价值资源，古为今用，为当下的廉政治理与法治中国建设提供政治智慧和历史借鉴。

（二）研究方法

文献分析法。本书通过查阅与分析学术界关于包拯廉政思想及其现代价值方面的文献，在此基础上研究其价值理念、制度思考、主要特征等问题，汲取其中符合当前廉政治理和廉政建设方面的内容，凸显其对当前反腐倡廉实践所具有的历史借鉴意义。

历史研究法。包拯廉政思想的形成有着深刻的社会政治背景和思想文化背景。本书在充分搜集并挖掘当时史料的基础上，将包拯廉政思想放在儒家廉政思想发展的脉络中进行考察，以凸显包拯对儒家廉政思想的继承和发展，进一步分析其廉政思想的特质和内容。

（三）创新之处

　　学术界关于包拯廉政思想方面的研究主要侧重在对包拯反腐思想及其现代价值的挖掘和解释方面。对包拯廉政思想形成的理论渊源、时代背景以及包拯针对当时因制度弊端而产生的腐败问题的看法和建议相对而言缺少系统性的分析。事实上，包拯的廉政思想一方面继承了传统儒家立身持正、为政以德的廉政观念，另一方面也受到宋朝当时社会政治与思想文化方面的影响。针对宋朝当时存在的腐败问题，包拯不仅主张严格执法，加大对腐败官员的惩处力度；还围绕如何完善取士、择官、考课、台谏、按察、封驳、审判、问责、罢黜等制度以防止因制度存在漏洞而滋生腐败的问题，阐发了自己的观点和建议，形成了颇具系统性和逻辑性的廉政思想体系。二十大报告中提出的关于反腐败斗争的新理念和新思想为进一步深化本课题的研究提供了理论指导，故本书从法治的视域出发，对包拯廉政思想产生的历史背景、价值理念、制度思考、主要特征进行全面研究，深入挖掘和阐发包拯廉政思想中的反腐倡廉智慧及其当代价值，以服务于当下的廉政治理和廉政建设。

第一章　儒家廉政思想发展的历史透视

　　"廉"之本义是指堂屋的侧边，[①]后被逐渐用来形容人的清正刚直、品行端正，属于伦理学的范畴。[②]"廉政"一词，就狭义而言，是指官吏在施政过程中能够做到清正廉洁，不为利益所动；就广义而言，则是指政府在制定与实施政策过程中，能够做到公平正义，以保证社会成员的合法权益不受侵犯。[③]中国传统文化中包含着丰富的廉政思想。早在先秦时期，儒家、法家、道家等思想流派就围绕如何反腐问题进行了细致思考。在这些思想流派中，儒家的廉政思想对古代王朝的反腐惩贪治理影响最大。从历史的角度来看，儒家廉政思想经历了产生、形成与发展的过程。先秦时期，孔子针对施政者应该具备何种政治品质的问题提出了"为政以德"的思想，主张施政者必须不断地砥砺自己的德性，正己而后正人。孟子在孔子思想的基础上进一步阐发了德性在国家治理中的重要性，强调施政

---

　　①《说文解字注》载："廉之言敛也，堂之边曰廉，天子之堂九尺，诸侯七尺，大夫五尺，士三尺，堂边皆如其高。贾子曰：'廉远地则堂高，廉近地则堂卑。'是也。堂边有隅、有棱，故曰：廉，廉隅也。又曰：廉，棱也。引申之为清也、俭也、严厉也。"参见（汉）许慎撰，（清）段玉裁注：《说文解字注》，南京：凤凰出版社2007年版，第777页。

　　②李小红与张如安认为："在中国古代这样一个注重伦理政治的国度，廉很快便与政治发生了联系，很早便形成了'廉政'这个概念。因而在理论的探讨中，关于清廉的讨论始终与政治紧密联系，并往往将清廉上升到政治清明、国家兴衰的高度。"参加李小红、张如安：《中国古代廉政思想简史》，北京：中国方正出版社2014年版，第185页。

　　③参见项继权、李敏杰、罗峰：《中外廉政制度比较》，北京：商务印书馆2015年版，第4页。

者要存心寡欲，实施仁政。荀子则从性恶论的角度分析了腐败现象产生的原因，认为必须在"以义制利"的基础上发挥礼法对施政者行为的规制作用。汉唐时期，随着儒家思想成为王朝治理的主要思想，儒家士人也逐渐进入官僚系统中。对于当时的腐败问题，他们有着切身的感受，围绕如何能使官员做到廉政、勤政等问题，他们在先秦儒家所奠定的思想轨制基础上，阐发了系统性的思想。如董仲舒在阴阳五行的思维框架下分析了腐败行为产生的原因，在制度层面提出了原则性的改革措施，并在"法天而行"的话语下为儒家廉政思想构建了形上学依据。唐代贞观统治集团则在儒家廉政思想的影响下围绕具体的廉政措施进行了思考和实践。宋朝建立之后，儒家士人的政治活力开始恢复，他们在接续先秦、汉唐儒家廉政思想传统的基础上开始讲求道德，认为施政者德性的自我完善是其廉政、勤政的前提和基础，同时，由于宋初统治集团较为注重法制，所以宋初的儒者在强调"重德"的同时，也主张发挥法制在反腐惩贪方面所起到的积极作用。儒家廉政思想发展到宋初所积累的这些宝贵见解和经验此后被包拯所继承，成为他阐述自己廉政观点的理论基础。以下详述之。

一、先秦儒家廉政思想的产生

在中国历史发展的长河中，廉政思想与实践源远流长。早在上古三代时期，统治者为了维护自身的统治地位，确保政治治理的清明稳定，对官吏的贪腐行为制定了相应的治理措施，希望通过发挥刑罚的震慑和惩罚功能来遏制腐败现象的发生。如《夏书》中载："'昏、墨、贼，杀。'皋陶之刑也。"[①]其中"墨"就是指官吏的贪污腐败。而记述周代政制的《周礼》一书，也对政府官吏的廉政标

----

① 春秋时期晋国大夫叔向言："己恶而掠美为昏，贪以败官为墨，杀人不忌为贼。夏书曰：'昏、墨、贼，杀。'皋陶之刑也。"参见（清）洪亮吉：《春秋左传诂》，北京：中华书局1987年版，第718页。

准及其考核方式进行了详细的阐述，规定天官冢宰的职能为："以听官府之六计，弊群吏之治。一曰廉善，二曰廉能，三曰廉敬，四曰廉正，五曰廉法，六曰廉辨。"①将善、能、敬、正、法、辨等标准作为官吏廉政、勤政的重要标准，且将官吏的廉政勤政与晋升考核联系起来，从制度上对官吏的腐败行为进行了约束与规制。春秋战国时期，思想家和政治家们在思考政治治理问题的同时，也展开了关于廉政问题的思考，如晏子在回答齐景公"廉政而长久，其行何也"之问时言："其行水也。美哉水乎清清，其浊无不雩途，其清无不洒除，是以长久也。"②在晏子看来，廉是从政的美德。水的性质是内明而外柔，施政者在施政过程中亦应如水一样做到清正廉洁，革污除弊。在当时政治上也涌现出一些有代表性的廉吏，为后世所称道，其中比较著名的是战国时期鲁穆公的宰相公仪休。他在担任鲁国宰相时，喜欢吃鱼。于是就有人送鱼给他，但公仪休认为这是受贿的行为，予以拒绝，并对此送鱼的人说，自己现在作为宰相，俸禄足以自己买鱼，如果接受了别人送的鱼，则就会因为徇私而被罢免官职，如此，即使日后自己想吃鱼，也没法吃到了。③由此可以看出，当时官员已经有了廉洁奉公的自我意识。当然，如果从思想史的角度来看，在春秋时期，系统地阐发廉政的主题及其价值、内涵的人物则是儒家的孔子。针对当时的社会政治情况，他提出了有德者为政的理念，认为施政者在施政过程中必须要具备德性，正己而后正人。孟子与荀子则在孔子的基础上对廉政问题进行了更进一步的探讨，形成了体系化的廉政思想。以下详述之。

---

① (清)李光坡：《周礼述注》，北京：商务印书馆2019年版，第22页。

② 赵蔚芝：《晏子春秋注解》，济南：齐鲁书社2009年版，第179页。

③《史记》载："公仪休者，鲁博士也。以高第为鲁相，奉法循理，无所变更，百官自正。使食俸者不得与下民争利，受大者不得取小。客有遗相鱼者，相不受。客曰：'闻君嗜鱼，遗君鱼，何故不受也？'相曰：'以嗜鱼。故不受也。今为相，能自给鱼；今受鱼而免，谁复给我鱼？吾故不受也。'"(汉)司马迁：《史记》第四册，北京：中华书局2011年版，第2695页。

（一）"正名"与"德治"

孔子强调施政者在施政过程中要注重培养自身的德性，以仁和礼作为培养自己政治道德的重要手段，主张官吏在自身德性完善的基础上克己奉公，实施良政。这种廉政观的产生与当时的社会政治状况有着密切的联系。春秋时期，作为维持当时社会政治秩序主要纽带的封建制和宗法制开始解体。一方面，各个诸侯国君为了争夺土地，扩大势力范围，彼此之间互相攻伐。而周王朝自东迁洛邑之后，政治、经济、军事等实力不断衰退，特别是在公元前711年，周桓王讨伐郑国失败后，其政治权威已经不行于诸侯，各地诸侯国君违抗王命的事件渐渐增多。另一方面，在各个诸侯国的内部，一些权臣开始控制朝政。有些强势的权臣甚至废除国君，取而代之。如公元前386年，齐国田和驱逐齐康公而自立，并受到周王室的册封。可以说，春秋时期，周王朝在初期所确立的建立在"礼治"基础上的社会政治秩序已经开始崩坏。《史记》所说"春秋之中，弑君三十六，亡国五十二，诸侯奔走不得保其社稷者不可胜数"①的状况，正是对春秋时期社会政治秩序失序状况的真实写照。

与这种社会政治秩序失序状况相伴生的则是各国"苛政"的出现。民众是国家赋税的主要来源，不少诸侯国君由于治理问题而出现了国用紧张问题，于是他们自然而然将解决的目光投向了民众身上，希图通过提高赋税额度来缓解和弥补国用的不足。这种方法实施后，民众的利益受到了极大的损害，出现了生活难以为继的情况。如鲁国粟米之征，原为什一，后增至什二，统治者犹感到不足，处处聚敛，以弥补财政用度的不足。②在这一历史背景中，孔子接续了商周时期敬德重德的思想，对政治权力应如何规范运行，官员应如何廉政、勤政等问题进行了理论阐述，从而奠定了中国古代廉政思

---

① （汉）司马迁：《史记》第四册，北京：中华书局2011年版，第2856页。

② 《论语》中载鲁哀公言："二，吾犹不足，如之何其彻也？"参见程树德：《论语集释》，北京：中华书局2013年版，第980页。

想"为政以德"的价值基础。

在春秋之前，"德"主要有两方面的含义：一是指君德，如《尚书·皋陶谟》中载皋陶言："允迪厥德，谟明弼谐。"①即强调统治者践行"德"的重要性。当时流行的观念认为，当统治者有德，则能受到上天的眷顾，承受天命治理天下；当统治者无德，则会失去上天的眷顾，失去治理天下的资格。可以说，统治者的德是衡量其政治统治正当性的重要性因素。二是指民德，主要是指民众所应遵守和践行的伦理规范，如父慈子孝、兄悌弟恭的礼治秩序等。君德与民德的关系是一种影响与被影响的关系，当为君以德，即统治者实行德治时，才能民德归厚，即民众遵守伦理规范，形成良好的礼治秩序。诚如卢雪昆所言："华夏古文明突出'君德'，而'君德'必须体现于造福民生。"②这里面也包含着这样一层逻辑关系，即君正而后民正，只有君主不断培养自身的德性，使自己具有足以治国的政治道德，才能正己而后正人。

而在孔子所处的时代，"德"的涵义逐渐发生了一些变化，开始成为衡量人们品行的道德判准之一。在此历史背景下，孔子对"德"进行了时代性的诠释，将德视为君子应该具备的重要品性之一。如他言："德之不修，学之不讲，闻义不能徙，不善不能改，是吾忧也。"③在《论语·述而》中，孔子言"志于道，据于德，依于仁，游于艺"④，将德视为君子安身立命的基础，主张君子应该时刻反省自己的不足之处，不断培养和完善自身的德性。⑤在《论语·宪问》中，孔子又言："骥不称其力，称其德也。"⑥在此，孔子以良马为

---

① 蔡沉对此释曰："皋陶言为君而信蹈其德，则臣之所谋者无不明，所弼者无不谐也。"参见(宋)蔡沉撰，王丰先点校：《书集传》，北京：中华书局2018年版，第26页。

② 卢雪昆：《孔子哲学传统：理性文明与基础哲学》，台北：里仁书局2014年版，第26-27页。

③ 程树德：《论语集释》，北京：中华书局2013年版，第508页。

④ 程树德：《论语集释》，北京：中华书局2013年版，第512页。

⑤ 朱熹言："据者，执守之意。德者，得也，得其道于心而不失之谓也。得之于心而守之不失，则终始惟一，而有日新之功矣。"参见朱熹：《四书集注》，北京：中华书局2011年版，第91页。

⑥ 程树德：《论语集释》，北京：中华书局2013年版，第1168页。

喻，认为在人的品性之中，德相较于才能而言更为重要。事实上，在孔子看来，就政治的角度而言，德性完善的君子无疑是理想中的政治管理者，君子据德守礼，在施政过程中必然能够通晓义利之辨，将义置于利之上，奉公守法，廉于政事。这也反映出孔子对统治者政治品性的希求与重视。

春秋时期，为政者主要是由君与臣组成，君为诸侯国君，臣则是由士大夫等构成的行政官员。君与臣之间存在着一种"支配与被支配"的关系。这种关系又有两个维度：一是"君使臣"的维度，即君主在政治关系中应该如何管理臣下；二是"臣事君"的维度，即臣下在政治关系中应该如何对待君主。在孔子所处的时代，一般的主流观念还是延续西周以来的政治传统，认为君主应该以"礼"来对待臣下，而臣下则应该以"忠"来回报君主。当君臣之间存在的这种关系出现紊乱，即君无"礼"或者臣不"忠"时，就会发生政治动荡。这在孔子所处的春秋时代表现得尤其明显。

在这种政治观念的影响下，孔子认为，当时的各种社会政治问题的发生，都与君和臣缺乏政治道德有着紧密的关联。君有君德，臣亦有臣德。君主如果缺少政治德行，不能以身示范，荒淫无道，则会引起臣下的不满与反抗；同样，当臣下缺少政治德行，拥权自专时，则会导致政出私门，政治体系呈现出破碎化的状态，妨碍制度的稳定运行。鲁定公曾经询问孔子关于君臣之间的相处之道，孔子曾言："君使臣以礼，臣事君以忠。"①孔子认为，君与臣都应该具备政治德性，不断培养自己的道德品质。这种政治德性在"君使臣"的维度主要体现为：君主的各种行为应该符合"礼"的规范，以"礼"对待臣下；在"臣事君"的维度则体现为：臣下忠于君主，当然这种"忠"并非愚忠，而是要以符合国家的整体利益为前提。②

孔子对君臣关系的这种看法实际上是想在君臣之间建立一种政

---

① 程树德：《论语集释》，北京：中华书局2013年版，第229页。

② 孔子言："所谓大臣者，以道事君，不可则止。"参见程树德：《论语集释》，北京：中华书局2013年版，第913页。

治伦理规范，以规制政治体系中由权力运行紊乱所带来的政治失范问题。孔子的这种观念实际上是建立在他对政治与道德关系的认识基础上的。政治伦理规范属于道德的范畴，权力运作属于政治的范畴。孔子认为，政治与道德之间存在着一种微妙且精巧的关系。一方面，道德可以为政治秩序的建立与稳定奠定内在的道德基础，使民众对政治秩序产生高度的认同。另一方面，政治则可以为道德秩序的建立与稳定提供外在的制度规范，使民众对道德秩序形成外在的敬畏。在孔子看来，如果在政治活动中缺少道德的支撑，那么政治就会变成单纯的权力博弈的行为，人的自我主体性就无法挺立起来。同样，如果在道德活动中缺少政治的规制，那么道德就会变成单纯的安顿人心的话语，人的社会政治失范行为无法受到制约。但孔子又认为，道德在治国理政中的地位更为重要。他言："道之以政，齐之以刑，民免而无耻，道之以德，齐之以礼，有耻且格。"①治国者不能简单地将权力和刑罚用来作为管理民众的主要手段，而必须采用德礼为主、刑罚为辅的方式，德礼的实施可以奠定政治的道德基础，增强施政者的政治权威，使民众在内心上认可和支持施政者的政治决策和政治行为。

因此，孔子非常重视施政者的德性问题，经常强调施政者注重和培养自身德性的重要性。如他言："其身正，不令而行；其身不正，虽令不从。"②根据孔子的观点，施政者在整个治理过程中发挥着道德表率作用。如果他们能够勤政、廉政，则会对周围的臣属以及民众产生一种道德示范作用，这有助于人们认可施政者的政令，增强政治管理的执行力度。如果施政者自身德性存在问题，则无疑会对施政过程产生负面的影响，造成人民消极地对待政令的实施。孔子的这种思想在与季康子的对话中展现得尤为明显。季康子是鲁哀公统治时期的大臣，管理着鲁国的国政。在迎孔子回鲁之后，季康子曾询问孔子对重刑治世的看法，孔子言："子为政，焉用杀？子

---

① 程树德：《论语集释》，北京：中华书局2013年版，第79页。

② 程树德：《论语集释》，北京：中华书局2013年版，第1037页。

欲善而民善矣。君子之德风，小人之德草，草上之风，必偃。"①这句话有两方面的含义：一是指出季康子在治国方式的认识方面存在误区；二是主张季康子在国家治理方面要实施德治，通过自身德性修养来影响民众，正己而后正人。在孔子看来，施政者在治国理政时，必须采用德治而非刑治。德治的意涵有二：一是指统治者自身须要有良好的道德，平时要时刻注重自身的德性修养，身正而后才能正人；二是指施政者在施政过程中必须要推行德教。如此，无论是官吏还是民众都会被其德治所影响，形成廉洁清正之风。

具体说来，孔子认为施政者在施政过程中要做到"尊五美"与"屏四恶"。

"五美"是指五种德行，即要求统治者要做到"君子惠而不费，劳而不怨，欲而不贪，泰而不骄，威而不猛"②。"惠而不费"是指施政者在施政过程中以中道为原则，想民之所想，利民之所利。"劳而不怨"是指施政者役使民力时，要充分考虑实施的情况。"欲而不贪"是指施政者要以行仁而非获得利益作为政治追求的目标。"泰而不骄"是指施政者以民为本，对待民众无怠慢之心。"威而不猛"是指施政者在施政过程中要做到态度庄重，使民众对其产生应有的尊重感。③孔子认为，这五种德行是施政者在施政过程中应该奉行的行为准则。"四恶"是四种恶行，孔子认为，施政者在践行"五美"的同时，也要避免出现不教而杀、不戒视成、慢令致期、出纳之吝等四种恶行。④这四种恶行在孔子看来，与德治相悖。施政者只有践行"五美"，摒弃"四恶"，才能心存公念，以仁政德治作为自己施政所

① 程树德：《论语集释》，北京：中华书局2013年版，第997页。

② 程树德：《论语集释》，北京：中华书局2013年版，第1570页。

③《论语·尧曰》载："子曰：'因民之所利而利之，斯不亦惠而不费乎？择可劳而劳之，又谁怨？欲仁而得仁，又焉贪？君子无众寡，无大小，无敢慢，斯不亦泰而不骄乎？君子正其衣冠，尊其瞻视，俨然人望而畏之，斯不亦威而不猛乎？'"参见程树德：《论语集释》，北京：中华书局2013年版，第1571页。

④《论语·尧曰》载："不教而杀谓之虐；不戒视成谓之暴；慢令致期谓之贼；犹之与人也，出纳之吝谓之有司。"参见程树德：《论语集释》，北京：中华书局2013年版，第1574页。

追求的目标，在施政过程中克己奉公、廉洁自律。

可以说，孔子提出了"为政以德"的政治理念，并在此基础上围绕施政者应如何廉政、勤政等问题构建了一套政治伦理规范。这套政治伦理规范在价值理念方面主张施政者践行德治，在完善自身德性的基础上实施德教，修己而治人；在政治实践方面则强调施政者要"尊五美"和"屏四恶"，践仁而行，循礼而治。孔子的这些思想为后世儒家廉政思想的发展确立了轨制。

（二）"仁心"与"仁政"

自孔子在廉政、勤政问题上提出了"为政以德"的观念后，孟子起而承之，对孔子所强调的"为政以德"的廉政观进行了进一步的理论申述。在孟子所处的战国时代，作为约束政治权力的礼制已经解体，各个诸侯国为富国强兵纷纷采用了功利性的国家治理措施。①如梁惠王在见到孟子时，首先向他请教咨询的就是利国之策。就治理角度而言，统治者在施政过程中以利为先，重利而轻义，则必然会上行下效，导致下属官员在为政过程中实施苛政，过度汲取民力。同时，在功利之习的影响下，由于统治者较为看重"利"而非"义"，忽视官僚队伍中的廉政道德建设，一些官吏在利益的诱惑下出现了徇私枉法的行为。在这种时代背景下，孟子对义利关系展开了探讨，倡导统治集团在施政过程中应"以义为先"，并在此基础上系统地阐发了自己的廉政主张，形成了系统的廉政理论。

第一，孟子对各个诸侯国君所推行的功利性的国家治理措施进行了批判。首先，孟子认为统治者在对义利关系的认识上存在着重大的误区，错把利置于义之上。在孟子看来，统治者必须处理好义与利之间的关系。当君主以利为先，好大喜功时，臣下必然投其所好，实施苛政，厚敛于民，不断搜刮民脂民膏来向君主表明自己的

①《史记》载："当是之时，秦用商君，富国强兵；楚、魏用吴起，战胜弱敌；齐威王、宣王用孙子、田忌之徒，而诸侯东面朝齐。天下方务于合从连衡，以攻伐为贤。"参见（汉）司马迁：《史记》三，北京：中华书局2013年版，第2065页。

行政能力，这必然会给国家治理带来消极的影响。其次，如果君主事事言利，忽视道德教化在国家治理中的作用，则会造成这样一种政治结果，即维系君臣之间的纽带变成了"利"而非"义"。这种建立在"利"基础上的政治关系比较脆弱，容易导致政治权威的衰退，进而引发政治系统运行的紊乱，所谓"怀利以相接，然而不亡者，未之有也"①。最后，统治者重利而轻义，必然会对民众产生影响。一旦国家形成了重利的社会氛围，则由争利、夺利而产生的社会矛盾就会层出不穷，社会政治秩序的稳定性就会因此而受到冲击。因此，孟子认为，君主在统治过程中应该以义为先，推行仁政。

孟子的这种观念在与梁惠王的对话中有着清晰的展现。在孟子所处的时代，魏国已经失去了原先在中原地区的霸主地位。齐国、秦国和楚国等诸侯国相继崛起，并对魏国形成了东西夹击之势，与魏国进行了多次战争，其结果正如梁惠王自言的那样："东败于齐，长子死焉，西丧地于秦七百里，南辱于楚。"②梁惠王为洗刷战败的耻辱，在孟子入梁时，向其询问利国之策，而孟子对梁惠王作了如下的回答：

"王曰：'何以利吾国？'大夫曰：'何以利吾家？'士庶人曰：'何以利吾身'？上下交征利而国危矣。万乘之国弑其君者，必千乘之家；千乘之国弑其君者，必百乘之家。万取千焉，千取百焉，不为不多矣，苟为后义而先利，不夺不餍。"③

从孟子的这段论述中，我们可以看出其有深意存焉。在梁惠王看来，魏国最大的威胁来自外部，主要是齐、秦、楚等国咄咄逼人的攻势。因此，国家中存在的最大问题就是如何富国强兵。但在孟子看来，魏国当下最危险的不是外部，而是内部。孟子认为，当君

---

① （清）焦循撰，沈文倬点校：《孟子正义》，北京：中华书局2017年版，第683页。
② （清）焦循撰，沈文倬点校：《孟子正义》，北京：中华书局2017年版，第53页。
③ （宋）朱熹：《四书章句集注》，北京：中华书局2011年版，第187页。

臣甚至民众都以获"利"、得"利"作为自己行为的价值判准时，那么就会出现政治动荡，进而导致政权更迭。[①]因此，作为统治者必须以仁义作为治国的价值标准。如果统治者在治国中片面地追求"利"而忽视"义"，则会动摇政治统治的道德性基础，进而引起政治秩序的紊乱和动荡。

第二，孟子从形而上学的角度阐发了施政者在施政过程中坚持清正廉洁的必要性，为廉政的正当性作了哲理化的论证。孟子认为，人生而具有善性，所谓"恻隐之心，人皆有之。羞恶之心，人皆有之。恭敬之心，人皆有之。是非之心，人皆有之"[②]。此"四心"是人生而有之，并非由后天外在的情境陶冶所成。"四心"的外在表现为仁、义、礼、智。人们在行为中践行仁、义、礼、智，并非外在规范约束的结果，而是自己本心发用的自然展开。人们之所以会出现恶的行为，其主要原因是内心被外物所牵累，即外在环境的变化导致个人"陷溺其心"，无法自拔。孟子对此曾举例言："富岁子弟多赖，凶岁子弟多暴，非天之降才尔殊也，其所以陷溺其心者然也。"[③]他认为在丰年之时，子弟因为粮食充足而常常懒惰；而在歉收之年，子弟则因为粮食短缺而发生争斗，这都是外在环境影响其内心的结果，并非他们本心的自然流露。因此，在孟子看来，人如果能够求其"放心"，使心不被外物所牵累，不断完善自己的德性，则本性中善性就会呈现出来。

人生而具有善性，养其小体者为小人，养其大体者为君子。由此而言，施政者作为"人"自然也具有善性，具有辨别是非善恶的良知良能。如果施政者在施政过程中能够"发明本心"，不为外物所牵累，则自然能够做到克己奉公、清正自律。从这个意义来说，清正廉洁之心为每一个施政者所有，他们在施政过程中做到廉洁自律

① 汉代赵岐言："治国之道明，当以仁义为名，然后上下和亲，君臣集穆。天经地义，不易之道，故以建篇立始也。"参见(清)焦循撰，沈文倬点校：《孟子正义》，北京：中华书局2017年版，第35页。

② (清)焦循撰，沈文倬点校：《孟子正义》，北京：中华书局2017年版，第625页。

③ (清)焦循撰，沈文倬点校：《孟子正义》，北京：中华书局2017年版，第627页。

并非外在礼法约束的结果，而是内在"良心"自然流露的结果。只要施政者在平时不断地砥砺自身的德性，反省自己的行为，则在施政过程中自然能够本诸善心而施善政，做到崇德尚礼，克己奉公。

第三，孟子认为，"寡欲存心"可以为施政者的清正廉洁提供精神保障。在孟子看来，施政者在施政过程中做到清正廉洁事实上遵循自己"良心"的指引。"良心"对施政者的施政行为产生两方面的积极影响：一是可以使他们在面对利益诱惑的时候见利而思义，自觉地抵制内心中私欲的萌生；二是可以使他们在施政过程中面对其他官员的贪腐行为时产生道德责任感，进而对其腐败行为进行及时的遏制。因此，孟子非常强调对"心"的修炼，主张施政者在施政过程中要做到"寡欲存心"。就具体的政治实践来说，首先，孟子认为，"寡欲存心"要求统治者应该践行仁义，不断地培养自身善性，遏制自身的私欲，发挥自身道德在施政过程中的示范作用。在孟子看来，君主处于政治系统的顶点，其言行对政治系统中的成员会形成重大的影响：当君主克己守礼，以道德自任时，则会对官吏的政治伦理观形成积极正面的影响，使其廉洁自律，克己奉公；当君主肆志广欲，藐视礼法时，则会对官吏的政治伦理观形成消极负面的影响，使其阿谀奉承，贪利嗜欲。因此，孟子认为，君主应该加强对自身德性的修养，这是实现天下大治的前提和关键，所谓"君仁莫不仁，君义莫不义，君正莫不正，一正君而国定矣"①。国家治理的先决条件就是君主能够通过道德修养控制自己的私欲，培养和扩充治理天下的公心。其次，孟子认为，施政者要实现"寡欲存心"的境界就必须要做到两方面：其一，在内在工夫修养方面，施政者要经常"求放心"，以使内心不被外在之物所牵累而能够做出正当的判断。②其二，在外在的政治实践方面，施政者要尊崇礼法，循礼而

---

① （清）焦循撰，沈文倬点校：《孟子正义》，北京：中华书局2017年版，第434页。

② 孟子言："仁，人心也。义，人路也。舍其路而弗由，放其心而不知求，哀哉！人有鸡犬放，则知求之，有放心而不知求。学问之道无他，求其放心而已矣。"参见（清）焦循撰，沈文倬点校：《孟子正义》，北京：中华书局2017年版，第651页。

治，践义而行，严格遵守古代圣贤所遗留下来的治国大法，所谓"君子以仁存心，以礼存心"①。在孟子看来，君子以仁、礼存之于心，并非刻板地遵守外在的道德教条，而是从内在的角度去体认与履行仁与礼的精神。由此可以看出，孟子非常重视寡欲存心在廉政建设中的重要性，他之所以强调施政者加强自我修养，重视道德反省，其目的在于通过激发施政者的德性，以使他们在治国理政过程中能够时时不忘自身内在的"良知良能"，以公为念，实施仁政。

（三）"隆礼"与"重法"

在荀子所处的时代，功利主义已经普遍为当政者所崇奉。②各个诸侯国的君臣在施政过程中基本上都是以利益作为实施政治行为的出发点。在这种历史背景下，荀子围绕如何规制人内在欲望的问题而阐发了建立在性恶论基础上的政治伦理观，提出了强调"隆礼"与"重法"的廉政思想。

第一，荀子的廉政思想是建立在其"性恶说"的基础之上的。与孟子所阐发的性善论有所不同，荀子认为，人们生来就具有各种欲望，当欲望得不到满足时，人们就会铤而走险，争夺利益以满足自身的欲望。此时如果没有礼法的约束，就会出现社会政治秩序的紊乱。因此，礼法的规制可以说是防范和解决人性恶的有效工具。③由此而论，在政治领域，荀子认为，作为个体的君主和官吏同样拥有各种欲望，如君主想要稳操权柄，肆志广欲；官吏想要谋取利益，获得权力等。如果缺少外在礼法的规制，则包括君主在内的政治个

---

① （清）焦循撰，沈文倬点校：《孟子正义》，北京：中华书局2017年版，第493页。

② 《史记》载："荀卿嫉浊世之政，亡国乱君相属，不遂大道而营于巫祝，信机祥。"参见（汉）司马迁：《史记》三，北京：中华书局2013年版，第2069页。

③ 荀子言："今人之性，生而有好利焉，顺是，故争夺生而辞让亡焉；生而有疾恶焉，顺是，故残贼生而忠信亡焉；生而有耳目之欲，有好声色焉，顺是，故淫乱生而礼义文理亡焉。然则从人之性，顺人之情，必出于争夺，合于犯分乱理而归于暴。故必将有师法之化、礼义之道，然后出于辞让，合于文理，而归于治。"参见（清）王先谦撰，沈啸寰、王星贤整理：《荀子集解》，北京：中华书局2012年版，第420–421页。

体将会在自己无限扩张的私欲的影响下，做出不利于社会政治秩序稳定的行为。所以，在廉政问题上，荀子非常看重礼法在对政治个体的道德规制与行为纠偏过程中所发挥的重要作用。他曾言："今人之性恶，必将待圣王之治、礼义之化，然后皆出于治、合于善也。"①由此可以看出，礼法在荀子的廉政观中占有极其重要的位置。

第二，荀子认为，君主在廉政、勤政上对整个政治系统中的成员发挥着表率与示范作用。各级官吏在施政过程中能否做到奉公守法、廉于政事，与君主自身能否带头遵守礼法、廉政勤政有着紧密联系。荀子认为：人们生而具有逐利性，喜好追求外在的利益以满足自己的私欲。如果缺少礼法的规制，就会出现各种社会政治问题。而君主作为个体的人，也具有逐利性。在整个政治系统中，君主的地位比较特殊，对政治运作起着控制与主导的作用。因此，君主本人的利欲对廉政建设来说至关重要。当君主以义为先，大公无私时，官员就会克己奉公，清正廉洁；当君主以利为先，嗜欲无度时，官员就会上行下效，贪腐成风。荀子对此曾言："上好贪利，则臣下百吏乘是而后丰取刻与，以无度取于民。"②君主如果好利、贪利，则各级官员也会跟着好利、贪利，在施政过程中不断加大对民众的搜刮力度，厚敛于民。由此可以看出，在荀子的思想中，君主崇礼尚义、克制己欲是整个官员队伍廉洁奉公的前提条件。荀子言："故上好礼义，尚贤使能，无贪利之心，则下亦将綦辞让、致忠信而谨于臣子矣。"③君主如果崇尚礼义，遵守古代先王之法，重用贤能之士，在日常的行为中克制自己的私欲，凡事以大公之心待之，那么各级官员也会受到君主的影响，在日常的为政过程中做到廉政、勤政。

君主在治国中为何会出现肆志广欲的情况？有无行之有效的办法对君主的行为进行规制？荀子围绕这些问题进行了进一步的解释。在荀子看来，君主之所以会出现嗜欲无度的情况，除了人性本身的

① (清)王先谦撰,沈啸寰、王星贤整理：《荀子集解》,北京：中华书局2012年版,第427页。

② (清)王先谦撰,沈啸寰、王星贤整理：《荀子集解》,北京：中华书局2012年版,第227页。

③ (清)王先谦撰,沈啸寰、王星贤整理：《荀子集解》,北京：中华书局2012年版,第228页。

原因外，还有两方面的原因对其产生了重要影响：一是社会主导价值的影响。当时的社会风气崇尚功利，列国之间尔虞我诈，互相攻伐。在这种背景下，君主及其统治集团为了自己的私欲就会"以无度取于民"，不断地汲取民力，以维持战争的需要。[1]二是君主在施政过程中缺少礼法的限制，恣意妄为，结果导致政治运行紊乱，国用不足。为了使财政用度充盈，君主便想方设法地筹措财物，下级官员也不断地搜刮民脂来满足君主的这一需求。荀子言："上虽好取侵夺，犹将寡获也。而或以无礼节用之，则必有贪利纠诉之名，而且有空虚穷乏之实矣。此无他故焉，不知节用裕民也。"[2]他指出，君主治国如果不从大本入手，克制己欲，节用裕民，则会造成国家的积贫积弱，如此，即使想要通过各种方式从民众那里搜刮利益，也很难实现，因为民众的利益早已被巧取豪夺殆尽。因此，荀子在讨论政治问题时，屡屡强调君主应践行王道，认为君主在施政过程中应该"以礼分施，均遍而不偏"[3]。作为辅佐君主的大臣也应该做到"以礼待君"，以道谏君，不应一味迎合君主的嗜好，助长君主的贪欲，而应该匡正君道。[4]

第三，荀子认为政治腐败与社会腐败紧密相连，以君主为首的统治集团如果突破礼法的限制而出现腐败行为时，则民众亦会受此影响而形成贪财好利的性格。如此上行下效，整个国家的人心秩序与政治秩序就会出现紊乱甚至崩溃。荀子言："大国之主也，不隆本行，不敬旧法，而好诈故，若是，则夫朝廷群臣亦从而成俗于不隆礼义而好倾覆也。朝廷群臣之俗若是，则夫众庶百姓亦从而成俗于不隆礼义而好贪利矣。"[5]这段话语的意思主要是指，如果一国的君

---

① 荀子言："为人主者，莫不欲强而恶弱，欲安而恶危，欲荣而恶辱。"参见(清)王先谦撰，沈啸寰、王星贤整理：《荀子集解》，北京：中华书局2012年版，第235页。

② (清)王先谦撰，沈啸寰、王星贤整理：《荀子集解》，北京：中华书局2012年版，第175页。

③ (清)王先谦撰，沈啸寰、王星贤整理：《荀子集解》，北京：中华书局2012年版，第228页。

④ 荀子言："故谏、争、辅、拂之人，社稷之臣也，国君之宝也，明君所尊厚也。"参见(清)王先谦撰，沈啸寰、王星贤整理：《荀子集解》，北京：中华书局2012年版，第245页。

⑤ (清)王先谦撰，沈啸寰、王星贤整理：《荀子集解》，北京：中华书局2012年版，第223页。

主不能完善自己的德性，不能遵守先王的礼法，在治理国家时崇尚功利，实施术治，则朝廷中的官员也会受到君主的影响而做出超出礼法约束的行为。官员的这种行为也会对民众造成影响，他们看到朝廷百官嗜利背义的行为后，也会仿效他们的见利忘义之举，形成贪利好财之风。最终结果就是贪利腐败的习气弥漫于整个国家。在荀子的这段论述中，我们可以发现荀子非常重视礼义法度对政治的规制作用。这事实上与荀子"以义制利"的思想有关。

从荀子关于礼义的论述中，我们可以看出，荀子思想中的"义"的意涵已与孔子、孟子思想中"义"的意涵有所不同。孔孟所言之"义"属于一种伦理的范畴，主要是指一种自律性的道德价值，而荀子所言之"义"则属于一种礼治的范畴，主要是指一种他律性的规范工具。黄俊杰对此曾言："荀子极端强调'以义制利'的必要性，于是，'义'从孔孟思想中作为自律性之道德禀赋的静态概念，一变而为强制性的动态工具。这层转折的结果使得先秦儒学史的'义'从孔孟思想中原属于'伦理的境域'（Realm of ethics），一跃而进入'法律的境域'（Realm of jurisprudence）。"① "义"在孔孟的话语中呈现出一种德性的意涵，但荀子则为"义"加入了规制性的意涵，使其成为一种规范性的价值，并以此规范性的价值来作为约束施政者行为的重要手段。如他言："循其道，行其义，兴天下同利，除天下同害，天下归之。"②这种强制性意涵的加入主要是为了增强"义"在制利方面所具有的效用。

第四，荀子认为，解决腐败，使君臣廉洁奉公的方法主要有三个方面：一是君臣要做到"隆礼重法"，发挥礼义法度对施政者不法行为的规制作用。荀子认为，无论是君主还是臣僚，在施政过程中都应当遵守礼法，廉政、勤政。在荀子看来，礼法是古代圣王所制，

---

① 黄俊杰：《孟学思想史论》，台北：东大图书公司1991年版，第145页。

② （清）王先谦撰，沈啸寰、王星贤整理：《荀子集解》，北京：中华书局2012年版，第220页。

具有历史层面上的正当性，可以有效规制君臣的私欲。①当君臣恪守礼法、以公心为政时，政治风气就会清正廉洁。当君主违背礼法、以私心为政时，政治风气就会腐败污浊。因此，礼法对于君臣施政而言，是不可或缺的行为准则。二是君主要"尚贤使能"，淘汰昏聩无能、徇私枉法的官员，发挥贤者在国家治理中的重要作用。荀子认为，君主必须任用贤能之人为政，才能有效地遏制政治系统中的贪腐之风。这是因为：一方面，贤能之人自身具有廉洁的品质，他们崇尚礼义，心怀平治天下的希望，在为政过程中不断砥砺自己的德性，克制自己的私欲，廉于政事。任用贤能之人可以有效地降低官僚队伍中腐败的发生率；另一方面，当官僚系统中出现腐败行为时，贤能之人会基于公义而对其进行检举、遏制，这些贤能之人是反腐败的重要政治力量。②三是君主要赏罚分明，对于贪腐人员，要予以严惩；对于廉洁人员，要予以奖励。荀子对此论述道："隆礼重法则国有常，尚贤使能则民知方，纂论公察则民不疑，赏克罚偷则民不怠，兼听齐明则天下归之。然后明分职，序事业，材技官能，莫不治理，则公道达而私门塞矣，公义明而私事息矣。如是，则德厚者进而佞说者止，贪利者退而廉节者起。"③在荀子看来，君主要做到赏罚分明需具备四个前提：其一，君主必须遵守先王制定的礼法，遵守这些礼法有助于君主克制自己的私欲，扩充自己的公心。其二，君主必须选任贤能，使其立于朝堂之上，这样可以使其指陈君主的得失，揭发各种贪腐不法的行为。其三，君主必须兼听明察，汇集各方议论，以防止奸佞之臣利用信息的不对称性来蒙蔽君主，借机谋私。其四，君主必须确保政治系统的稳定运行，树立政治权

---

① 荀子言："夫贵为天子，富有天下，是人情之所同欲也。然则从人之欲则势不能容、物不能赡也。故先王案为之制礼义以分之。"参见(清)王先谦撰，沈啸寰、王星贤整理：《荀子集解》，北京：中华书局2012年版，第70页。

② 荀子言："故君子之于礼，敬而安之；其于事也，径而不失；其于人也，寡怨宽欲而无阿；其所为身也，谨修饰而不危。"参见(清)王先谦撰，沈啸寰、王星贤整理：《荀子集解》，北京：中华书局2012年版，第229页。

③ (清)王先谦撰，沈啸寰、王星贤整理：《荀子集解》，北京：中华书局2012年版，第234页。

力的权威，使臣民能够践行各自之职。这四个前提满足后就会产生这样的政治效果，即政治权力的运行较为稳定，整个国家的政治文化倾向于认可礼法和道义，各级官员在施政过程中也会克己奉公，以国事为重。在这种政治氛围中，君主通过赏罚等措施来对各级官员的行为进行监督和纠偏，以推动他们在施政过程中做到廉政、勤政。

由上述内容可知，在先秦时期，围绕施政者如何廉政、勤政等问题，孔子、孟子和荀子等儒家代表人物相继阐发了各自的观点和见解。孔子奠定了"为政以德"的廉政价值基础。孟子在孔子的廉政思想的基础上对"为政以德"作了哲理化的阐释，提出了施政者在施政过程中应如何完善德性的具体措施。荀子则从人性的角度对施政者徇私腐败的原因进行了探讨，并在廉政方面提出了"以义制利"的主张。可以说，先秦时期，经由孔子、孟子和荀子等儒者的阐述，儒家廉政思想的基本轨制已经确立起来。

二、汉唐儒家廉政思想的形成

汉朝建立初期，奉行黄老之学，倡导清静无为之治。文帝、景帝等以身垂范，提倡节俭。如《汉书》载：汉文帝"尝欲作露台，召匠计之，直百金。上曰：'百金，中人十家之产也。吾奉先帝宫室，常恐羞之，何以台为！'"[1]。汉文帝曾经想要修建一座露台，于是召见工匠询问了制作所需的成本，结果需要花费百金，相当于十户中人的家产，汉文帝于是打消了修建露台的想法。在这种氛围下，出现了一批刚正不阿的官员，其中代表性的人物当数张释之。张释之因为汉文帝陈说秦亡汉兴之道而被其器重，拜为谒者仆射，后累迁至中大夫、廷尉。在担任廷尉期间，张释之忠于公事，廉政执法。在文帝乘舆出行期间，曾有人从桥下走出，导致马惊。张释之据法向文帝奏称以罚金作为处罚。文帝以为处罚过轻，有怒色。

---

[1]（汉）班固：《汉书》，北京：中华书局2007年版，第33页。

张释之言："法者天子所与天下公共也。今法如此而更重之，是法不信于民也。且方其时，上使立诛之则已。今既下廷尉，廷尉，天下之平也，一倾而天下用法皆为轻重，民安所措其手足？"①他指出，法令的制定和执行必须具有公正性，不光臣民要遵守法令，君主本人也需要依照法令规定的内容而行事。如果君主带头违反法令，就会破坏法令的权威性，民众受其影响也会出现不遵守法令的情况。自己作为廷尉，就要尽职尽责，维护法令执行的公平性。由此可以看出，汉朝初期君臣对清正廉洁的重视。在此历史背景下，董仲舒在承继先秦儒家廉政思想的基础上，吸收了阴阳五行学说作为形上学依据，并结合汉代政制的特点，系统阐述了一套廉政思想体系。这套廉政思想体系以天道作为规制施政者政治行为的正当性基础，以王道作为规制施政者政治行为的合法性依据，以王权的权力分列作为制衡官员贪腐的制度设计。可以说，儒家廉政思想经过董仲舒的建构和阐发之后，其理论已经相对成熟，成为此后汉唐儒家以及政治家思考和讨论廉政问题的理论指导。

（一）以义正我：董仲舒对儒家廉政思想的体系建构

董仲舒从形上学依据、制度设计与政治实践三个方面对儒家廉政思想进行了系统的阐发。先秦儒家曾对人性善与恶的问题进行过探讨，孔子曾言"性相近也，习相远也"②。他虽然没有明言人性本善或本恶，但是却指出了人性具有相同性。孟子认为，人性本善，每个人都有恻隐、羞恶、恭敬、是非之心，之所以会做出不善的行为，主要是因为后天环境的影响。③荀子的观点与孟子有所不同，他认为人性本恶，必须通过"化性起伪"的方式对人进行内在与外在

①（汉）司马迁：《史记》四，北京：中华书局2013年版，第2406页。

②程树德：《论语集释》，北京：中华书局2013年版，第1349页。

③孟子言："恻隐之心，人皆有之。羞恶之心，人皆有之。恭敬之心，人皆有之。是非之心，人皆有之。恻隐之心，仁也。羞恶之心，义也。恭敬之心，礼也。是非之心，智也。仁义礼智，非由外铄我也，我固有之也，弗思耳矣。"参见（清）焦循撰，沈文倬点校：《孟子正义》，北京：中华书局2017年版，第625页。

的双重规训，才能使人性趋向于善。内在规训是指通过德教使人远恶而近善，外在规训是指通过礼法对人的行为进行约束。董仲舒在讨论人性问题时，兼摄孟、荀两家的观点并对其进行了折中。他以性兼有善恶论为基础，系统地建构了一套完整的廉政思想体系。

首先，就形上学依据而言，董仲舒以天人感应学说来阐发其廉政思想，认为在施政过程中德性之所以重要，乃是天道使然。他认为，人从本性来说，有善恶两端。善主要表现为"仁"，恶则主要表现为"贪"。之所以会出现这种情况，主要是因为人的性情与天[①]的阴阳变化相应。董氏言："人之诚，有贪有仁。仁贪之气，两在于身。身之名，取诸天。天两有阴阳之施，身亦两有贪仁之性。"[②]在董氏看来，人的性情与天相应，天有阴阳之气，人则有贪仁之性，从这个角度而言，人的本性具有一种先验性，是由"天"赋予的。但人们又会追求内心中的善端，克制其恶端，这也是受到天的影响。董氏认为，人的贪仁之性与天的阴阳之施相应。天虽有阴阳，但阴与阳的地位不同，阳具有主体的地位，而阴具有从属的地位，而且天道喜阳抑阴。因此，人虽有贪仁之性，但仁性在性情中居于主导地位，贪性则居于从属地位，且受到仁性的控制。董氏对此言：

"天有阴阳禁，身有情欲㮅，与天道一也。是以阴之行不得干春夏，而月之魄常厌于日光，乍全乍伤。天之禁阴如此，安得不损其欲而辍其情以应天？天所禁，而身禁之，故曰身犹天也。"[③]

从这段论述中可以更为明显地看出董仲舒的性情之说。天有阴阳，人有性情，性出于阳，情出于阴，天喜阳而禁阴，人贵性而抑

---

① 冯友兰言："董仲舒所谓之天，有时系指物质之天，即与地相对之天；有时系指有智力有意志之自然。"参见冯友兰：《中国哲学史》下，上海：华东师范大学出版社2011年版，第9页。

② 曾振宇、傅永聚注：《春秋繁露新注》，北京：商务印书馆2010年版，第212页。

③ 曾振宇、傅永聚注：《春秋繁露新注》，北京：商务印书馆2010年版，第212页。

情。性外在表现为仁，情外在表现为贪，故而，人好仁而恶贪。由此而言，人选择善、摒弃恶的行为，其实是由"天"所赋予的，董氏言："天之为人性命，使行仁义而羞可耻，非若鸟兽然，苟为生、苟为利而已。"①天赋予人远恶趋善的本性，使其做仁义的事情。人生在世，并非单单只是为了生存和求利，这也是人与鸟兽相比所具有的本质不同。

因此，在廉政反腐层面，董仲舒认为，就"君"而言，要上应天道，践行德治。在政治系统中，君主对德性的重视与否直接与国家的治乱兴衰紧密相连。君主一方面应该重视自身德性的修养，以起到政治表率的作用。对此，董仲舒言："故君民者，贵孝弟而好礼义，重仁廉而轻财利，躬亲职此于上，而万民听。"君主如果崇尚孝悌礼义之风，重视仁义清廉之道，并且亲身践行这些政治理念，则会对臣民形成一种道德示范作用。另一方面，君主应该重视德治，推行教化。这既是君主的职责，也是君主的义务。人虽然有好仁恶贪的本性，但必须通过后天的教化才能使善性扩充，以达到仁义的境界。而君主则在教化过程中担任着至关重要的角色。董仲舒对此言道："民受未能善之性于天，而退受成性之教于王。王承天意以成民之性为任者。"②就"臣"而言，要取法坤道，奉公守法，清正廉明。董仲舒言："内有四辅，若心之有肝肺脾肾也；外有百官，若心之有形体孔窍也。"③董氏认为，君与臣的关系如同心与身体其他器官的关系，君主有如身体中的"心"，发号施令，总摄百事，臣则有如身体中的肝肺脾肾、形体孔窍，负责处理具体的政务。臣在处理政务时如果出现腐败现象，则政治运作就会出现紊乱。因此，臣应

---

① 曾振宇、傅永聚注：《春秋繁露新注》，北京：商务印书馆2010年版，第41页。

② 曾振宇、傅永聚注：《春秋繁露新注》，北京：商务印书馆2010年版，第214页。

③ 曾振宇、傅永聚注：《春秋繁露新注》，北京：商务印书馆2010年版，第347页。

该贤良尽忠。①

其次，为防止官僚系统出现贪腐行为，董仲舒从制度设计的角度提出一套权力制衡的原则性方案。他认为政道与天道相通，理想的政府权力设置应该上法天道，根据其内在的运行规律而设置官职机构。从天道的角度而言，天地之气"分为阴阳，判为四时，列为五行"②。五行即金、木、水、火、土五种元素。这五种元素具有不同的性质，相生相克，维持着一种平衡。汉初儒家常常以五行理论作为分析自然与人类社会中各类问题的框架。董仲舒亦不例外，他认为五行与五种官职机构相对，木、金、水、火、土分别对应司农、司徒、司寇、司马、司营五种官职。五行之间存在着互相制约关系，如金克木，木克土，土克水，水克火，火克木。同理，五种官职之间也存在着互相制约关系，如当司农聚党为奸、瞒上欺下时，会受到司徒的制裁；当司徒专权自恣、肆意妄为时，会受到司马的制裁；当司马诬陷贤良、反言易辞时，会受到司寇的制裁；当司寇枉法受贿、执法不公时，会受到司营的制裁。因此，君主在设官分职时，应该以此原则作为参考，充分考虑各个官职之间的制衡，以防止任何一方面的权力突破制衡而出现独大的局面。董仲舒对此言道："五行者，五官也，比相生而间相胜也。故为治，逆之则乱，顺之则治。"③在董仲舒看来，必须将政治权力进行划分，使其掌握在不同的官僚机构当中。权力一旦集中到某一人或某一个部门后，就会形成事实上的权力垄断，进而出现以权谋私的问题。而将权力划分到不同的官职机构中，则会使掌握不同权力的官员们互相制衡、互相

____

① 董仲舒言："内有四辅，若心之有肝肺脾肾也；外有百官，若心之有形体孔窍也；亲圣近贤，若神明皆聚于心也；上下相承顺，若肢体相为使也；布恩施惠，若元气之流皮毛腠理也；百姓皆得其所，若血气和平，形体无所苦也；无为致太平，若神气自通于渊也；致黄龙、凤皇，若神明之致玉女芝英也。君明，臣蒙其功，若心之神，体得以全；臣贤，君蒙其恩，若形体之静，而心得以安。上乱，下被其患，若耳目不聪明，而手足为伤也；臣不忠，而君灭亡，若形体妄动，而心为之丧。"参见曾振宇、傅永聚注：《春秋繁露新注》，北京：商务印书馆2010年版，第347-348页。

② 曾振宇、傅永聚注：《春秋繁露新注》，北京：商务印书馆2010年版，第272页。

③ 曾振宇、傅永聚注：《春秋繁露新注》，北京：商务印书馆2010年版，第272页。

监督，防止出现因权力垄断而产生的贪腐徇私问题。

最后，董仲舒认为，在政治运作中，应该充分发挥教化的功能，以教化为主、刑罚为辅，注重对施政者的道德自律意识的塑造与培养，这是实现廉政、勤政的重要方式。由于汉初民生凋敝，统治者采用黄老之学，与民休息，尊崇无为。这一政策的实施使得在经过文帝、景帝之后，汉王朝的经济快速发展起来，而与之相应的则是各种社会政治问题也逐渐暴露和浮出水面，特别是吏治问题尤为突出。黄老之学所主张的刑名之学已无法适应新形势下反腐的需要，而儒家主张的"德主刑辅"的治吏思想逐渐被统治集团欣赏和采纳。在此背景下，董仲舒在承继先秦儒家廉政思想的基础上，旁采当时流行的阴阳五行之学，发展出一套系统的德教思想。他认为，在治理官吏贪腐方面，应该采用内外兼施的方法。一方面，董仲舒认为，人性中有善有恶，必须通过教化来扩充人性中的善端。他言道："圣人之道，不能独以威势成政，必有教化。"①在董仲舒看来，教化可以增强人们内心中的道德自律感，使他们在面对外在各种利益诱惑时，做到奉公守法、洁身自好。另一方面，董仲舒又认为，刑罚是教化的辅助手段，当官吏突破内心的道德自律，做出徇私枉法的行为时，就必须对其进行惩罚。可以说，教化属于一种道德层面的事先预防措施，刑罚则属于一种法律层面上的事后惩戒措施。教化为主，刑罚为辅，两者相辅而成，其目的都是德教。②总体来说，在董仲舒看来，如果想要规范施政者的行政行为，防止他们为了一己之私欲而做出贪腐的事情，就必须一方面加强道德教化，激发他们内心中的善性，使其自觉地抵制外在利益的诱惑；另一方面则必须注重法治，发挥刑罚对施政者的震慑与处罚作用，以警醒官僚队伍中想要以权谋私的官员。

---

① 曾振宇、傅永聚注：《春秋繁露新注》，北京：商务印书馆2010年版，第225页。

② 董仲舒言："教，政之本也。狱，政之末也。其事异域，其用一也，不可以不相顺，故君子重之也。"参见曾振宇、傅永聚注：《春秋繁露新注》，北京：商务印书馆2010年版，第64页。

（二）德本法用：汉代统治集团对儒家廉政思想的体认

董仲舒以阴阳五行学说为框架构建了体系化的儒家廉政思想，这为汉代儒者讨论吏治问题提供了理论基础。[1]在汉武帝生前，他虽然尊崇儒学，将其定于一尊，但从其施政方针来看，多采用刑名法家之说，好大喜功，汲黯曾言其"内多欲而外施仁义，奈何欲效唐虞之治乎！"[2]。他认为汉武帝在政策实施方面具有外儒而内法的特点。汉武帝殁后，昭帝即位，开始改变武帝时的治理模式，提倡德治，与民休息。特别是公元前81年，汉昭帝征集了各地的贤良、文学与当朝士大夫围绕武帝时的治国方略展开了讨论。在讨论之后，一方面，汉昭帝开始推行儒家所强调的德治，在基层治理中广推孝悌之风，实施仁义之治。[3]另一方面，作为贤良、文学的儒家士人开始作为一支政治力量进入统治集团。这使得儒家德治思想成为当时及其此后思想界的主流思想。正如《汉书》所载：

> "昭帝时举贤良文学，增博士弟子员满百人，宣帝末增倍之。元帝好儒，能通一经者皆复。数年，以用度不足，更为设员千人，郡国置五经百石卒史。成帝末，或言孔子布衣养徒三千人，今天子太学弟子少，于是增弟子员三千人。岁馀，复如故。"[4]

这段文献指出了从汉昭帝到汉成帝时期儒家势力的扩大情况。在汉昭帝时期，朝廷加大了对儒生的任用，并将博士弟子的人数增

---

① 邓建鹏认为："从法律思想看，一脉相承的历代法典可以分为两个系统，一是以《法经》为代表包括秦汉法制在内的法家系统，二是以魏晋律为代表的儒家系统。后者经由董仲舒引经折狱过渡到以礼入律。汉武帝时推行'罢黜百家，独尊儒术'的思想，董仲舒修正的儒家思想成为此时及之后历朝的正统法律思想，并直接促成了汉武帝及之后法制儒家化过程。"参见邓建鹏：《中国法制史》，北京：北京大学出版社2015年版，第90页。

② （汉）司马迁：《史记》四，北京：中华书局2013年版，第2698页。

③ 如在昭帝元凤元年三月，汉昭帝下诏曰："朕闵劳以官职之事，其务修孝弟以教乡里。"参见（汉）班固：《汉书》，北京：中华书局2007年版，第55页。

④ （汉）班固：《汉书》，北京：中华书局2007年版，第875-876页。

补满百人。汉宣帝末期，朝廷又将博士弟子的人数增加了一倍。汉元帝统治时期，崇尚儒术，凡是能够通晓儒家经典中任意一经的人都会受到他的青睐和重用。汉成帝末期，太学弟子被增补至三千人。可以说，自汉昭帝以后，作为儒家思想载体的博士弟子开始有了明显增加。同时他们也大批地进入政治系统中，开始推行儒家的治国理念。在对待吏治方面，信奉儒家思想的官员受到了董仲舒廉政思想的影响，强调"德本法用"的治吏观念。①概括来说，他们的廉政思想主要表现在以下三个方面。

第一，他们认为施政者应重义轻利，不能以求利作为施政的首要目的。这显然是受到董仲舒义利观的影响。董仲舒在义利问题上主张重义轻利，认为君主重利，则臣下必然投其所好，以求利为主要目的，如此上行下效，则必然会导致政治运行的紊乱。董仲舒之后的儒者基本上都承继了董仲舒的义利观，强调君臣在治国理政中应该广施仁义，推行教化。②这在汉昭帝举办的"盐铁之议"的讨论中有清晰的体现。在面对汉昭帝咨询治国之道时，作为儒家的文学言道："窃闻治人之道，防淫佚之原，广道德之端，抑末利而开仁义，毋示以利，然后教化可兴，而风俗可移也。"③他们认为，推行教化的前提是统治者重视仁义，不能孜孜求利。统治者只有实施教化，国家才有实现大治的可能。东汉时期王符的观点也比较有代表性。在《潜夫论·遏利》中，他认为人性有善有恶，人们在思考和讨论义利问题时，普遍重义而轻利，赞同廉让；但是在具体的实行过程中，人们又常常经受不住利的诱惑，将廉让的观念抛之脑后。

① 东汉时期的班固认为董仲舒为汉朝儒宗，他言："仲舒遭汉承秦灭学之后，六经离析，下帷发愤，潜心大业，令后学者有所统一，为群儒首。"参见(汉)班固：《汉书》，中华书局2007年版，第571页。

② 如萧望之言："民函阴阳之气，有仁义欲利之心，在教化之所助。尧在上，不能去民欲利之心，而能令其欲利不胜其好义也；虽桀在上，不能去民好义之心，而能令其好义不胜其欲利也。故尧、桀之分，在于义利而已，道民不可不慎也。"参见(汉)班固：《汉书》，北京：中华书局2007年版，第783页。

③ 王利器：《盐铁论校注》，北京：中华书局2017年版，第1页。

对此，王符言："世人之论也，靡不贵廉让而贱财利焉，及其行也，多释廉甘利。"①可以说，在王符看来，人们在议论义利问题时，在"知"与"行"方面存在着一定的张力。人们虽然在认知方面意识到了义的重要性，但在实践层面却往往受到利的影响。鉴于此，王符认为，施政者必须首先以身作则，树立良好的榜样和典范，然后在此基础上推行道德教化，充分发挥德教激发人心向善的功用。教化兴，则官员民众才能通晓礼义，天下才能兴起崇尚廉让的风气。他言："人君之治，莫大于道，莫盛于德，莫美于教，莫神于化。道者所以持之也，德者所以苞之也，教者所以知之也，化者所以致之也。"②王符认为，施政者只有推行德化，重义轻利，才能兴廉让之风，实现王朝的长治久安。③

第二，他们认为腐败现象的产生主要有三方面的原因：一是因为施政者自身道德存在问题，不能在属吏中发挥表率作用，结果导致上行下效，发生了贪腐行为。所谓"贪鄙在率不在下，教训在政不在民也"④。如东汉时期，丁鸿在与汉和帝的封事中言："间者大将军再出，威振州郡，莫不赋敛吏人，遣使贡献。大将军虽云不受，而物不还主，部署之吏无所畏惮，纵行非法，不伏罪辜，故海内贪猾，竞为奸吏，小民吁嗟，怨气满腹。"⑤丁鸿此处所称的大将军是指外戚窦宪。汉章帝去世后，因和帝年幼，窦太后主政，受此影响，作为窦太后的弟弟，窦宪掌握了当时的军政大权，威权自专，每至州县，就会有地方官员对他贡献贿赂的财物。窦宪表面上虽说不接受这些财物，但实际上却将其据为己有。这种做法导致了地方腐败现象的加剧。因此，丁鸿认为，在国家治理中，具备德性是施政者

---

① 彭铎校正：《潜夫论笺校正》，北京：中华书局2014年版，第31页。

② 彭铎校正：《潜夫论笺校正》，北京：中华书局2014年版，第484-485页。

③ 王符言："是故明君临众，必以正轨，既无厌有，务节礼而厚下，复德而崇化，使皆阜于养生而竞于廉耻也。是以官长正而百姓化，邪心黜而奸匿绝，然后乃能协和气而致太平也。"参见彭铎校正：《潜夫论笺校正》，北京：中华书局2014年版，第224页。

④ 王利器：《盐铁论校注》，北京：中华书局2017年版，第386页。

⑤ （宋）范晔：《后汉书》，北京：中华书局2007年版，第376-377页。

施政的前提，如果施政者能够加强自身的道德修养，发挥自己的道德表率作用，则会对属吏无形中产生一种道德规制作用，减少腐败现象的发生。如果施政者自身道德品行较差，到处徇私索贿，则下属官员也会受其影响，将为官作为获取利益的手段。二是法令流于形式，失去了对贪腐官员的遏制与惩戒作用。汉朝建立初期，针对腐败问题，制定了严格的法律规定。如汉文帝时期，为了惩治腐败，营造清正廉洁的政治氛围，汉文帝认可并实施了张苍等人的奏请："吏坐赃枉法，守县官财务而即盗之，已论命复有笞罪者，皆弃市。"①官吏凡是枉法徇私，监守自盗者，皆受到严厉的刑罚处置。但法律行之既久，弊端渐生，流于形式，导致其对腐败的惩罚警戒效用逐渐降低。特别是在王朝的后期，有法而不执行的情况经常发生。对此，王符曾言："明察其治，重其刑赏。奸宄减少，户口增息者，赏赐金帛，爵至封侯。其耗乱无状者，皆衔刀沥血于市。赏重而信，罚痛而必，群臣畏劝，竞思其职。故能致治安而世升平。"②他认为，为了使官员克己奉公，尽责尽职，施政者特别是君主必须要做到严格执法，赏罚有信。当官员有功绩时，要予以赏赐；当官员有错误时，要予以惩罚。只有赏罚得当，官员才能一心为公，天下才能实现升平。三是因为基层官吏俸禄较少，一些基层官吏为了满足自己的私欲而做出了刻剥百姓、枉法索财的行为。汉代官员的俸禄差距较大，高级官员与基层官员的俸禄相差有百倍之余。这也导致了基层官员为了利益而有意识对百姓进行盘剥索取，引发民怨沸腾。《盐铁论》对此曾载："为吏既多不良矣，又侵渔百姓。长吏厉诸小吏，小吏厉诸百姓。"③事实上，官员的清正廉洁是建立在一定物质基础上的，当他们俸禄较少时，一些基层官吏就会因为抵抗不了内心贪欲的影响，而发生触犯法律、贪污索贿的行为。当时的统治者已经注意到这一问题的存在，如神爵二年（前60年），汉宣帝

---

① （汉）班固：《汉书》，北京：中华书局2007年版，第152页。

② 彭铎校正：《潜夫论笺校正》，北京：中华书局2014年版，第270页。

③ 王利器：《盐铁论校注》，北京：中华书局2017年版，第386页。

下诏曰："吏不廉平则治道衰。今小吏皆勤事，而奉禄薄，欲其毋侵渔百姓，难矣。其益吏百石以下奉十五。"①汉宣帝认为，基层官吏承担着地方治理中的各种具体任务，但是俸禄较少，如果不增加俸禄，则他们就会通过贪腐行为从百姓中索取，对此，他下诏提升了基层官吏的俸禄。

第三，他们认为解决官员贪腐问题的方法有两方面：一是在精神方面，施政者特别是君主应加强德性修养，通过自身的表率来增强官员的道德自律感。这一点也是当时儒者士人的共同认识。如匡衡对此言道："朝廷者，天下之桢干也。公卿大夫相与循礼恭让，则民不争；好仁乐施，则下不暴；上义高节，则民兴行；宽柔和惠，则众相爱。四者，明王之所不严而成化也。何者？朝有变色之言，则下有争斗之患；上有自专之士，则下有不让之人。"②匡衡认为，包括君主在内的统治集团必须提升自己的德性，践行德治，在施政过程中要做到"循礼恭让""好仁乐施""上义高节""宽柔和惠"，发挥自己的道德表率作用，如此才能影响其他官吏，使他们廉洁自律，尽心为政，进而实现王朝的长治久安。二是在制度层面，必须加强法制，规范法律的运行，发挥法律对腐败行为的惩戒和规制作用。在此方面，东汉时期桓谭的言论比较有代表性。在与汉光武帝的奏疏中，桓谭言："又见法令绝事，轻重不齐，或一事殊法，同罪异论，奸吏得因缘为市，所欲活则出生议，所欲陷则与死比，是为刑开二门也。今可令通义理明习法律者，校定科比，一其法度，班下郡国，蠲除故条。如此，天下知方，而狱无怨滥矣。"③桓谭认为，汉朝当时在法律制定与执行方面存在一些问题，主要表现为两方面：其一，法律在执行时，轻重不一；其二，对待同一罪名，却有不同的处理判定。这种法律混乱的状况给了官吏徇私舞弊的空间。因此，桓谭建议，可以让通晓儒家义理与法律的官员重新对法律进行修改

① （汉）班固：《汉书》，北京：中华书局2007年版，第65页。
② （汉）班固：《汉书》，北京：中华书局2007年版，第802页。
③ （宋）范晔：《后汉书》，北京：中华书局2007年版，第289页。

审定，统一法度，颁布天下，如此，则可以防止舞文弄法现象的发生，有效地规制官吏的贪腐行为。

（三）居安思危：贞观统治集团对廉政问题的思考与总结

汉魏以后的南北朝时期，统治者多为横暴昏聩之君，吏治极其腐败。如南朝的齐朝时期，"政移群小，赋调云起，徭役无度，守宰多倚附权门，互长贪虐，掊克聚敛，侵愁细民，天下摇动，无所厝其手足"[1]。在当时，投机取巧的官员掌握了权力，清正廉洁的官员受到排挤。统治者不断地提高赋税征收的额度，加大徭役摊派的力度。地方官员为了自身的利益依附于朝中的重臣，互相攀附。整个官僚系统腐败丛生，徇私枉法的现象不断出现。隋朝建立初期，为了整顿吏治，隋文帝开始以严刑惩治腐败，且为防止官员徇私枉法，下令让凡是有冤情的民众，如果在地方上投告无门，可以诣阙申诉。《隋书·刑法志》载："帝以律令初行，人未知禁，故犯法者众。又下吏承苛政之后，务锻炼以致人罪，乃诏申敕四方，敦理乱讼有枉屈，县不理者，令以次经郡及州省，仍不理，乃诣阙申诉。有所未惬，听挝登闻鼓，有司录状奏之。"[2]由这段记述可以看出隋文帝惩治腐败的力度和措施。隋炀帝即位之后，肆志广欲，一改隋初君主励精图治的做法，怠于政事。受此影响，官僚队伍中的腐败现象又大量出现，且恶政频出，民不聊生。唐朝建立后，君臣开始反思隋朝快速灭亡的原因。他们认为统治集团的腐化是其主要原因。这种腐化主要表现为君主肆志广欲，贪图享乐，追求声色犬马的生活，而臣下则欺上瞒下，寡廉鲜耻，皆以仕途荣禄为从政志向。君臣的这种腐化最终导致民不堪命，政治动荡，各地起义军揭竿而起，王

---

① （唐）姚思廉：《梁书》，北京：中华书局2000年版，第531页。
② 邱汉平：《历代刑法志》，北京：商务印书馆2017年版，第319页。

朝随之灭亡。①为了确保唐王朝统治的长治久安,以唐太宗为首的贞观统治集团以隋亡为鉴,展开了对君臣腐化原因以及预防机制的探讨,形成了较为系统的廉政思想。

第一,贞观统治集团认为君主自身的德行在腐败治理中起着至关重要的作用。如果想要端正政风,营造廉洁的政治风气,君主必须带头克己奉公,遵守法度,在政治系统中发挥道德表率的作用,先正己,己正而后人正。如唐太宗言:"若安天下,必须先正其身,未有身正而影曲,上理而下乱者。朕每思伤其身者不在外物,皆由嗜欲以成其祸。若耽嗜滋味,玩悦声色,所欲既多,所损亦大,既妨政事,又扰生民。"②在此,唐太宗认为,统治集团的腐化都是从君主贪欲的扩大开始的,当君主欲望增多,臣下在施政过程中必然通过对民众进行横征暴敛来索取利益,百般媚上,以博取君主对自己的认可和赏识。因此,如果要防止统治集团腐化,君主首先要克制自己的欲望,端正自身的德行,在官员面前发挥自身的道德表率作用。魏征亦言:"君人者,诚能见可欲则思知足以自戒,将有作则思知止以安人,念高危则思谦冲而自牧。"③他认为作为君主,在产生欲望的时候,必须要进行克制,做到"知足以自戒","知止以安人","谦冲而自牧"。在魏征看来,君主的德行与国家的长治久安息息相关,统治者如果想要使政治清明公正、官员廉洁奉公,则必须以身作则。他对唐太宗言:"臣闻求木之长者,必固其根本;欲流之远者,必浚其泉源;思国之安者,必积其德义。"④想要让树木长得高大,必须稳固其根本;想要河水能够流得长远,必须疏通其源泉;想要国家能够长治久安,统治者则必须身先表率,修身积德。由此

---

① 如唐太宗言:"彼炀帝岂恶天下之治安,不欲社稷之长久,故行桀虐,以就灭亡哉?恃其富强,不虞后患。驱天下以从欲,罄万物而自奉,采域中之子女,求远方之奇异。宫苑是饰,台榭是崇,徭役无时,干戈不戢,外示严重,内多险忌,谗邪者必受其福,忠正者莫保其生。上下相蒙,君臣道隔,民不堪命,率土分崩。"参见(唐)吴兢:《贞观政要》,长沙:岳麓书社2016年版,第4页。

② (唐)吴兢:《贞观政要》,长沙:岳麓书社2016年版,第2页。

③ (唐)吴兢:《贞观政要》,长沙:岳麓书社2016年版,第5页。

④ (唐)吴兢:《贞观政要》,长沙:岳麓书社2016年版,第5页。

可以看出，唐初君臣在这一方面观念的一致性。

第二，贞观统治集团认为施政者在治国理政过程中必须要做到公正，只有克己奉公，才能有效地预防和遏制贪腐现象的发生。具体来说，他们认为君臣特别是君主要有天下为公的观念，不能将天下视为自己的私物。如唐太宗言："古称至公者，盖谓平恕无私。丹朱、商均，子也，而尧、舜废之。管叔、蔡叔，兄弟也，而周公诛之。故知君人者，以天下为公，无私于民。"[1]他认为，君主在治国中应以天下为重，古代的圣王先贤在此方面都有典型的例子，如丹朱是尧的儿子，商均是舜的儿子，尧、舜在帝位继承方面并没有从私心出发将其授给丹朱、商均，而是以大公之心将帝位传给了贤能之人。管叔和蔡叔是周公的兄弟，两人散布流言，周公并没有从私心出发对他俩进行偏袒，而是使其受到了应有的惩罚。尧、舜、周公都是古代的大贤，他们在治国方面都将天下置于个人利益之上，后世君主在治国方面亦应效法尧、舜等人，做到公正无私。又如贞观元年，大臣长孙无忌进入东阁门时没有解下佩刀，而监门校尉也没有发觉，一直到长孙无忌出阁门之后，监门校尉才发现这一情况。当时因为长孙无忌是唐太宗的心腹大臣，而其妹妹是皇后，所以尚书右仆射封德彝建议判处监门校尉死刑，长孙无忌"徒两年，罚铜二十斤"[2]。大理少卿戴胄则认为封德彝的建议有失公允。唐太宗亦认可戴胄的观点，并对此言："法者非朕一人之法，乃天下之法，何得以无忌国之亲戚，便欲挠法耶？"[3]在他看来，法律一旦制定，便具有了权威性，天下之人包括君主和大臣在内，都必须遵守。统治者只有严格遵守法律，在治国方面才能做到公正，如此，徇私舞弊的行为自然就会减少。由此可以看出贞观统治集团对公平的重视。

第三，贞观统治集团认为君主要践行和推动德治，只有做到为政以德，广施仁义，才能使施政者树立道德意识，增强自我防腐的

---

① (唐)吴兢：《贞观政要》，长沙：岳麓书社2016年版，第92页。

② (唐)吴兢：《贞观政要》，长沙：岳麓书社2016年版，第92页。

③ (唐)吴兢：《贞观政要》，长沙：岳麓书社2016年版，第92页。

能力，防止腐败行为的发生。事实上，从历史经验来看，古代王朝的腐败现象的发生往往与道德价值观念的消长有着密切关联。当统治者积极地推行德治时，就会在社会中形成一种道德价值观念，这种道德价值观念对于施政者内心贪腐观念的萌生起到了一种抑制的作用。当统治者以法术强力治国时，就会在社会中形成一种功利主义观念，这种功利主义观念会进一步刺激施政者内心贪欲的产生，使其为了自身的利益而突破法律的规制，铤而走险，贪赃枉法。贞观统治集团显然认识到了这一问题，在讨论如何整顿吏治、预防贪腐的时候，他们基本上都强调德治的重要性。如魏征的观点就非常具有代表性，贞观十一年（637年），因宦官在充当外使的时候，奏报不实，唐太宗大怒。魏征针对此事在给唐太宗的奏疏中言道："故圣哲君临，移风易俗，不资严刑峻法，在仁义而已。故非仁无以广施，非义无以正身。惠下以仁，正身以义，则其政不严而理，其教不肃而成矣。"①魏征认为，统治者如果想要政治清明，就必须施以仁义，推行德治，不能依靠权术，专任刑罚。

第四，贞观统治集团认为在治国理政中，司法人员要严格执法，不能使法令流于形式。隋朝短期的灭亡给唐初君臣留下了深刻的影响，在讨论隋朝政治得失的问题上，唐初君臣多认为隋文帝、隋炀帝废弃法治，以权术治国是隋朝覆亡的一个重要原因。因此，他们在施政过程中强调严格执法，正如魏征所言："贞观之初，志存公道，人有所犯，一一于法。"②这种严格执法的做法对于唐代初期政治的清明起到了极大的推动作用。具体来说，贞观统治集团认为，其一，在立法方面，法律的制定必须要简明、准确，不能繁杂模糊。如唐太宗言："国家法令，惟须简约，不可一罪作数种条。格式既多，官人不能尽记，更生奸诈，若欲出罪即引轻条，若欲入罪即引重条。数变法者，实不益道理，宜令审细，毋使互文。"③唐太宗认

---

① （唐）吴兢：《贞观政要》，长沙：岳麓书社2016年版，第96页。

② （唐）吴兢：《贞观政要》，长沙：岳麓书社2016年版，第98页。

③ （唐）吴兢：《贞观政要》，长沙：岳麓书社2016年版，第155页。

为，法令的繁杂、模糊一方面使得司法人员对其内容不容易全部理解、掌握，不能严格按照法令内容来处理事务；另一方面也会导致司法人员通过望文生义、曲解法令的做法来牟取私利这一现象的发生。因此，在立法过程中，必须对法律条文的内容进行细致的审定。其二，在执法方面，必须选任良善公允之人担任司法人员，要做到杜绝人情，公正无私。如唐太宗言："古者断狱，必讯于三槐、九棘之官，今三公、九卿，即其职也。自今以后，大辟罪皆令中书、门下四品以上及尚书九卿议之。如此，庶免冤滥。"①为防止重大冤假错案的发生，唐太宗令大辟之罪必须由中书、门下四品以上的官员进行充分的讨论。此外，为防止司法人员因急功近利而出现舞文弄法的现象，唐太宗经常告诫执法大臣在刑罚方面必须以宽简为原则，不能单纯追求审理案件的效率。②魏征在此方面也曾言："凡理狱之情，必本所犯之事以为主，不严讯，不旁求，不贵多端，以见聪明，故律正其举劾之法，参伍其辞，所以求实也。"③他主张司法人员在执法过程中要做到实事求是，严格按照法令的内容来辨别案件。由此可以看出，贞观统治集团较为重视立法与执法方面的公正性，力求通过贯彻法令来确保政治统治秩序的稳定性。在他们看来，制定较为完善的法令并且严格实施，一方面可以警示想要贪腐的官员，使他们放弃徇私舞弊的行为；另一方面，法令出而必行，则可以有效地惩罚已经有贪腐行为的官员，及时地将他们清理出官僚队伍。

由上述内容可知，先秦儒家在阐发了廉政、勤政方面的价值理念之后，汉唐的儒家和政治家结合所处时代的政治实践特点，在孔子、孟子与荀子所确立的廉政思想轨制中就如何规制人性、如何实施德治、如何落实法治等问题进行了更为详细的讨论和阐述，这些

---

① （唐）吴兢：《贞观政要》，长沙：岳麓书社2016年版，第148页。

② 唐太宗对大理卿孙伏伽言："夫作甲者欲其坚，恐人之伤；作箭者欲其锐，恐人不伤。何则？各有司存，利在称职故也。朕常问法官刑罚轻重，每称法网宽于往代，仍恐主狱之司，利在杀人，危人自达，以钓声价。今之所忧，正在此耳。深宜禁止，务在宽平。"参见（唐）吴兢：《贞观政要》，长沙：岳麓书社2016年版，第153—154页。

③ （唐）吴兢：《贞观政要》，长沙：岳麓书社2016年版，第99页。

观点和建议也被统治者吸收和落实到了治国理政的实践中。可以说，经过汉唐儒者和政治家对廉政问题的思考和阐发，儒家基本上形成了一套主张德主刑辅，注重道德教化的廉政思想体系。

三、宋初儒家廉政思想的发展

宋朝建立以后，面临着两大严峻的问题：一是重建社会政治秩序，二是重建人心秩序。自唐末五代以来，在政治上，武人秉政，以争权夺利为己事，且朝代更迭频繁。统治者考虑较多的就是如何巩固自己手中的权力，对于政事则不甚留心，朝廷中受到重用的都是拥有军事实力的武人。这使得当时的政治秩序极度紊乱。欧阳修对此言道："五代之际，君君臣臣父父子子之道乖，而宗庙、朝廷，人鬼皆失其序，斯可谓乱世者欤！自古未之有也。"①在欧阳修看来，五代就是一个典型的乱世。在政治层面，维持君臣关系的礼法和道德已经失效，君与臣之间变成了纯粹的利用关系；在社会层面，传统的主流价值已经崩溃，人与人之间的关系变成了单纯的利益关系。在五代时期，包括儒家在内的士大夫都采取了明哲保身的原则，失去了之前以天下为己任的政治责任感。如历仕四朝的大臣冯道"前事九君，未尝谏诤"②。当时的士风，正如欧阳修所言："然其习俗，遂以苟生不去为当然。至于儒者，以仁义忠信为学，享人之禄，任人之国者，不顾其存亡，皆恬然以苟生为得，非徒不知愧，而反以其得为荣者，可胜数哉！"③这段话主要指出了当时的士人官员在从政过程中得过且过、无所作为的情况。鉴于此，宋朝建立之后，统治集团为了王朝的长治久安，开始重建社会政治秩序与人心秩序。一方面，宋太祖在国家甫定之后，为防止重演五代政权更迭的事情，开始收回节度使之权，予以厚禄，并任用文臣治理地方，以避免出

---

① （宋）欧阳修撰，徐无党注：《新五代史》，北京：中华书局2000年版，第114页。

② （宋）欧阳修撰，徐无党注：《新五代史》，北京：中华书局2000年版，第403页。

③ （宋）欧阳修撰，徐无党注：《新五代史》，北京：中华书局2000年版，第235页。

现武臣拥兵割据的局面。在中枢层面，宋初则形成了政、财、军三权分立的局面，政治事务由同中书门下平章事及参知政事负责；财政由主管户部司、盐铁司与度支司的三司使负责；军政则由枢密院的枢密使负责。三权统一于君主，由其做最终的决定。可以看出，无论是在地方还是在中央，宋太祖及其以后的君主都采用中央集权的政策。另一方面，为重新恢复人心秩序，宋初统治集团开始大力奖掖儒学，推行教化，恢复科举，提倡忠孝仁义的士风。受此影响，士大夫的政治主动性开始恢复，他们重视名节廉耻，以儒家处世原则自励。这对当时人心秩序的重建起到了积极的作用。在这种历史背景下，宋初儒家围绕廉政、勤政问题进行了思考，并阐发了相关的见解和理论。概括来说，他们的见解和理论都具有一个共同的特征，即非常讲求道德秩序，注重发挥教化在官德培养中的作用。同时，由于宋朝在建立之初，君臣都非常重视法治，并组织专人编纂了系统化的《宋刑统》，以作为经国理民的重要工具，所以宋初儒者相较于此前儒者而言，都较为重视法制在廉政、勤政中所发挥的制度性作用。以下详述之。

（一）重义轻利：儒家对道德秩序的讲求

宋朝建立以后，五代时期的乱象一直萦绕在君臣脑海中。欧阳修有一段话可以体现当时士大夫阶层对五代这一时期的看法。在《新五代史·一行传》中，他言道："呜呼，五代之乱极矣，传所谓'天地闭，贤人隐'之时欤！当此之时，臣弑其君，子弑其父，而搢绅之士安其禄而立其朝，充然无复廉耻之色者是也。吾以谓自古忠臣义士多处于乱世，而怪当时可道者何少也。"[1]欧阳修认为，五代时期的政治是有史以来最为恶劣的政治，为争夺权力，在宫廷中，君臣之间、父子之间都充满着阴谋与算计。臣弑其君，子弑其父的情况在五代中一波又一波地上演，而当时的士大夫却拱手立于朝堂之上，无所作为。可以说，在五代时期，整个社会的道德价值体系

---

[1] （宋）欧阳修撰，徐无党注：《新五代史》，北京：中华书局2000年版，第243页。

已经崩溃，儒家所强调的伦理秩序基本上荡然无存。

宋初儒者在看待这段历史时基本上都会以"浊世"或"恶世"来形容。同时，他们对五代时期士大夫道德沦丧的情况又经常反思，究竟是什么样的原因导致了当时人伦道德的解体。这一问题一直萦绕在宋初儒者的脑海中，成为他们思考的重点。对于宋初儒者而言，五代已经成为一个历史符号，代表着混乱与无序。如何走出五代，重建一个充满社会政治伦理秩序的治世是当时士大夫经常讨论的话题。如范仲淹的观点颇具代表性，在《上执政书》中，范仲淹认为宋初虽然承平已久，但存在着各种隐患，如武备不整、纪纲不振、百姓困穷等，如果当政者不能及时地因革损益，变法图强，那么必然民生日蹙，国势日衰，最终导致天下大乱，重回到五代那样的混乱状态中。因此，他力劝当时的当政者在治国理政中推行新政，改弦更张，践行王道。他言道：

　　　　"倘相府思变其道，与国家磐固基本，一旦王道复行，使天下为富为寿数百年，由今相府致君之功也。倘不思变其道，而但维持岁月，一旦乱阶复作，使天下为血为肉数百年，亦今相府负天下之过也。"①

范仲淹认为，宋朝虽然承平日久，但积弊丛生，必须加以改革，实施新政。如果执政者能够推行改革，革除弊端，则宋朝统治的根基就会巩固，国家也会朝着欣欣向荣的方向发展。如果执政者囿于成法，不思改变，则会导致各种社会政治问题不断发生，最终会动摇王朝统治的根基。

事实上，宋初儒者对时局的关心本身就体现了宋朝士人政治活力的恢复。与五代时期儒者相比，宋初儒者常常以家国天下为念，在野则思教化于乡里，在朝则思致君王为尧舜。并且，他们对自己的士人身份也较为看重，认为士大夫应当担负起治理天下的重任，

① （清）范能濬编：《范仲淹全集》上，南京：凤凰出版社2004年版，第184页。

使百姓安居乐业，各得其所。他们认为："天生蒸民，各食其力，唯士以有德，可以安君，可以庇民。"[1]可以说，从宋代建立之后，"安君"与"庇民"一直是士大夫阐发政论的出发点与落脚点。[2]从当时的社会背景来看，宋初儒者之所以会出现政治主动性高涨的局面，其原因主要有以下两方面：

第一，在经历残唐五代之乱后，原有的门阀大族已经凋零殆尽。宋朝建立后，恢复了以儒家经典作为科举考试主要内容的做法。宋代的科举基本上沿袭唐代，分为贡举与制举。贡举由政府举办，是一种制度化的选拔人才的机制；制举则是由皇帝下诏求取人才，是贡举制度的补充。与唐代科举制度相比，宋代科举制度有两方面的特点：其一，录取比例大。唐代科举每次基本上录取一二十人，录取比例极低。宋代则自宋太宗之后，录取比例不断提高，每次录取的人数高达百人之上。其二，录取程序严格。唐代科举考试一般不实行糊名制。考生在考试之前，一般会将自己的得意诗作先行呈递给有名望的士大夫或考官，希冀得到他们的欣赏与推荐。而宋朝为防止发生科举作弊，则实行严格的糊名制度。值得一提的是，相较于唐朝而言，在科举取士过程中，宋朝制度性地增加了殿试。可以说，在宋朝，士子通过自我的努力与学习，在科举考试中考中的概率非常大。这也极大地增强了读书人参加科举的积极性。通过科举，这些士子成为官僚体系的一部分，他们讲道议政，践行儒家的经世思想，以至君王将尧舜作为从政的价值追求，与君主共治天下成为他们的人生理想和抱负。

第二，宋初统治者为防止重新出现五代时期武人拥兵割据的状

---

① (清)范能濬编：《范仲淹全集》上，南京：凤凰出版社2004年版，第203页。

② 迪特·库恩认为："从10世纪唐代后期到宋帝国早期，中国所发生的转变标志着中华帝国出现了历史上最具有决定性的断裂。北方士族靠着谱牒的政治优势而形成的'旧世界'，在延续了几百年后最终在880年至960年的混乱和内战中消失了；随着士族的衰亡，他们那套治国之道也渐被忘却和遗落了。一个新阶级——士大夫阶级——出现了。他们受到儒家学说的熏陶并通过了科举考试，已做好准备，决心承担起重塑中国传统的责任。"参见[德]迪特·库恩，李文锋译：《儒家统治的时代：宋的转型》，北京：中信出版社2016年版，第2页。

况，极端重视文治，奖掖儒学。自宋太祖崇儒后，历代君主都非常重视发挥儒学在整顿社会政治秩序与人心秩序过程中的积极作用。在建隆元年（960年）正月与二月，宋太祖到国子监视察后，即下诏修缮祠宇、塑绘先儒之像，并表彰儒学，提倡德治。晋希发挥儒家整顿人心秩序与社会政治秩序的功能，使官吏百姓能够受到儒家德教而能遵礼守法。且宋太祖以身作则，在宫中提倡清俭之风。《宋史·太祖本纪》载："宫中苇帘，缘用青布；常服之衣，浣濯至再。"①在庆历四年（1044年），宋仁宗下诏言：

> "儒者通天、地、人之理，明古今治乱之原，可谓博矣。然学者不得骋其说，而有司务先声病章句以拘牵之，则吾豪隽奇伟之士，何以奋焉？士有纯明朴茂之美，而无斅学养成之法，使与不肖并进，则夫懿德敏行，何以见焉？此取士之甚弊，而学者自以为患。夫遇人以薄者，不可责其厚也。今朕建学兴善，以尊子大夫之行；更制革弊，以尽学者之才。"②

宋仁宗的这段话语表述了三方面的意思：一是肯定了儒学在国家治理中的重要性，认为治国必须要重用通晓天、地、人之理的儒者；二是指出了当时的学风存在弊端，取士制度也存在着问题，需要在教育和科举方面进行改革；三是希望通过改革培养出能够治国理政的贤才，协助自己治理天下。当然，这里所指的贤才主要是具有儒家治术的人才。由此可以看出，从宋朝初期开始，统治者一直较为重视儒学，希望通晓儒家治国之道的士人能够进入官僚队伍，稳定社会政治秩序，进而辅佐君主治理天下。受此影响，承载儒学知识的士人在社会与政治中的地位较高，这也影响到了他们政治主动性的高涨。

这种政治主动性的高涨使得宋朝儒家士大夫具有强烈的道德责

---

① （元）脱脱等：《宋史》，北京：中华书局2000年版，第33页。

② （元）脱脱等：《宋史》，北京：中华书局2000年版，第2448页。

任意识，他们非常重视道德在治国理政中的重要性。一方面，他们践行了儒家的身心修养工夫，非常重视自身的名节，认为道德的完善是立身和从政之本。如柳开言："夫子有言，直近于仁，以直化众，先直其身。排斥昏佞，是非归真。"①柳开在这里所称的夫子指的是孔子。儒家素来注重刚正廉直的品行，主张道德的自我完善，并认为在从政过程中，必须时刻自省吾身，不断培养自身刚正廉政的品行，做到正己而后正人。柳开将儒家的这种观点总结成为箴言，以警醒自己要不断地砥砺德性。另一方面，他们则力持有德者执政的观点，主张君主必须选任德才兼备的人进入官僚队伍，并认为施政者在施政的过程中应该做到进贤而退不肖，如此才能实现政通人和的清廉氛围。如范仲淹在《上执政书》中曾言："明国听者，在乎保直臣，斥佞人，以致君于有道也。"②他建议当时的执政大臣在施政过程中要能够分辨人才，任用廉直有德的贤能之士，罢黜昏聩无能的投机之徒，如此才能奠定国本，实现国家的良善治理。③

（二）刑以弼教：宋初君臣对法制的重视

宋朝在建立之初，统治者就对法令的编纂与实施非常重视。他们认为，在国家治理中，德教是主，可以在精神方面奠定人们遵守社会政治秩序的道德基础；刑罚是辅，可以在外在方面规制人们突破社会政治秩序的行为。任何朝代的衰亡都是从法制崩坏开始，然后发展为道德的沦丧。可以说，法制能否有效实施与运行关系着社会政治秩序的稳定与否。因此，宋初的统治者非常重视法制在国家治理中所发挥的积极作用。如宋太祖赵匡胤曾对宰相言："五代诸侯跋扈，有枉法杀人者，朝廷置而不问。人命至重，姑息藩镇，当若

---

① （宋）柳开：《柳开集》，北京：中华书局2015年版，第177页。

② （清）范能濬编：《范仲淹全集》上，南京：凤凰出版社2004年版，第184页。

③ 范仲淹主张朝廷能够不拘一格，选用贤能。他言："至于岩穴草泽之士，或节义敦笃，或文学高古，宜崇聘召之礼，以厚浇竞之风。"参见（清）范能濬编：《范仲淹全集》上，南京：凤凰出版社2004年版，第191页。

是耶？"①五代时期，拥有军事力量的军阀割据于地方，他们即使枉法杀人，朝廷也视而不见，这也助长了当时军阀在地方上胡作非为的气焰。在宋太祖看来，朝廷如果制定了法令，却碍于各种原因而不执行，则必然会进一步引起社会政治秩序的紊乱。具体来说，宋初统治集团对法制重视的原因主要有两方面：

第一，宋朝建立之后，部分地方官员与中央官员受到五代官场贪腐之风的影响，在施政过程中肆意枉法，收受贿赂。《宋史·刑法志》载："时郡县吏承五代之习，黩货厉民。"②当时有不少的地方官员沿袭了五代时期的行政作风，在施政过程中依旧枉法徇私，索取百姓的钱财，收受别人的贿赂，谋取自身的利益。如在宋开宝三年（970年），董元吉为官于英州，月馀即贪污受贿七十多万，数额惊人。又如当时峡州范义朝，在后周显德年间因为私怨杀了常古真家十二人，只有其小儿子逃走。后范义超被逮归案后，峡州官员竟然"奏引赦当原"③。为改变官场的这种贪腐之风，宋初统治集团采用了重典治世的原则。因此，在宋朝建立之初，统治者组织专人对法令进行编纂和修订，以发挥法律对社会政治秩序的规制作用。

第二，宋初统治集团有着强烈的"刑以弼教"观念，将法制视为教化的辅助工具，认为国家的良善治理必须要广施教化，但不能废弃法制。在他们看来，教化可以使得道德仁义深入内心，使人们能够能自觉地遵守社会政治秩序。而法制则可以有效地处理教化所不及的地方，即当社会成员出现违法犯罪时，法制可以有效地对其规制与惩罚。如欧阳修在讨论五代政治问题时，曾言："道德仁义，所以为治，而法制纲纪，亦所以维持之也。自古乱亡之国，必先坏其法制而后乱从之。乱与坏相乘，至荡然无复纲纪，则必极于大乱

---

① （元）脱脱等：《宋史》，北京：中华书局2000年版，第33页。

② （元）脱脱等：《宋史》，北京：中华书局2000年版，第380页。

③ 《宋史·刑法志》载："峡州民范义超，周显德中，以私怨杀同里常古真家十二口，古真小子留留幸脱走。至是擒义超诉有司，峡州奏引赦当原。帝曰：'岂有杀一家十二人可以赦论邪？'命正其罪。"参见邱汉平：《历代刑法志》，北京：商务印书馆2017年版，第381页。

而后返，此势之然也，五代之际是也。"①他认为在国家治理中，应该推行以道德仁义为内容的教化，这是治世之本。同时，也要注意法制纲纪的实施，因此法制纲纪是维持教化的有效工具。自古及今，国家的衰败都是先从法制的紊乱开始的。欧阳修是当时士林中的名望之人，他的观点在当时的士大夫阶层中极具有代表性。

从宋初统治者对法制的贯彻程度而言，他们为刷新吏治，以刑以弼教为原则，采用了重典治世的方针，惩贪奖廉。②如建隆二年（961年），商河县县令李瑶因为贪赃枉法被杖死。供奉官李继昭则因为盗卖官船而被弃市。乾德二年（964年），知制诰高锡因收受藩镇的贿赂，受到处罚，被贬为莱州司马。乾德三年（965年），职方员外郎李岳因枉法贪赃被判以弃市。宋太宗即位之后，继续采用宋太祖重典治世的政策，对贪腐现象进行严惩。③如在太平兴国二年（977年），宋太宗下诏："凡左藏及诸库受纳诸州上供均输金银、丝帛暨他物，令监临官谨视之。欺而多取，主称、藏吏皆斩，监临官亦重置其罪。罢三司大将及军将主诸州榷课，命使臣分掌。掌务官吏亏课当罚，长吏以下分等连坐。"凡是地方诸州上供输送到中央的财务，宋太宗派专人进行监督，并规定如果管理人员向地方索要额外的财物，即将其施以斩刑，监督人员也要受到严厉的处罚。同时，宋太宗还让使臣分掌地方诸州的榷课，并规定一旦发现官吏贪污，则将对其严惩，相关人员一并处罚。由此可以看出宋初统治集团重视法制、严惩贪腐的行政特点。

（三）以法治吏：《宋刑统》对贪腐的规制

五代时期，法令废弛，吏治腐败。宋朝建立之后，为解决吏治问题，开始重视法令的编纂与实施，如《宋史·选举志》载："国初

---

①（宋）欧阳修撰，徐无党注：《新五代史》，北京：中华书局2000年版，第338页。

②《宋史》载："宋兴，承五季之乱，太祖、太宗颇用重典，以绳奸慝，岁时躬自折狱虑囚，务底明慎，而以忠厚为本。海内悉平，文教寖盛。士初试官，皆习律令。"参见（元）脱脱等：《宋史》，北京：中华书局2000年版，第3315页。

③参见王春瑜：《中国反贪史》，成都：四川人民出版社2007年版，第714页。

置博士，掌授法律。"①由此可见统治者对法律的重视程度。为了更好地发挥法律的"刑以弼教"的功能，巩固政治统治，在建隆三年（962年），宋太祖即令工部尚书判大理寺窦仪修订刑律。窦仪在唐代的《唐律疏议》与后周《显德刑统》两部法律的基础上，编纂成《建隆重详定刑统》，即《宋刑统》。

这部法典在《唐律疏议》的基础上对官员的各种贪腐行为进行了界定，并制定了相应的惩罚措施。具体来说，在其中的职制律中，《宋刑统》对六种官员的徇私不法行为进行了详细的规定。这六种行为分别是："奉使部送寄人雇人""长史立碑""请求公事""枉法赃不枉法赃""受所监临赃""律令式不便于事"。其中，奉使部送寄人雇人主要是指奉使违反法律规定而发生雇人、寄人行为。《宋刑统》规定：

> "诸奉使有所部送而雇人、寄人者，杖一百；阙事者，徒一年。受寄、雇者，减一等。即纲、典自相放代者，笞五十。取财者，坐赃论。阙事者，依寄、雇阙事法，仍以纲为首，典为从。"②

这里的奉使主要是指奉命因公事出差的公职人员。如果这类公职人员在接到任务后，自己没有去而是让雇佣人和寄托人办理的，则应受到杖一百的惩罚，受雇佣、受寄托之人也要受到杖九十的惩罚。如果因此影响了公事，导致公事出现了问题的，则判处此公职人员一年的徒刑，受雇佣、受寄托之人也会受到惩罚。如果主管的公职人员和办事人员自相替代，有一不去的，则处以笞五十的处罚。如果收取财物，即以贪污罪论处。

"长史立碑"主要是指官员在任职期间没有政绩，却有立碑表功颂己的行为。《宋刑统》规定：

---

① （元）脱脱等：《宋史》，北京：中华书局2000年版，第2457页。

② 岳纯之：《宋刑统校证》，北京：北京大学出版社2015年版，第150页。

"诸在官长吏，实无政迹，辄立碑者，徒一年。若遣人妄称己善，申请于上者，杖一百。有赃重者，坐赃论。受遣者，各减一等。虽有政迹而自遣者，亦同。"①

这段文字的意思主要是指：凡是在职的官员，如果在任职期间没有政绩，却给自己立碑的，处以一年的徒刑。如果在职官员让别人妄称自己治绩的，且向上申请的，处以杖一百的刑罚。

"请求公事"则主要是指下级官员为了利益违反法律贿赂上级官员，以达成自己目的的行为。《宋刑统》规定：

"诸有所请求者，笞五十。谓从主司求曲法之事，即为人请者，与自请同。主司许者，与同罪。主司不许，及请求者，皆不坐。已施行者，各杖一百。所枉罪重者，主司以出入人罪论；他人及亲属为请求者，减主司罪三等；自请求者，加本罪一等。即监临、势要，势要者，虽官卑亦同。为人嘱请者，杖一百；所枉重者，罪与主司同；至死者，减一等。"②

这段文字表述的意思主要是指：凡是通过关系向主管官员进行说情，影响司法公正的，处以笞五十的处罚；如果主管官员同意了说情人的说情，则与说情人同罪；如果主管官员同意且作了说情人请求之事，则两者都判处杖一百的处罚；如果有官司因为说情而枉判的，则主管官员以出入人罪论处；负责监督法律、权力较大的官员如果为人说情的，处以杖一百的刑罚，导致枉法而重判的，其罪与主管官员一样。

"枉法赃不枉法赃"是指官员收受贿物而做出违法事情的行为，或者只收受贿赂而没有做出违法事情的行为。《宋刑统》规定：

① 岳纯之：《宋刑统校证》，北京：北京大学出版社 2015 年版，第 151 页。

② 岳纯之：《宋刑统校证》，北京：北京大学出版社 2015 年版，第 151 页。

　　"诸监临，主司受财而枉法者，一尺杖一百，一匹加一等，十五匹绞；不枉法者，一尺杖九十，二匹加一等，三十匹加役流。无禄者，各减一等，枉法者，二十匹绞；不枉法者，四十匹加役流。"①

　　凡是负责监督和领导方面的主管官员如果收受贿赂，出现徇私枉法行为的，按照其收受的贿赂的数额，一尺则杖一百，一匹则增加处罚的力度，加一等处罚。受贿数额达到十五匹的，则判处绞刑。如果受贿却没有徇私枉法，则按照收受的贿赂数额，一尺杖九十，二匹则按照加一等的力度处罚，受贿数额达到三十匹的，判处役流之刑。如果没有俸禄的官员枉法受贿，对比有俸禄的官员枉法所定之罪减一等。受贿后枉法的，受贿数额达到二十匹的，判处绞刑。受贿后没有出现枉法行为的，受贿数额达到四十匹则判处役流之刑。

　　"受所监临赃"主要是指负责监临的官员收受贿赂、强取财物的

行为。《宋刑统》规定：

　　"诸监临之官受所监临财务者，一尺笞四十，一匹加一等，八匹徒一年，八匹加一等，五十匹流二千里。与者，减五等，罪止杖一百。乞取者，加一等。强乞取者，准枉法论。"②

　　监临之官监守自盗，收受自己领导监督下的财物的，数额达到一尺处以笞四十的刑罚，一匹则加一等罪处罚。数额达到八匹的判处一年的徒刑，达到五十匹的则判处二千里的流放之刑。给予财物的，减五等治罪，最高刑罚处以杖一百。主动索贿的，加一等判处。强行索贿的，按照枉法之罪论处。

　　"律令式不便于事"是指官员在遇到法律解释方面的问题而不向尚书省奏闻而自己独断的行为。《宋刑统》规定：

---

　　① 岳纯之：《宋刑统校证》，北京：北京大学出版社 2015 年版，第 153 页。

　　② 岳纯之：《宋刑统校证》，北京：北京大学出版社 2015 年版，第 155 页。

"诸称律、令、式不便于事者，皆须申尚书省议定奏阅。若不申议辄奏改行者，徒二年。即诣阙上表者，不坐。"①

凡是认为现有的律、令、式等法律法规不适合运用的，必须向尚书省进行汇报后奏报君主。如果官员不申报而直接向君主上奏而更行的，判处两年徒刑。如果上朝堂公开上表讨论的，则不受处罚。

由上述可知，宋朝在职官管理方面，非常关注惩治贪腐行为，并在各个方面通过制定法律条文对官员的行为进行了规制。南宋时期陈亮在总结汉、唐、宋三个朝代不同的治理特点时曾指出："汉，任人者也；唐，人法并行者也；本朝，任法者也。"②在他看来，汉代在治国时较为注重用人，唐代在治国时侧重于人法并用，宋朝在治国时则倾向于任法而治。这也反映出当时宋朝统治集团对法制制定和实施的重视。

由上述可知，在宋朝初期，统治者一方面广施德教，希图以教化奠定社会政治秩序的道德基础；另一方面则制定法制，注重通过法制的实施来规制社会政治秩序的运行。这种施政方针取得了一定的效果，使得宋朝基本上摆脱了五代时社会政治秩序失序的局面，很快进入了社会稳定期。由于宋朝统治集团较为注重法制的建设和实施，所以受此影响，宋初的儒者在阐述廉政、勤政问题时都涉及法制在惩治腐败、警戒人心等方面的作用。

综上所述，儒家廉政思想自先秦孔孟等儒者提出价值理念以来，经过汉唐儒家的阐发以及实践，发展到宋朝时，其思想理论内容已经较为成熟。与前代相比，宋朝政治文化中所具有的一个明显特点就是注重法制建设和实施。受此影响，宋代儒者在思考廉政问题时，也非常重视法制在规制人心、预防腐败方面所发挥的作用。在这种历史背景下，北宋时期涌现出了一大批刚正廉直的士大夫官员，他们在为官从政过程中激浊扬清，针对当时的腐败问题阐发了自己的

---

① 岳纯之：《宋刑统校证》，北京：北京大学出版社2015年版，第160页。

② (宋)陈亮：《陈亮集》，石家庄：河北教育出版社2003年版，第98页。

解决方法，并在政治实践上通过纠弹等方式积极地惩治腐败分子，而包拯就是这些刚正廉直的士大夫中的一员。他生性峻直，清正廉洁，既有廉政之"行"，即在从政生涯中不断地纠弹不法，惩治腐败，为君主指陈得失，匡正君道，为百姓奏免赋税，照顾民生；又有廉政之"言"，即在担任监察御史等台谏官职中围绕如何消除腐败、选任贤能等问题提出了富有洞见的建议，并形成了颇具系统性的反腐理论。当然，包拯廉政思想的形成一方面是他吸取了先秦、汉唐与宋初儒家廉政思想中的合理成分，并根据当时的政治实践状况进行了阐发；另一方面，他刚正不阿的性格以及富有建设性的反腐思想也受到了宋朝当时社会政治状况与思想文化状况等方面的影响。在汲古鉴今的基础上，围绕官员如何廉政、勤政等问题，包拯对宋朝的取士、择官、考课、台谏、按察等制度中存在的弊端进行了分析，并提出了相应的解决之道，由此而形成了系统性的廉政思想。

第二章 包拯廉政思想形成的时代背景

　　思想的形成和发展主要受到外在社会存在和内在思想发展关系两方面因素的影响。吕振羽曾指出："社会思想是属于上层建筑的东西，它不但受着社会存在所决定，而且在其自身间也有交互的影响作用。"①外在的社会存在主要涉及思想家所处时代的社会政治等状况；内在思想发展关系则主要涉及思想家所处时代的思想文化等背景。从思想史的角度来看，包拯廉政思想深受宋朝当时的社会政治状况以及思想文化发展状况的影响，如果想要把握其廉政思想中的主要特质，则需要对包拯所处时代的社会政治状况和思想文化发展状况进行脉络性的梳理，在时代背景中寻找影响包拯廉政思想形成的主要因素。

一、社会政治背景

　　与五代相比，宋朝统治者在王朝建立之初即尊崇文教，提倡士风，希望改变五代时期社会政治伦理失序的状态，重建以儒家意识形态为基础的社会政治秩序。在统治者的支持下，宋朝士大夫的政治主动性开始加强，与君主共治天下成为他们的道德期许和实践追求。由于宋朝建立之初，政尚因循，官僚系统中的贪污腐化、徇私

---

① 吕振羽：《中国政治思想史》上，北京：人民出版社2008年版，第3页。

枉法的现象不断发生。为了加强对官僚系统的监察，宋真宗开始提升御史台和谏院的地位，以发挥其纠察百官的功能，自此以后，御史台和谏院成为重要的监察机构，并为当时具有儒家治国平天下胸怀的士大夫提供了制度性的平台，如范仲淹、欧阳修、蔡襄等人在担任台谏之职后，针对朝廷中的昏聩之政不断提出自己的意见，且不断检举、弹劾贪腐庸碌的官员。在此社会政治背景下，包拯在担任台谏之职后，与当时的其他御史和谏官一样，在朝堂之上不断地对各项政策的制定和实施指陈得失，并不遗余力地揭发和弹劾各类腐败的官员。在长期的反腐倡廉实践基础上，包拯形成了系统的廉政思想。

（一）尊崇文教与士大夫政治主动性的形成

宋朝立国之后，摆在统治者面前的一个亟须解决的问题就是如何能够结束五代十国以来政权不断更迭的局面，建立起一个社会政治秩序较为稳定的国家。对于宋朝开国君主赵匡胤而言，五代时期军阀废立皇帝的事情如同梦魇一样一直笼罩在他的心头。如何能使自己牢牢地控制住政治权力，避免此前地方强势节度使代君自立现象的发生，一直是赵匡胤日夜思考的重点。对于赵匡胤而言，他尤为担心的是：自己的皇位是由部下黄袍加身，拥立而来，那么自己的部下会不会重演这一幕，将自己从皇位上拉下来而自立。在一次由石守信等人参加的酒宴上，宋太祖向他们吐露了自己的心迹。《续资治通鉴长编》载：

> "上悟，于是召石守信等饮，酒酣，屏左右谓曰：'我非尔曹之力，不得至此，念尔曹之德，无有穷尽。然天子亦大艰难，殊不若为节度使之乐，吾终夕未尝敢安枕而卧也。'守信等皆曰：'何故？'上曰：'是不难知矣，居此位者，谁不欲为之。'守信等皆顿首曰：'陛下何为出此言？今天命已定，谁敢复有异心。'上曰：'不然。汝曹虽无异心，其如麾下之人欲富贵者，

一旦以黄袍加汝之身，汝虽欲不为，其可得乎？'"①

　　在这次酒宴上，宋太祖向石守信等人表达了自己寝食难安的处境。在权力体系中，王权具有至高性和独占性。在帝制时代，任何人一旦拥有了王权，就拥有了支配他人的权力。一方面，掌握王权的君主会时刻担心失去手中的权力，被权臣或者强臣架空；另一方面，一些手握重权的臣子也会基于王权的至高无上性而对君主产生取而代之的想法和行动。可以说，君臣之间围绕权力无时无刻不在博弈。对于陈桥兵变、黄袍加身的赵匡胤而言，自己的皇位是通过有实力的军队将领支持而得来。在他取周代之前，这样的王朝更替模式时有发生，如五代时后周的建立情况就是如此。由于受到后汉隐帝的猜忌，郭威以清君侧的名义起兵讨之，在七里坡大败后汉军队，隐帝也被郭允明所杀。郭威在拥立刘赟为帝之后，掌握了军政大权，在北上抵御契丹的途中，被士兵黄袍加身拥为皇帝，返回汴梁之后，郭威遂取汉而代之，建立周朝。赵匡胤获得帝位的方式与郭威相似，因此，如何防止这种权力更迭状况的再次发生则成为他日思夜虑的重要问题之一。在宋朝建立不久，赵匡胤曾与其心腹之臣赵普讨论过五代时期王朝短命的原因，赵普给出的答案是君弱臣强，并建议赵匡胤实施强干弱枝的治国方略。②在权力基本稳固之后，宋太祖即开始将地方节度使的权力逐步收回中央，并任命文臣管理地方。通过一系列的地方制度改革，相较于五代时期而言，宋朝的节度使已经成为虚衔，手中并无任何权力可言。
　　为了能够进一步巩固政治秩序，宋太祖在统治时期又尊崇儒学，大倡文教，扭转了五代以来重武轻文的社会风气，确立了以儒家思

　　①（宋）李焘：《续资治通鉴长编》第一册，北京：中华书局2004年版，第49页。
　　②"上既诛李筠及重进，一日，召赵普问曰：'天下自唐季以来，数十年间，帝王凡易八姓，战斗不息，生民涂地，其故何也？吾欲息天下之兵，为国家长久计，其道如何？'普曰：'陛下之言及此，天地人神之福也。此非他故，方镇太重，君弱臣强而已。今所以治之，亦无他奇巧，惟稍夺其权，制其钱谷，收其精兵，则天下自安矣。'"参见（宋）李焘：《续资治通鉴长编》第一册，北京：中华书局2004年版，第49页。

想为基础的社会政治伦理观念。就政治系统的运行来看，任何制度的设置和运转都必须要有一定的社会政治伦理观念作为支撑。如果说制度是政治系统的"硬件"，则社会政治伦理观念就是政治系统的"软件"。任何制度的实际作用的发挥都与参与其中的人息息相关。当制度中的人政治认同感和政治责任感较强时，他们就会积极地通过自身的努力而推动制度的运转；反之，当制度中的人缺少政治认同感和政治责任感时，制度本身的绩效就会持续递减，政治系统中就会出现人浮于事的现象。而社会政治伦理观念对制度中人的价值塑造和行为选择具有重要的影响作用。儒家社会政治伦理素来注重君臣父子之礼，主张建立尊卑有等、长幼有序的社会政治秩序。如董仲舒曾言："圣人之道，众隄防之类也。谓之度制，谓之礼节。故贵贱有等，衣服有制，朝廷有位，乡党有序，则民有所让而不敢争，所以一之也。"[1]他认为国家的治理必须要建立在一定的等级秩序之上。可以说，儒家在社会政治伦理方面的主张非常有利于维护君主的统治，在立国之初，宋太祖已经意识到了儒家社会政治伦理的重要性，并且为其普及做了一系列措施。在建隆元年（960年），他两次到国子监谒款孔子，奖掖儒学，这一行为本身即充满了强烈的象征意味，标志着宋朝尊崇儒学、实施文教的开始。在建隆三年（962年），宋太祖又诏令修葺国子监，为儒者聚徒讲学提供了必要的条件。在他的大力扶持下，儒学开始逐渐复兴，其内在含有的社会政治伦理也被人们接受和认同，隆儒佑文也成为宋朝的祖宗家法，被其后的统治者所遵循。

由于统治者大力提倡儒学，积极地为儒学发展营造有利的条件。在宋朝建立之后，儒学获得了快速发展。通过科举制度，一大批具有儒家治国理念的士大夫开始进入政治系统。在庙堂之上，他们议论政治，积极地出谋划策，协助君主治理天下；在地方上，他们身体力行，在践行儒家修身理念的同时，主动地加入地方治理活动中。可以说，与五代相比，宋朝的士大夫一开始就具有强烈的经世思想。

---

① （清）苏舆：《春秋繁露义证》，北京：中华书局2019年版，第203页。

朱熹曾说道："国初人便已崇礼义，尊经术，欲复二帝三代，已自胜如唐人。"①在儒家思想的影响下，这些士大夫具有强烈的家国情怀和政治责任感，平治天下成为他们的人生信念和实践追求。如范仲淹在《上执政书》中曾自陈心迹，言："所以冒哀上书，言国家事，不以一心之戚，而忘天下之忧，庶乎四海生灵长见太平。"②在宋朝士大夫的脑海中，国家与个人紧密相连，国事就是己事，个人从学从政的目的并非使个人获得功名利禄，而是使天下能够太平，生民有所安乐。他们的政治主动性非常强烈，许多立朝的士大夫围绕如何治理天下而就具体问题进行了廷论，各自抒发自己的观点，并且对有损于国家利益的贪腐行为进行了揭露和抨击。

这种社会政治氛围也对包拯产生了重要的影响，使他也形成了强烈的政治责任感。在奏疏中他曾言："臣生于草茅，备从宦学，尽信前书之载，窃慕古人之为，知事君行己之方，有竭忠死义之分，确然素守，期以勉循。"③这段话可以说是包拯一生事君谋国的心迹写照，表现了包拯早年即以立下了为国尽忠的人生理想和抱负。在长期的仕宦生涯中，包拯以清正廉洁作为自己的行为准则，在涉及国家大事的问题上，他往往挺身而出，与大臣或君主当庭争论。如张尧佐因是后宫张贵妃的伯父，被宋仁宗任命担任了三司使，负责主管国家财政。包拯数次上书仁宗，指出张尧佐能力有限，无法担任三司使一职，希望朝廷能够选派干练通达之人代替张尧佐。皇佑二年（1050年），在一次朝会上，宋仁宗当场宣布授予张尧佐宣徽南院使等四项官职，这引发了当时朝堂官员的异议。包拯即与当时的台谏官员吴奎、唐介等人与宋仁宗当庭辩驳，指出宋仁宗这一任命行为的不当。在与君主的奏疏中，包拯曾表明自己不断纠弹官员，规谏君主的原因。他言："臣非材备位谏职，思所以为补报者，惟言

---

① （宋）黎靖德编：《朱子语类》第八册，武汉：崇文书局2018年版，第2343页。

② （清）范能濬编：《范仲淹全集》上，南京：凤凰出版社2004年版，第183页。

③ （宋）张田编：《包拯集》，北京：中华书局1963年版，第132页。

责而已；然言不激切，则不足开宸虑补圣政。"①在包拯看来，自己担任台谏官员，就必须对君主的施政行为指陈得失，如果自己知而不言或言之不尽，则属于失职。自己之所以在朝堂之上廷争面谏，并非为了自己的虚名，而是考虑到国家利益的得失。包拯的这种政治责任感在下述的这件事情中表现得尤为明显。

在君主政体下，太子的确立对于政权的稳定而言非常重要。从权力体系的角度来看，太子是未来的君主，如果太子更换频繁或久不确立，会对政治权力的运行造成负面的影响。宋仁宗虽然即位时间较早，但长期没有男嗣，朝中大臣也建议宋仁宗早立储君。包拯也意识到了这一问题的重要性，上书谏言宋仁宗，并提出了相应的办法。②这引起了宋仁宗的怀疑，他认为包拯有干涉朝政的私心。包拯随即向宋仁宗表明了自己的态度，他说到自己担任右谏议大夫、权御史中丞，其职责就是以朝廷利益为重，为君主的决策拾漏补缺。自己出于公心所以向君主直言，但君主却怀疑自己有私心。自己之所以向君主建言立储，其目的是"为宗庙万世计也"③。从这件事情可以看出，包拯的政治责任感和使命感非常强烈，这也与当时士大夫政治主动性形成的社会政治背景有密切关系。

(二) 因循之政与宋朝腐败问题的频发

为了重建社会政治秩序，扭转五代时期政治道德沦丧的局面，宋朝前期的几位君主一直大力讲求儒学，实施文教，礼待士大夫阶层。对于犯罪的官员，只要不危害皇权统治，一般都做宽大处理。可以说，相较于五代时期而言，宋朝的政治文化氛围相对宽松，君

---

① (宋)张田编：《包拯集》，北京：中华书局1963年版，第6页。

② 包拯向宋仁宗建议："臣愿陛下特出宸断,密与执政大臣协议,精择宗室中亲而有德望,众所推重者,优以封爵,置在左右,日加训勖,仍与增补僚属,选用厚重方正之士,令就禁邸,论以善道,益其闻见。如此,则不惟表异亲贤,抑亦巩固王室,可以挫奸雄观望之意也。迨皇嗣诞育,则以优礼而进退之,此亦古今之通义,陛下何惮而不为哉!"参见(宋)张田编：《包拯集》,北京：中华书局1963年版,第5页。

③ (宋)张田编：《包拯集》,北京：中华书局1963年版,第145页。

主以谨守祖宗家法、墨守成规为职，而秉钧大臣在处理政事问题上也较为保守。如《宋史》曾记载了王旦为相时的为政方略："会契丹修和，西夏誓守故地，二边兵罢不用。真宗以无事治天下。旦谓祖宗之法具在，务行故事，慎所变改。帝久益信之，言无不听。"①宋真宗为北宋第三位皇帝，他在位期间基本上奉行宋太祖与宋太宗时期形成的治国方针，以清静无为作为自己为政的方略。王旦为宋真宗时期的名臣，在任相期间也以恪守政治成规为主，并没有大的政治改革措施。而辅助宋真宗成就"咸平之治"的宰相李沆在任职期间也同样奉行保守的施政策略。《宋史》载：李沆为相时，凡事无所更张，曾言："居重位实无补，惟中外所陈利害，一切报罢之，此少以报国尔。朝廷防制，纤悉备具，或徇所陈请，施行一事，即所伤多矣。"②他在任相时的施政行为遭到了不少人的非议，被认为是无所作为。同年马亮曾将外议告诉了李沆的弟弟李维，李维又将其语转告给了李沆。李沆对此作了解释。他认为宋朝的典章制度经过宋太祖与宋太宗两朝的损益后，已经臻于完善，各项法规律令也已经被人们所接受和认可，整个国家的社会政治环境也已经相对稳定。作为执政大臣，其职责主要是推动国家中各种制度的运行，监督各项法令政策的落实和实施，而不是动辄更改祖宗法度。那些倡导变革法度的建议和言论由于缺乏实践检验，如果随便落实下去，很可能会造成社会政治秩序的紊乱。

事实上，从政策实施的角度来看，在宋代前期，君臣奉行清静无为的治国方略在一定程度上可以保持政策的连续性，有助于推动民间经济的发展，促进社会政治秩序的稳定。但是随着时间的推移，宋朝面临的社会政治矛盾逐渐增多，特别是在宋仁宗时期，自宋初积累的民生、吏治、军事等问题逐渐浮出水面，亟须具有政治能力的施政者来解决，而此时君臣如果仍然恪守祖宗成法，无异于扬汤止沸。

---

① (元)脱脱等:《宋史》,北京:中华书局2000年版,第7784页。

② (元)脱脱等:《宋史》,北京:中华书局2000年版,第7781页。

而在宋仁宗时期，无论是君主还是执政大臣在治国理政方面依旧因循真宗一朝的做法，以"无事"治天下作为施政的理念。宋仁宗本人在治国问题上比较倾向于保守，在选官任事方面多擢用老成持重之人。他在统治期间用王安石的话说就是"未尝妄兴一役，未尝妄杀一人，断狱务在生之，而特恶吏之残扰"①，基本上遵循北宋初期形成的祖宗家法。长期在仁宗朝任相的吕夷简也与真宗时期的李沆、王旦等大臣一样，凡事以稳为主。对于持变法主张的大臣如范仲淹等官员，他采取的措施就是将其调离京师，贬到地方上任职。可以说，从朝代建立之初开始，到宋仁宗时期，宋朝官场上一直弥漫着严重的保守因循之风。

在这种保守因循之风的影响下，腐败问题开始频发。宋朝虽然制定了较为严密的法律，但由于受到官场各种政治关系的干扰，所起的效果经常大打折扣。君主甚至有时候对于贪腐问题也处理得相对宽松，经常以法外开恩的形式赦免或减轻这些腐败官员的罪责。宋太宗曾与宰相吕蒙正言道："幸门如鼠穴，何可塞之！但去其甚者，斯可矣。"②在宋太宗看来，腐败难以根治，施政者只要能够维持大体的政治清明即可。而吕蒙亦认可宋太宗的这一观点，言："水至清则无鱼，人至察则无徒。小人情伪，君子岂不知？盖以大度容之，则庶事俱济。"③宋朝统治者的这种姑息态度使得腐败问题不断加剧。包拯在给宋仁宗的奏疏中曾说道："今天下郡县至广，官吏至众，而赃污摘发，无日无之。洎具案来上，或横贷以全其生，或推恩以除其衅，虽有重律，仅同空文，贪猥之徒，殊无畏惮。"④这段论说指出了宋朝统治集团奉行的因循之政对吏治的危害，也揭露了宋朝腐败问题的深层次原因。在包拯看来，宋朝之所以贪腐现象不断发生且愈演愈烈，主要原因就在于统治集团的姑息纵容。在当时，

---

① 王永照主编：《王安石全集》第六册，上海：复旦大学出版社2023年版，第802页。

② （宋）李焘：《续资治通鉴长编》第二册，北京：中华书局2004年版，第774页。

③ （宋）李焘：《续资治通鉴长编》第二册，北京：中华书局2004年版，第774页。

④ （宋）张田编：《包拯集》，北京：中华书局1963年版，第40页。

官员贪腐行为被揭发之后，经常向上级官员打点请托以求减轻自己的罪责，而统治者亦受到各种关系的影响，对一些腐败官员的罪行进行减免。受此影响，原有的惩治腐败的法律条文徒具形式，不能发挥对腐败分子的事前震慑与事后惩罚的功能，结果造成了腐败案件不断增加。可以说，由于宋朝统治集团在施政方面较为倾向于因循，所以各种社会政治矛盾在宋仁宗时期开始逐渐严重起来，特别是在吏治方面，人浮于事和贪污腐化的现象不断涌现。面对当时频繁发生的腐败行为，强烈的政治责任感促使包拯积极地参与到反腐的活动中，并针对各种不同的腐败行为提出了切实可行的解决之道。

（三）台谏合一与宋朝监察力度的增强

台谏是御史台和谏院的简称。在宋代，御史台是官僚系统中的最高监察机关，其职责主要负责纠察弹劾，检举不法，以防止官员出现违法乱纪的行为。御史台的总负责人是御史中丞，全面负责御史台的各项工作。就机构设置而言，御史台主要由台院、殿院和察院组成，台院设置侍御史一名，主要负责御史台的日常工作，并辅助御史中丞纠察百僚，整肃朝纲；殿院设置殿中侍御史二名，主要负责纠察官员在朝堂上的各种失礼事件；察院则设置监察御史六名，主要负责揭发和弹劾官员的贪污不法行为，监督朝廷的日常行政、司法工作。此外，御史台还设有检法官、主簿、推直官等杂差，负责部门中的一些具体执行工作。台院、殿院和察院的这种职责分工是原则性的，从实际运作来看，三院的官员都可以运用监察的权力监督朝政，风闻奏事，纠弹官员。谏院的总负责人是谏议大夫，手下的属官有司谏和正言等。在宋初，谏院并没有独立的部门机构，相关的人员主要隶属在中书和门下两省之下。天禧元年（1017年），宋真宗开始在门下省设立独立的谏院机构，其人员由君主亲擢，负责讨论朝政之得失，并对君主的不当行为进行谏言。

与唐代的台谏制度相比，宋朝的台谏制度具有一个明显的特点，即台谏合一。在唐朝，御史和谏官分属于不同的部门，且职责明确。

御史属于门下省，监察的对象是官僚系统，其职责主要是纠弹官员，维护朝廷的纲纪；谏官则是左右补阙和左右拾遗，谏议的对象主要是君主以及朝廷颁布的政令，其目的在于为君主治国理政提供参考。在宋朝，御史和谏官的职责开始走向趋同化。在设置谏院之时，宋真宗即赋予了谏官弹劾宰相和百官的权力。谏官不光可以通过谏议的方式规制君主的行为，也可以在朝堂之上风闻奏事，弹劾大臣。如在宋仁宗庆历年间，当时的谏官右正言余靖即在朝堂之上弹劾夏竦，指出其德行败坏，不能继续担任枢密使。可以说，宋朝的谏官已经兼有了御史之权，有的谏官甚至直接兼领权御史中丞一职。如孔道辅在明道二年（1033年），即被授予右谏议大夫、权御史中丞之职。当时正值宋仁宗废后，孔道辅带领当时的谏官范仲淹、宋郊以及御史蒋堂、段少连等人诣阙劝谏，指出废后之事重大，君主不应轻易废后。当然，在宋朝的政治传统中，御史台的官员也被赋予了谏议君主之权。如庆历五年（1045年），宋仁宗恢复了之前所设立的"言事御史"，并于御史台中设置"谏官御史厅"。许多担任过御史台之职的官员，往往也会被君主亲擢到谏院。

从制度变迁的角度来看，宋朝之所以会形成这种台谏合一的模式，实际上与君主集权的不断加强紧密相连。[①]钱穆曾认为，在唐代，御史大夫和谏官的分工明确，前者监察百官，是君主的耳目；后者规谏君主，相当于宰相的唇舌。而在宋朝，谏院脱离门下省独立后，谏官由之前的宰相推荐改为皇帝亲擢，与御史们一起监察和弹劾官僚系统，以防止强臣的出现，这其实是北宋君权提升和相权削弱的必然结果。对于宋朝君主而言，五代时期混乱的政治局面一直在他们脑海中挥之不去，为了防止强臣挑战或颠覆君主的统治地位，自宋初开始，君主即有意识不断巩固和加强手中的权力，并对相权进行分割，将宰相之权一分为三。中书门下负责民政，其部门

---

①　张晋藩指出："宋朝台谏职掌相混与合一的发展趋势，是和加强君主专制制度，防范臣下擅权，特别是为了加强对宰相的监督分不开的。"参见张晋藩：《中国监察法制史稿》，北京：商务印书馆2007年版，第245页。

负责人为同中书门下平章事与参知政事。枢密院负责军政，其部门负责人是枢密使和枢密副使。三司主管财政，其部门负责人是三司使。三个部门互不统属。这种制度设计改变了汉唐以来宰相综理民政、财政和军政的传统，削弱了相权，增强了君权。借助于这种制度，君主实际上成为中书门下、枢密院以及三司的总负责人，集各种权力于一身。为了有效地控制官僚系统，保证以君权为中心的政治机构能够稳定运行，构建强而有力的监察机构是不可或缺的。因此，在天禧元年，宋真宗提升了谏院的地位，赋予了其相对独立的监察权，并将用人权由之前的宰相推荐改为君主亲擢。这一做法使得谏院此后成为相对独立于官僚系统而直接对君主负责的机构，谏院和御史台的功能和作用开始逐渐趋同化。

从主观目的的角度来看，宋真宗是想通过谏院机构的调整使其与御史台一样，发挥纠察官员、稳定朝纲的作用。对于君主而言，宰相的权力过大，掌握着一定行政权力，如果缺少强而有力的监督力量，则会导致宰相权力逐渐集中而变成强臣，进而威胁君主的地位。而提升谏官的地位，扩大监察的力量，使其监督以宰相为首的官僚系统无疑是巩固皇权、稳定朝廷秩序的重要手段之一。从客观实施效果的角度来看，从宋真宗时代开始，谏院和御史台在整个官僚系统中的地位确实也逐渐提升，成为一股强而有力的监察力量。如在宋仁宗时期，王举正担任参知政事一职，此人性格恬阔，在职期间无所作为。当时的御史李徽之上书弹劾王举正性格懦弱，不能任事。谏官欧阳修等人也纷纷上书宋仁宗，指出王举正才能有限，没有宰执之才。在御史和谏官的不断弹劾之下，宋仁宗罢去了王举正参知政事一职，改命范仲淹担任。当然，由于宋朝士大夫政治主动性非常强烈，担任谏官和御史的士人在监察百官、纠弹不法的同时，也不断地对君主的行为进行劝谏，指陈得失。台谏合一无疑增强了宋朝监察官员的力量，为他们的纠察行为提供了必要的政治助力和制度保障。御史和谏官们在职期间，经常联合起来或分开弹劾官僚的不法行为，匡正君主的随意之举。

庆历三年（1043年），包拯结束端州之任，赴京任职，经过王拱辰的推荐，担任了监察御史里行，开始进入监察部门行列。同年担任谏官的还有欧阳修、王素等人。可以说，在京任职之处，包拯即遇到了志同道合的士大夫。在监察同僚的相互鼓舞和激励下，包拯与当年即针对宋仁宗想要修缮上清宫的行为进行了净谏，递交了《请不修上清宫》的奏疏，并指出修缮行为劳民伤财，不利于善政的实施。此后，包拯在监察系统中相继担任监察御史、知谏院、右谏议大夫、权御史中丞兼理检使等职。在职期间，包拯相继纠弹了张可久、张尧佐、宋庠等徇私枉法、尸位素餐的官员，这些政治实践为包拯廉政思想的形成和发展提供了实践基础。

二、思想文化背景

包拯廉政思想的形成，一方面，从个体的角度来看，与其早年所接受的教育以及在成长和仕宦生活中师友的影响有着紧密的联系。包拯父亲包令仪曾担任过福建惠安地区的知县，后在京城担任过虞部员外郎等职。在包拯幼时，其父就对他寄予了厚望，不断培养包拯的忠孝意识。在其父的教育下，包拯较早地树立了儒家的以天下为己任的人生观。当然，在成长过程中，包拯也受到了师友的激励和影响，如当时的刘筠即对包拯刚直的性格非常欣赏，而文彦博也不断地与包拯在为学方面互相砥砺，这些都对包拯廉政思想的形成起到了正强化的作用。另一方面，从社会环境的角度来看，包拯廉政思想也受到当时儒学复兴运动以及士风精神的影响。

（一）早年的教育与师友的影响

包拯生于宋真宗咸平二年（999年），少时以孝行闻于乡里，于宋仁宗天圣四年（公元1026年）考取进士，开始其仕宦生涯。包拯为人，一生刚直不阿，以廉洁奉公名于当时，曾七次弹劾王奎，三次弹劾郡马郭承佑。欧阳修在《论包拯除三司使上书》中曾评价包拯"性好刚，天姿峭直"①。朱熹在《五朝名臣言行录》中也对包拯从政风格做了这样的记载："包孝肃公立朝刚严，闻者皆惮之。至于闾里童稚妇女，亦知其名；贵戚宦官，为之敛手。"②在包拯生前，其刚正廉洁之名已经是妇孺皆知。从政治心理学的角度来看，包拯这种刚正不阿、廉洁奉公品质的形成与其早期所受的教育和师友的影响是密不可分的。

北宋咸平二年（999 年），包拯出生于庐州的一个官宦家庭。父亲包令仪为进士出身，曾任虞部员外郎、靖安县令等职，后居于乡里，不再出仕。包拯兄弟三人，他排行第三，长兄包莹、二兄包颖都早年夭折，故男嗣只有包拯一人。在其父的督导下，包拯幼时即受到系统的儒家教育，以古代先贤作为自己为学的榜样。在与宋仁宗的奏疏中，他曾言自己"蚤从宦学，尽信前书之载，窃慕古人之为"③。通过对儒家典籍的学习和体悟，包拯较早地树立了平治天下的理想和信念。这从吴奎和朱熹关于包拯年少时处事行为的记载可以看出来。吴奎为北宋名臣，担任过枢密副使、朝散大夫等职，与包拯曾同朝为官，在《孝肃包公墓志铭》中，他言包拯少时"挺然若成人，不为戏狎，长弥勤厉操守"④。从吴奎的话语中可以看出，少年的包拯即以儒家的道德标准来要求自己，对于无益于修德进业的事情绝不涉及。南宋时期的朱熹在与弟子谈论处事之道时也曾谈到少年包拯的一则慎交事迹，并劝弟子将包拯作为立身效法的对象。他对弟子说道："先人曾有杂录册子，记李仲和之祖同包孝肃同读书一僧舍，每出入，必经由一富人门，二公未尝往见之，一日，富人俟其过门，邀之坐，二公托以它事，不入。他日复招饭，意廑甚。李欲往，包公正色与语曰：'彼富人也，吾徒异日或守乡郡，今妄与之交，岂不为他日累乎！'竟不往。"⑤包拯曾与李仲和之祖一起在僧

---

① （宋）张田编：《包拯集》，北京：中华书局1963年版，第137页。

② （宋）张田编：《包拯集》，北京：中华书局1963年版，第142页。

③ （宋）张田编：《包拯集》，北京：中华书局1963年版，第132页。

④ 孔繁敏编：《包拯年谱》，合肥：黄山书社1986年版，第137页。

⑤ （宋）黎靖德编：《朱子语类》第八册，武汉：崇文书局2018年版，第2349页。

舍读书，每次进出必须经过一富人之门。此富人也想结交包拯等人，有一次他设宴殷勤相邀，李仲和之祖想要前往，包拯对李氏说道，如果此次应邀前去，则他日在此处为官施政时必然受到此富人各种人情关系的请托，妨碍秉公执法。由朱熹的这段记载可以看出，包拯早年即已树立为官清廉、不谀权贵之志。

在包拯的成长过程中，师友对他的影响也非常大。从现有的文献资料来看，有两人对包拯廉洁奉公品质的形成产生了重要的影响。

第一位是刘筠，北宋名臣，为人清正刚直。《宋史》载："凡三入禁林，又三典贡部，以策论升降天下士，自筠始。性不苟合，遇事明达，而其治尚简严。"①刘筠数次担任礼部试的主考官，经常奖掖和提拔后学，深得当时士人的爱戴。在宋天禧五年（1021年），刘筠离开京城，赴庐州担任地方官。在庐州任职期间，刘筠非常欣赏包拯的性格和才华，勉励其读书为学，对包拯可以说是有知遇之恩。吴奎在包拯的墓志铭中曾载："公少为筠所知。"②刘筠的处事和从政之道无形中对包拯形成了非常大的影响。《宋史》中曾记载过刘筠的一则事迹，内容是："初，筠尝草丁谓与李迪罢相制，既而谓复留，令别草制，筠不奉诏，乃更召晏殊。筠自院出，遇殊枢密院南门，殊侧面而过，不敢揖，盖内有所愧也。帝久疾，谓浸擅权，筠曰：'奸人用事，安可一日居此。'请补外，以右谏议大夫知庐州。"③宋真宗时期，刘筠在朝担任翰林学士之职，此时丁谓与李迪发生纷争，真宗给出的解决方案是两人罢相，另调他处任职，并命刘筠草拟关于他两人的人事任免诏书。此后丁谓复留于朝，真宗命刘筠再草拟诏令时却遭到了他的拒绝。真宗没有办法，只能换晏殊草拟诏令。丁谓为人奸巧圆滑，对上阿谀奉承，对下专横擅权，当时的士大夫都视他为奸邪。丁谓在朝掌权期间，刘筠就非常反感，于是自求外任，出知庐州。由此可以看出，刘筠具有非常典型的士大夫性格：

---

① （元）脱脱等：《宋史》，北京：中华书局2000年版，第8155页。

② 孔繁敏编：《包拯年谱》，合肥：黄山书社1986年版，第138页。

③ （元）脱脱等：《宋史》，北京：中华书局2000年版，第8155页。

一是立身清正，处事公道，能够秉公拒私；二是在为官时洁身自好，不与奸佞同流合污。在与包拯的交往中，刘筠的这种性格自然潜移默化地影响到了包拯。

第二位则是文彦博。宋天圣元年（1023年），包拯之父包令仪与文彦博之父文洎在同地为官，包拯与文彦博之间的交往也由此开始。《文氏墓志铭》载："时潞国公与皇舅枢密副使孝肃公讳拯，方业进士，相友甚厚。"①文彦博一生任官仁、英、神、哲四朝，为北宋名臣，先后曾任枢密副使、参知政事等职。《宋史》载其"虽穷贵极富，而平居接物谦下，尊德乐善，如恐不及"②。文氏为人持重，公私分明，在朝为官时不畏权贵，秉公执法；出任地方之后，能够以民生为念，实施良政，惠及地方。他曾赠给包拯七律一首："缔交何止号如龙，发箧畴年绛帐同。方领聚游多雅致，幅巾嘉论有清风。名高阙里二三子，学继台城百六公。别后愈知琨气大，可能持久在江东。"③这首诗体现了文彦博与包拯之间的情谊，表达了他期望包拯能够做出一番功业的感情。从文彦博平生的事迹来看，他的性格有三个方面的特点：一是遇事果断，政治责任感强。《宋史》载："三年正月，帝方受朝，疾暴作，扶入禁中。彦博呼内侍史志聪问状，对曰：'禁密不敢漏言。'彦博叱之曰：'尔曹出入禁闼，不令宰相知天子起居，欲何为邪？自今疾势增损必以告，不尔，当行军法。'"④在一次上朝时，宋仁宗突发疾病，被送到宫中休养。文彦博向内侍史志聪询问仁宗的病情，而史志聪却以此事机密不敢妄言为由没有告诉文彦博仁宗的病情。在帝制时代，君主位居权力的顶峰，一旦其身体健康出现问题，朝廷中的各方势力就会围绕权力继承问题展开激烈的博弈。如果秉钧大臣处理失当，则会影响政治秩序的稳定进而导致国家的动荡。此时文彦博即显示出刚毅的性格，

---

① 孔繁敏编：《包拯年谱》，合肥：黄山书社1986年版，第9页。

② （元）脱脱等：《宋史》，北京：中华书局2000年版，第8274页。

③ 孔繁敏编：《包拯年谱》，合肥：黄山书社1986年版，第9页。

④ （元）脱脱等：《宋史》，北京：中华书局2000年版，第8272页。

通过成熟的政治手段，迫使史志聪向其汇报了宋仁宗的病情。这件事也充分展现了文氏处理政事快速得当的能力。二是清正廉洁，不为名利所动。《宋史》载："熙宁二年，相陈升之，诏：'彦博朝廷宗臣，其令升之位彦博下，以称遇贤之意。'彦博曰：'国朝枢密使，无位宰相上者，独曹利用尝在王曾、张知白上。臣忝知礼义，不敢效利用所为，以紊朝著。'固辞乃止。"①在宋神宗时期，陈升之任相，文彦博担任枢密副使，按照上朝惯例，陈升之在朝堂上的位置应在文彦博之前。宋神宗考虑到文彦博是朝廷重臣，前朝元老，便下诏调整了陈升之和文彦博在朝堂上的位置，让文彦博居于陈升之之前。文彦博认为此事不妥，并向宋神宗说道，宋朝自建立以来，按照惯例枢密使都是位居宰相之下，只有曹利用在任枢密使时因恃功益骄，其位位于王曾和张知白之前，自己为官甚久，明于前朝之事，更不能打破祖宗法度，引发朝堂矛盾。可以说，由这件事情可以看出，文彦博思考政治问题主要是从朝廷整体的角度出发，以公为念，对于名利则并不十分看重。三是奉公为国，不居功自傲。《宋史》载："初，仁宗之不豫也，文彦博与富弼等乞立储嗣。仁宗许焉，而后宫将有就馆者，故其事缓。已而彦博去位，其后弼亦以忧去。彦博既服阕，复以故官判河南，有诏入觐。英宗曰：'朕之立，卿之力也。'彦博竦然对曰：'陛下入继大统，乃先帝圣意，皇太后协赞之力，臣何力之有？'"②在帝制时代，皇位继承问题对于国家的政治稳定而言至关重要。宋仁宗在位期间长期没有男嗣，在大臣的建议下，他将濮王的儿子赵宗实收为养子，赵宗实即是后来的宋英宗。文彦博和富弼在朝期间曾力劝宋仁宗将赵宗实立为储君。宋英宗即位之后，非常感激文彦博对自己的支持，而文彦博则并不以拥立之功自傲，向宋英宗说到其继承皇位都是宋仁宗和曹太后的意思。这件事情反映出了文彦博公忠直亮、谦逊谨慎的品质。

自天圣五年（1027年）之后，包拯与文彦博结识并相交，两人

① （元)脱脱等：《宋史》，北京：中华书局2000年版，第8273页。

② （元)脱脱等：《宋史》，北京：中华书局2000年版，第8273页。

之间互相砥砺。作为好友，文彦博的性格和作风给包拯留下了深刻的印象。可以说，两人在相处和交往的过程中，都比较认可对方清正刚直、廉洁奉公的做法，也都比较欣赏对方一心为国、秉公拒私的处事作风。在长期的仕宦生活中，文彦博的立身处世之风自然影响到了包拯，当然，包拯的清正刚直之风也影响到了文彦博。这种相互之间的影响进一步强化了包拯克己奉公、廉洁自律的性格，对他的廉政思想的形成和发展起到了积极的促进作用。当然，除了刘筠和文彦博之外，包拯在为官过程中也结识了不少志同道合之士，如吴奎等人，都是敢于直谏君王、立身中正的士大夫。在包拯去世之后，吴奎还为其撰写了墓志铭，认为他守法持正，"凛凛然有不可夺之节，盖孔子所谓大臣者欤！"①这些颇具正义感的士大夫所形成的群体无疑使包拯在为官时有了归属感，在与他们同朝为官时，包拯与他们一同劝谏君主，弹劾不法，并互相声援。如张尧佐昏聩无能，依靠关系当上了三司使等职，包拯与吴奎等便一起上书宋仁宗，指出张尧佐从政以来的各种问题。当宋仁宗不顾大臣的反对，在皇祐二年（1050 年）任命张尧佐为宣徽南院使等职时，更激起了包拯、吴奎、陈旭等人的反对。在这些台谏官员的努力下，张尧佐也主动辞去了宣徽南院使和景灵宫使等职务。可以说，由吴奎、陈旭等监察官员组成的群体也为包拯克己奉公、惩治贪腐提供了一定的环境支持。

（二）儒学复兴运动的兴起

包拯曾写过一首明志诗，其内容为："清心为治本，直道是身谋；秀干终成栋，精钢不作钩。仓充鼠雀喜，草尽狐兔愁；史册有遗训，无贻来者羞。"②这首诗体现了包拯为政的理念。在包拯看来，施政者在施政过程中要做到清正廉洁，必须要加强自身内在的道德建设，直道而行，不能因为外在的利益诱惑而放弃自身的道德操守。

75

---

① 孔繁敏编：《包拯年谱》，合肥：黄山书社 1986 年版，第 138 页。

② （宋）张田编：《包拯集》，北京：中华书局 1963 年版，第 136 页。

秀干可以成林，入仕之人只要坚持自己克己为公的初心与理念，就必然会实现自身的价值追求。廉于政事不光是一种外在的政治规范，也应是施政者内在的一种精神追求。能否做到廉于政事也关乎着施政者自身的名誉和后世对自己的评价。包拯对为政的这种看法在宋朝儒家士大夫中非常具有代表性。如范仲淹亦曾写诗名志，他言："磨此千年鉴，朱颜清可览。君看日月光，无求照人胆。"①与包拯的名志诗相似，此诗表达了范仲淹清正廉洁、以道自任的人生理念。从思想史的角度来看，包拯之所以奉行尽心为国、廉于政事的政治理念，事实上与当时宋朝的儒学复兴运动是紧密相连的。

钱穆曾指出，宋学儒学复兴的目标是"重整中国旧传统，再建人文社会政治教育之理论中心，把私人生活和群众生活再组合上一条线。换言之，即是重兴儒学来代替佛教作为人生之指导"②。五代时期，儒学的发展处于低谷期，士人或隐居于山林，或充当刀笔之吏，并不被当时的统治者重用。由于王朝更替频繁，各地军阀之间互相混战，武人成为各地军阀争相拉拢的对象，整个社会形成了崇尚实力、尚谋使诈的社会风气，儒家所倡导的社会政治伦理秩序彻底崩溃。在这种乱世之中，由于战争频繁，福祸无常，普通民众对佛教的接受和认可逐渐提升。宋朝建立之后，为了重建社会政治秩序和人心秩序，稳固政治统治，开始恢复了以儒家经典为考试内容的科举考试，重用通晓经术的儒者，有意识地推动儒学的复兴运动。当然，这一时期的儒者也产生了复兴儒学的自觉性意识。

柳开是北宋早期提倡复兴儒学的代表人物，他于宋开宝六年（973年）中进士，此后相继在中央和地方任过职，是宋朝初期古文运动的领导者。柳开以道自任，大力倡导儒学在稳定社会政治秩序和人心秩序中的重要性。他曾自名肩愈，"肩"是指承担和继承的意思，"愈"是指唐代提倡道统论的著名儒者韩愈，"肩愈"是指以韩愈的继承者自期。在《东郊野夫传》中，他言："东郊野夫，谓其

① (宋)范能濬编：《范仲淹全集》上，南京：凤凰出版社2004年版，第33页。
② 钱穆：《宋明理学概述》，北京：九州出版社2014年版，第28页。

肩，斯乐古道也；谓其绍，斯尚祖德也。退之大于子厚，故以名焉；子厚次之，故以字焉。"①柳开为何尊崇韩愈？一个主要原因是在宋代士大夫的观念中，韩愈在辟佛的基础上构建了一套道统学说，并推动了中唐时期的儒学复兴运动。在韩愈所处的年代，一方面，藩镇割据，唐王朝的统治权威不断受到各地实力派的挑战。且各地藩镇为了扩大各自的势力不断地发起战争，受此影响，社会政治秩序持续动荡。另一方面，相较于儒学而言，佛教受到了社会各阶层的尊崇。上至君主大臣，下至普通民众，都倾心于佛教的身心救赎之说。在这种历史背景下，为了重振儒学，韩愈在阐发儒家治道理论的同时，建构了一套道统学说。

在《原道》一文中，韩愈言："斯道也，何道也？曰：斯吾所谓道也，非向所谓老与佛之道也。尧以是传之舜，舜以是传之禹，禹以是传之汤，汤以是传之文、武、周公，文武周公传之孔子，孔子传之孟轲，轲之死，不得其传焉。"②这段话包含了三个方面的意思：一是指出儒家所谓道以及建立在此道基础上的经邦济世思想与佛家和道家不同。在韩愈看来，儒家所谓道以经世为主，具有整顿人心秩序和社会政治秩序的双重功能，而佛家和道家的道则以安顿人心、修身养性为主，不具备整顿社会政治秩序的功能，因此不能作为国家的主流意识形态。二是儒家所谓道是从尧舜以来一脉相传的，三代时期的圣王也凭借此道实现了天下大治。在春秋战国时期，孔子和孟子接续了尧舜以来的道，但孟子之后，此道不传，建立在此道基础上的先王经世大法也晦而不明。三是如果想要复兴儒学，儒者必须自觉地继承尧舜以来所传之道。陈来指出，韩愈所建构的这套道统学说被北宋时期想要推动儒学复兴的人士所继承，"使承续孟子后失传的圣人之道成为对知识分子的一种有吸引力的理想"③。柳开则自觉地继承了韩愈的道统学说，并认为复兴儒学可以解决宋朝当

---

① （宋）柳开：《柳开集》，北京：中华书局2015年版，第17页。

② （唐）韩愈撰，马其昶校注：《韩昌黎文集校注》，上海：上海古籍出版社2014年版，第20页。

③ 陈来：《宋明理学》，北京：北京大学出版社2020年版，第26页。

时所面临的社会政治问题。在《重修孔子庙垣疏》中，他向君主强调："圣人礼法行于天地间，万物赖之而相养。苟一日暂废，则日月昏，阴阳错，岂止臣贼其君，子贼其父也？"①在柳开看来，只有复兴儒学，重建建立在儒家伦理基础上的社会政治伦理秩序，宋朝的一系列社会政治问题才能得到解决。

柳开之后，范仲淹对于宋朝的儒学复兴运动发挥了重要作用。他对儒家的修身思想和治国思想身体力行，且不断提携真正有志于儒学复兴的士人。范仲淹政治生涯主要处于宋真宗和宋仁宗时期，他于真宗大中祥符八年（1015年）中进士，卒于仁宗皇祐四年（1052年）。与当时的儒者一样，范仲淹以儒家思想作为治理国家的主流意识形态。对于当时流行的佛、道思想，他曾言："夫释道之书，以真常为性，以清净为宗。神而明之，存乎其人，智者尚难于言，而况于民乎？君子弗论者，非今理天下之道也。"②在辟佛、道思想方面，范仲淹与韩愈以及宋初的儒学的观点是一样的，他认为，佛教和道教的教义较为缥缈无稽，且以出世为主，如果大规模传播，就会对建立在父子、君臣关系基础上的儒家社会政治伦理关系造成一种冲击，不利于社会政治的稳定。只有实施儒家所主张的德教，才能建立较为稳定的社会政治关系。在长期的仕宦生涯中，无论是在中央还是地方上任职，范仲淹都非常注重学校的建设，尽己之力推动中央和地方教育事业的发展，以培养人才。

事实上，宋朝前期的一些儒者都受到过范仲淹的提携和支持。如开宋学之先河的孙复，早年家庭困苦，虽然力学不辍，但在科举考试上却屡试不第。范仲淹在陕西任职期间，向宋仁宗推荐孙复，指出他通晓经术，希望仁宗能够授予他官职以发挥其特长。在范仲淹的推荐下，宋仁宗任命孙复担任了秘书省校书郎、国子监直讲等职，使其在太学授课。又如与孙复齐名的胡瑗，早年即有志于儒学复兴事业。范仲淹在苏州设立义学之时，即聘请胡瑗担任教席之职，后又向朝廷推

---

① （宋）柳开：《柳开集》，北京：中华书局2015年版，第39—40页。
② （宋）范能濬编：《范仲淹全集》上，南京：凤凰出版社2004年版，第188页。

荐他担任京职。孙复、胡瑗都是开拓宋学的著名学者，对此后理学的形成和发展起到了重要的推动作用。他们之所以能够践行自己推动儒学发展的志向，与范仲淹的提携和推荐是分不开的。可以说，在宋代，范仲淹既是儒家思想的践行者，也是儒学复兴的推动者。

从宋太祖到宋仁宗的这段历史时期内，儒学逐渐复兴，儒家思想也成为当时社会成员信奉的主流思想。由于当时的政治文化较为宽松，宋朝统治者也借助于士大夫来治理国家，奉行与士大夫共治天下的统治原则。因此，在儒家经世理念的推动下，这一历史时期的士大夫群体的政治主体意识开始觉醒并逐步形成，面对宋朝当时产生的社会政治问题，一些具有忧患意识的士大夫在使命感和责任感的影响下对当时诸如吏治、财政等问题提出了相应的解决措施。

这种政治文化氛围自然也对包拯产生了重要的影响。从包拯步入仕途以后的一系列政治行为来看，他的政治主体意识非常强烈，具有强烈的家国情怀。在与君主的奏疏中，包拯曾言："夫王者端居严廊之上，重拱而仰成者，以能知人，能官人，使之然尔。或异于是，则虽尧、舜之焦劳癯瘵，亦不能成无为之化也。"[1]这段话语非常能体现包拯作为士大夫与君主共治天下的政治主体意识。在包拯看来，在国家中，君主高居庙堂之上，凭借一己之力不能治理天下，必须提拔任用才能之士，借助于士大夫官员的行政能力，与士大夫共治天下才能实现天下太平。如果君主不能任用贤能，即使自己能力突出，如尧舜一样勤勉于政，也不能实现社会政治的安定。从这个角度来看，在政治系统中，士大夫官员虽然与君主的地位不同，但都肩负着治理国家的重任。在担任右谏议大夫、权御史中丞时，包拯曾向宋仁宗表达过自己的心迹。他言："今陛下以臣愚直，擢在宪府，若畏罪不言，是上孤陛下委用之意，臣不忍为。"[2]包拯认为，仁宗将自己擢升为监察官员，其意也是希望自己能够对君主和朝廷的不当决策和官员的不法行为进行谏言和监督，倘若自己明哲保身，

---

① (宋)张田编：《包拯集》，北京：中华书局1963年版，第9页。

② (宋)张田编：《包拯集》，北京：中华书局1963年版，第5页。

面对朝廷的弊政默然不言，则是对国家和君主不负责任的行为。在包拯的脑海中，国家事即是个人事，作为士大夫必须要担负起治国理政的职责，协助君主治理国家，实现社会政治的安定和发展。

（三）士风的重建与发展

包拯之所以形成清正刚直的性格以及克己奉公的行政作风，与宋朝当时的士风也有非常紧密的关系。如果说儒学复兴运动推动了宋朝士大夫的政治主体意识的形成，使他们产生了以天下为己任的观念，那么士风的重建和发展则进一步激发了这些士大夫的忧患意识，使他们不断地关注朝廷政治，揭露各种政治问题，并向君主指陈得失。当然，宋朝的士风并不是一开始就形成的，而是经历了一个发展过程。

宋朝在建立之初，思想文化方面面临的一个重要问题就是士风颓坠问题。如何扭转当时的士人的社会习气，使士人能够具有政治责任感和政治担当感，成为当时统治阶级思考的重点。事实上，宋朝建立之初的士风颓坠问题主要是由历史原因造成的。在五代时期，由于社会政治秩序持续动荡，朝代更替频繁，统治者较为看重的是能够打赢战争的武臣，握有军事权力的将领成为朝堂上的重臣，文人并没有受到重视。《新五代史》曾载在一次酒宴上，史弘肇言："安朝廷，定祸乱，直须长枪大剑，若'毛锥子'安足用哉？"[1]史弘肇是五代后汉时期军事将领，他的这番言语颇能反映出当时的社会政治风气。对于统治者和军阀而言，为了快速扩充军事实力，就必须重用武人，给予他们相应的尊崇和地位。所以，在五代时期，相较于武人而言，士人在官僚系统中的地位较低且很少受到重用。这一时期的士人基本上都采取了明哲保身的态度，对于政治并没有很强的责任感。欧阳修在《新五代史》中曾对五代时期士人的社会政治行为做了这样的批判性评价："呜呼，五代之乱极矣，传所谓'天地闭，贤人隐'之时欤！当此之时，臣弑其君，子弑其父，而缙绅

---

① （宋）欧阳修：《新五代史》，北京：中华书局2000年版，第220页。

之士安其禄而立其朝，充然无复廉耻之色者皆是也。"①事实上，从当时的政治环境来看，由于统治者多出身于军阀，其关注的重点多在军事方面，士人阶层即使想要有所作为，也会受到当时的制度等各种因素的限制。

宋朝建立之后，各地军事割据势力逐渐被消灭。为了维护王朝的长治久安，宋太祖赵匡胤开始重文偃武，提倡文教，并任用士人治理地方。在宋太祖的政策支持下，一大批具有儒家治国知识的士大夫开始进入官僚系统，他们开始思考王朝的长治久安，并积极地参与到治理的实践过程中。宋太宗即位后，亦遵循宋太祖的文治方略，重用士人，并开始扩大科举考试的录取人数，其目的是将更多的士人纳入政府体制，发挥其治国理政的才干。和唐代科举相比，宋朝科举制度的公正性和公平性有了进一步的提升，大量士子通过科举制度进入了官僚系统，他们具有强烈的家国情怀，并在具体的治理活动中发挥着主体性的作用。《宋史》载："艺祖革命，首用文吏而夺武臣之权，宋之尚文，端本乎此。太宗、真宗其在藩邸，已有好学之名，作其即位，弥文日增。自时厥后，子孙相承，上之为人君者，无不典学；下之为人臣者，自宰相以至令录，无不擢科，海内文士彬彬辈出焉。"②可以说，宋朝统治者实施的重视文教的政策对北宋初期士风的恢复和发展起到了直接的推动作用。当然，宋朝统治者对士人的这种尊崇和优待的行为，其目的性也很明显，主观方面主要是为了争取士人对他们统治权力的认可和支持，进一步稳定和巩固王朝的统治秩序。③但在客观方面，这种做法也推动了士

① (宋)欧阳修：《新五代史》，北京：中华书局2000年版，第243页。

② (元)脱脱等：《宋史》，北京：中华书局2000年版，第10129页。

③ 余英时指出："宋代皇帝重振进士贡试和优容士大夫，正是因为他们迫切需要士阶层的支持。赵宋王朝建立时，一方面既不像李唐可以恃关陇集团和山东门第为其社会基础，另一方面又深恐唐末五代以来骄兵悍将随时可以颠覆其政权。在这种形势下，宋太祖、太宗兄弟终于认识到他们必须争取士人向新王朝认同。士阶层虽久受摧残压抑，但仍潜布各地；无论是建立全国性的或地方性的新社会秩序，宋王朝都非依赖他们的积极合作不可。"参见余英时：《朱熹的历史世界：宋代士大夫政治文化的研究》，北京：生活·读书·新知三联书店2011年版，第205页。

风的重建和发展，使得宋朝士大夫政治参与热情空前高涨，并产生了强烈的政治忧患意识。特别是宋仁宗一朝，由于君主对大臣的相对宽容，在朝堂之上，士大夫官员围绕治国问题经常展开激烈的讨论并互相辩驳，而谏官和御史也相对充分地发挥了自身的监察作用，不断地规劝君主的不当行为，纠弹官员的营私舞弊之举。钱穆曾指出："宋朝的时代，在太平景况下，一天一天的严重，而一种自觉的精神，亦终于在士大夫社会中渐渐萌苗。所谓'自觉精神'者，正是那辈读书人渐渐自己从内心深处涌现出一种感觉，觉到他们应该起来担负天下的重任。"①这种担天下重任的意识事实上是一种士大夫所具有的忧患意识。

从包拯从政之后的一系列行为来看，他也深受宋朝这股士风的影响，对王朝的治理有着强烈的忧患意识。在与君主的奏疏中，包拯时常流露出对社会政治问题的担心和急切解决问题的愿望。在其担任监察御史之时，江淮地区发生了旱灾，农民的收成大幅度减少，包拯在闻讯之后，立即向宋仁宗上书请求赈济江淮一带的灾民。他指出三点：第一，此次旱灾持续时间长，导致农作物大规模减少，有的地方甚至颗粒无收，不少地区已经是饿殍遍野，需要朝廷抓紧时间进行统筹规划赈灾活动。第二，如果此时稍有耽搁，负责赈灾的官员工作执行不到位，则会使朝廷失去民心，进而导致地方上出现揭竿而起的活动。第三，在执行赈灾活动中必须防止官员徇私枉法，中饱私囊，加大对赈灾活动的监管力度。②在包拯去世之后，张田曾对其做过这样的评价："公上裨帝阙，下瘰民病，中塞国蠹，一本于大中至正之道。"③"上裨帝阙"是指包拯在朝规谏君主，指陈得失；"下瘰民病"是指包拯以民本为念解决了许多民生问题；"中

---

① 钱穆：《国史大纲》，北京：商务印书馆2010年版，第558页。

② 包拯言：江淮地区"父子皇皇，相顾不救，老弱者死于沟洫，少壮者聚为盗贼。不幸奸雄承间而起，则不可制矣。当以何道而卒安之哉？且国家之患，未有不缘此而致，可不熟虑乎？欲望圣慈特降指挥，应江淮六路灾伤州县，凡是配籴及诸般科率，一切止绝。如敢故犯，并坐违制，庶几少释疲民倒悬之急"。参见（宋）张田编：《包拯集》，北京：中华书局1963年版，第90页。

③ （宋）张田编：《包拯集》，北京：中华书局1963年版，第1页。

塞国蠹"是指包拯一生刚正不阿，纠弹不法，将许多国之蠹虫绳之以法。这三方面正是包拯一生政治实践的真实写照，而这些政治实践也是包拯忧国忧民、勤勉尽职、公忠为国的具体展现。

综上所述，可以看出，包拯廉政思想的形成和发展有着深刻的社会政治背景和思想文化背景。相较于五代而言，宋初统治者对儒学的重视，对文教的尊崇推动了士大夫政治主动性的形成，使他们将自己行为的重点放到了修身与治国方面。针对当时宋朝的腐败状况，他们通过台谏等制度积极地纠弹不法，维持纲纪，形成一股廉政、勤政的政治文化。这对包拯的行为处事以及行政作风产生了重要的影响。同时，包拯早年接受了系统的儒家教育，在与周围师友的互相砥砺下，深受当时重视名节的士风的熏染，慨然以治平天下为己任。这些因素对包拯公忠刚直性格的形成也起到了重要作用。

第三章　包拯廉政思想中的价值理念

　　儒家廉政思想中包含着丰富的价值理念，其中有三方面的主要内容，分别是民本、德教与法治。首先，儒家之所以关注施政者的廉政、勤政等问题，其主要原因在于在传统政体中，施政者的德性与民生有着密切的联系。当施政者能够廉于政事、勤于政事时，民众就能安居乐业，生活幸福；当施政者肆志广欲、取民无度时，民众就会流离失所，难以生存。因此，民本是儒家关于施政者廉政、勤政问题的出发点和落脚点。其次，儒家认为，德教是推动施政者廉政、勤政的重要方式。朝廷通过广施教化可以使施政者内心树立起自觉抵制贪腐观念的施政理念，在腐败治理中发挥预防和抑制官员贪念膨胀的作用，进而营造一种风清气正的政治文化。最后，儒家也认可法治在腐败治理中的积极作用，主张通过发挥法律的惩戒和警示作用，促使施政者内心产生对法律的敬畏，使其在施政过程中能够遵纪守法、克己奉公。可以说，民本、德教、法治都是儒家在阐发廉政、勤政问题时的基本价值理念。这些价值理念对包拯的廉政思想的形成也产生了重要的影响。在接续儒家廉政思想中的"民为邦本""德主刑辅""明刑弼教"等价值理念的基础上，包拯展开了对廉政具体问题的探讨和思考。同时，包拯在阐发廉政思想时也对儒家廉政思想中的民本、德教与法治等理念进行了进一步的发挥和阐释。

一、民本

民本是包拯廉政思想中的重要价值理念。从包拯一系列关于反腐惩贪的言论话语中可以看出，如何减少贪官污吏对民众的搜刮掠夺，使民众过上安居乐业的生活是包拯从事反腐倡廉实践的重要原因之一。在给宋仁宗的奏疏中，包拯明言："臣闻廉者，民之表也；贪者，民之贼也。"①在包拯看来，民众是国家的根本，统治者在治国理政中必须要充分考虑民众的利益，惩贪倡廉，选择清廉刚正的人担任亲民之官，之所以如此，主要是因为廉政的官吏在施政过程中注重民生，其自身的道德修养对民众而言具有很强的示范作用，可以增加民众对王朝统治的认同；而贪腐的官吏则在施政过程中鱼肉百姓，为了敛财而徇私枉法、不择手段，对民众的利益造成了很大的伤害，使民众对王朝统治的认同度不断下降。包拯认为，民是国之本，影响民生就是动摇国本，统治者必须加大反贪的力度，选用刚正的官员，以防止贪腐官员在地方上巧取豪夺，搜刮民脂民膏。

（一）民本思想的发展脉络

在担任地方上的亲民之官期间，包拯身体力行，勤政廉政，经常以民众的利益作为自己制定政策和实施政治活动的依据。如在端州任职期间，包拯发现此地靠近西江，民众经常饮用江水或湖水。由于水质存在问题，民众经常因饮用不洁的水而发生疾病。为了解决这一问题，包拯带领属官，组织吏民在端州开凿了七口水井，相较于江水而言，井水水质较好，民众在饮用后患病率逐渐降低。这件事情反映了包拯的廉政观，即公忠为国，施政为民，勤于公务，廉于政事。施政为民，以民众的利益作为自己从政的价值出发点是包拯廉政思想的重要基础。他曾明言："且民者，国之本也，财用所

---

① （宋）张田编：《包拯集》，北京：中华书局1963年版，第40页。

出，安危所系，当务安之为急。"①民众是国家的根本，国家中的各种财用都来自民众的所出。民众安居乐业，生活丰裕，则国家安定；民众流离失所，生活困苦，则国家动荡。因此，施政者必须以民生为念，廉于政事。如果说民是国家的根本，则廉吏就是稳定这一国本的基石，当官吏能够克己奉公，以民生为念，并为民众谋取利益时，则自然会取得良好的社会治理效果，推动政治系统的健康、稳定运行。

包拯的这种民本理念其实深受传统儒家民本思想的影响。中国古代思想中素有重民的传统，如在《尚书·皋陶谟》有"知人则哲，能官人安民则惠"②，强调统治者的职责之一就是"安民"。这种重民传统发端于上古尧舜时期，为此后夏商时期的统治者所遵循。周人克商之后，在反思政权转移的基础上，将天道思想与重民思想相结合，形成了一套颇具系统性的民本观念。周人认为，周朝之所以取代商朝，是因为商朝纣王无道失德，暴虐百姓，故失去天命的支持；而周武王能够体恤百姓，故"受天明命"，通过有道伐无道的方式实现政权的转移。因此，君主统治的正当性来源于天命，而天意又是通过民意表现出来，即"天视自我民视，天听自我民听"③。从这个意义来说，民众对君主的认可与支持也是其统治的正当性基础。④如在《尚书·召诰》中，召公言："天既遐终大邦殷之命，兹殷多先哲王在天，越厥后王后民兹服厥命。厥终智藏瘝在。夫知保抱携持厥妇子以哀吁天，徂厥亡出执。呜呼！天亦哀于四方民，其眷命用懋。王其疾敬德！"⑤这段话语的意思主要是指：天之所以终止了商王朝的统治，主要是因为纣王即位之后，不再像以前的殷商

86

---

① （宋）张田编：《包拯集》，北京：中华书局1963年版，第85页。

② （宋）蔡沉撰，王丰先点校：《书集传》，北京：中华书局2018年版，第27页。

③ （宋）蔡沉撰，王丰先点校：《书集传》，北京：中华书局2018年版，第115页。

④ 梁启超言："吾先民以为天之知能视听，皆假涂于人民以体现之。民之所欲恶，即天之所欲恶。于是论理之结果，不能不以人民为事实上之最高主权者。"参见梁启超：《先秦政治思想史》，北京：中国人民大学出版社2012年版，第35页。

⑤ （宋）蔡沉撰，王丰先点校：《书集传》，北京：中华书局2018年版，第159—160页。

先王一样敬天保民。在纣王的统治之下，奸佞之臣充斥于朝堂之上，贤能之士则远离了朝堂，民众生活困苦不堪，携带家属向上天呼告，请求终结纣王的统治。于是上天怜悯地上的四方百姓，结束了殷商的国运，将天命转移到了周王身上。在召公的这段话语中，我们可以明显看到周人的这种民本观念，天对君主的眷顾与否是与君主能否为天抚育生民分不开的。

周人的这套民本观念在春秋时期被孔子所承接。从现有的文献来看，养民与教民的思想一直贯穿于孔子政治思想的始终。如子贡问孔子"博施于民而能济众"是否可称之为仁时，孔子言："何事于仁，必也圣乎！尧舜其犹病诸！"①在孔子看来，如果施政者能够推己及人，照顾民众的利益，使民众安居乐业，就已经进入了古代圣王的行列。孟子在接续孔子思想的同时，对这种民本观念做了进一步的解释，他认为统治者治理天下的正当与否在于民心之向背，当统治者施行仁政时，就会得到民心，获得统治的正当性；当统治者倒行逆施时，则会丧失民心，失去统治的正当性，此时即会发生政权转移。②这种思想在《孟子》七篇中得到了淋漓尽致的展现。如孟子在见梁惠王时，即言其与民皆乐之语；③见齐宣王时，即告其保民而王之义。④孟子更直言："桀纣之失天下也，失其民也。失其民者，失其心也。得天下有道，得其民，斯得天下矣。得其民有道，得其心，斯得民矣。"⑤在此，孟子将政权的更替与民心的得失联系在了

---

① （清）刘宝楠撰，高流水点校：《论语正义》上，北京：中华书局1990年版，第248页。

② 孟子言："三代之得天下也以仁，其失天下也以不仁，国之所以废兴存亡者亦然。"参见（清）焦循撰，沈文倬点校：《孟子正义》，北京：中华书局2017年版，第407页。

③ 《孟子·梁惠王》载："孟子见梁惠王，王立于沼上，顾鸿雁麋鹿，曰：'贤者亦乐此乎？'孟子对曰：'贤者而后乐此；不贤者，虽有此不乐也。诗云：'经始灵台，经之营之，庶民攻之，不日成之。经始勿亟，庶民子来。王在灵囿，麀鹿攸伏，麀鹿濯濯，白鸟鹤鹤。王在灵沼，於牣鱼跃。'文王以民力为台为沼，而民欢乐之，谓其台曰灵台，谓其沼曰灵沼，乐其有麋鹿鱼鳖。古之人与民偕乐，故能乐也。汤誓曰：'时日害丧？予及汝偕亡！'民欲与之皆亡，虽有台池鸟兽，岂能独乐哉？"参见（清）焦循撰，沈文倬点校：《孟子正义》，北京：中华书局2017年版，第37—41页。

④ 齐宣王问孟子："德何如则可以王矣？"孟子言："保民而王，莫之能御也。"参见（清）焦循撰，沈文倬点校：《孟子正义》，北京：中华书局2017年版，第66页。

⑤ （清）焦循撰，沈文倬点校：《孟子正义》，北京：中华书局2017年版，第415页。

一起。与孔子的民本观念相比，我们可以看出孟子已经有一种以民心解释天命的理论自觉。正如劳思光先生言："案孔子以前之古代思想，虽有民本观念之萌芽，但此种思想之大成则待孟子之说始见。旧说本以'天命'解释政权之转移，凡得政权者皆视为'受命于天'。孟子则直以'民心'释'天命'（唯将时机及才能归于天而已）。"①在孟子的话语中，民是国家的根本，民心也是决定统治者具有统治正当权的重要影响因素。与孟子一样，荀子也接受了孔子的民本思想，他曾言："天之生民，非为君也。天之立君，以为民也。"②虽然在人性问题上，荀子与孟子有不同的看法，但在民在国家中的地位这一看法方面，两人观点基本相同。荀子认为，民并非君的附属物，而是国家的主体，天之所以立君，其目的就是让君代替自己抚育民，君对民负有养之和教之的义务。

汉唐时期，先秦儒家所阐发的民本思想成为社会思想界所认可的主流思想之一。如董仲舒言："五帝三王之治天下，不敢有君民之心。什一而税。教以爱，使以忠，敬长老，亲亲而尊尊。"③他认为古代先王在治理天下之时，并非把民众看成被统治的对象，而是将其看作国家的根本，自己的职责就是代替天来抚育民众，养之教之。汉成帝刘骜亦言："盖闻天生众民，不能相治，为之立君以统理之。君道得，则草木昆虫咸得其所；人君不德，谪见天地，灾异娄发，以告不治。"④他认为君主之责在于为天抚育众民，民是国家之本。当君主治理有道时，则天地万物各得其所；当君主治理无道时，上天则会通过灾异警示君主。民为国之本，本固，国家才能稳定，进而实现大治的状态。唐太宗李世民言："为君之道，必须先存百姓，若损百姓以奉其身，犹割股以啖腹，腹饱而身毙。"⑤他认为，君主与民众同属一体，如果君臣贪利，施行苛政，则无异于饮鸩止渴，

① 劳思光：《新编中国哲学史》一，北京：生活·读书·新知三联书店2015年版，第133页。

② （清）王先谦撰，沈啸寰、王星贤整理：《荀子集解》，北京：中华书局2012年版，第487页。

③ （清）苏舆：《春秋繁露义证》，北京：中华书局2019年版，第89—90页。

④ （汉）班固：《汉书》，北京：中华书局2007年版，第77页。

⑤ （唐）吴兢：《贞观政要》，长沙：岳麓书社2016年版，第2页。

导致王朝的覆亡。唐陆贽言："舟即君道，水即人情，舟顺水之道乃浮，违则没；君得人之情乃固，失则危。是以古先圣王之居人上也，必以其心从天下之心，而不敢以天下之人从其欲。"①他认为君主在治理天下时必须要以人为本，顺人之情，只有这样，才能实现国家的长治久安。

宋朝建立后，儒家所倡导的民本思想得到了进一步的发扬。与以往朝代相比，宋代士大夫更加推崇孟子，认为孔子殁后，唯有孟子承继其道，力辟杨、墨之学。这种观念实际上与中晚唐时期兴起的儒家道统观紧密相连。中唐时期，佛学在思想界处于全盛时期，为对抗佛学，韩愈开始倡导儒家道统，认为中国自古以来存在圣人之道。此道由尧、舜、禹、汤、文武、周公、孔孟传递下来。孟子死后，其道不传，而自己的责任则是将此圣人之道复彰于天下。②宋朝建立后，这种道统观在思想界逐渐发展起来，如宋初的柳开言："呜呼！圣人之道，传之以有时矣。三代已前，我得而知之；三代已后，我得而言之，在乎尧、舜、禹、汤、文、武、周公也。"③并认为周公以后，此道由孔子而传，孔子殁后，圣人之道将隐而不彰，而"孟轲氏出而佐之，辞而辟之，圣人之道复存焉"④。可以说，在宋初士大夫的观念中，孟子在整个道统发展的脉络中处于承上启下的关键地位。由此而论，对于宋初士大夫而言，他们如果要接续圣人之道，自然要承继孟子。承继孟子则自然要承继其民本思想。

如范仲淹在《政在顺民心赋》中言："岂不以政者为民而设，民者惟政是平？违之则事悖，顺之则教兴。乃古今之必重，实圣贤之所能。亦犹梓匠任材，因曲直而制作；化工造物，随大小而陶蒸。

---

① （唐）陆贽：《陆贽集》，北京：中华书局2006年版，第373页。

② 韩愈言："斯吾所谓道也，非向所谓老与佛之道也。尧以是传之舜，舜以是传之禹，禹以是传之汤，汤以是传之文武周公，文武周公传之孔子，孔子传之孟轲，轲之死，不得其传焉。"参见（唐）韩愈撰，马其昶校注：《韩昌黎文集校注》，上海：上海古籍出版社2014年版，第20页。

③ （宋）柳开：《柳开集》，北京：中华书局2015年版，第72页。

④ （宋）柳开：《柳开集》，北京：中华书局2015年版，第73页。

是以布政从民者，黎元克信；驱民从政者，群心不徇。"①这段赋辞的意思主要是指：政治管理者之所以存在，主要是为了照顾民众的利益。民众的利益是政治管理者制定和实施政策的出发点和落脚点。如果政治管理者违背民众的利益，其行为就会得到民众的抵制和反抗；如果政治管理者在施政过程中能够考虑民众的利益，则其制定和实施的各种政治举措就会得到民众的认可而易于实行。古往今来的贤者在治国理政中都非常重视这一原则，在施政过程中充分考虑到民众的利益。这正如工匠们在制作器物时根据其内在的本质和特征而完成整体的工艺。所以，在政治过程中，如果施政者以民众的利益为基础来制定政策，就会获得民众的信服和拥戴；如果施政者不顾民众的利益，为了一己之私而强迫民众来服从自己的政令，就会造成民众的不断反抗，引发各种社会政治问题。由此可以看出，在范仲淹的观念中，民是其思考政治问题的基点。他认为，政治的主体是民，当施政者在施政过程中以民为本时，则能获得民众的支持，实现国家大治；而当施政者违背民意、肆意妄为时，则会失去民众的支持，出现政治紊乱。可以说，是否能够照顾到民众的利益是判断政治运作是否正当的价值判准。

事实上，从当时的社会政治氛围来看，宋初的这股民本思想的发展具有两方面的主要特征：第一，随着士大夫政治活力的恢复，他们的政治参与性与政治责任感大幅度高涨，与君主共治天下，以实现隆盛治世成为他们的政治实践要求，受此影响，他们将整个国家看作一个整体，倾向于从整体论的角度来思考和处理君、臣、民之间的关系。如范仲淹就认为君、臣、民共同组成一个有机体，在这个有机体中，君是"心"，而民则是"四体"，认为心的职责在于调控并保全四体。他言："谓民之爱也，莫先乎四体；谓国之保也，莫大乎群黎。"②在范仲淹看来，作为"四体"的民是国之根本，如果君主想要国泰民安，则必须在施政过程中以民为本，做到"爱民

---

① (清)范能濬编：《范仲淹全集》上，南京：凤凰出版社2004年版，第449页。
② (清)范能濬编：《范仲淹全集》上，南京：凤凰出版社2004年版，第425页。

则因其根本，为体则厚其养育"①。第二，宋初的这股民本思想事实上也被宋代统治者认可，成为他们在治国理政方面所考虑的重要因素。如宋仁宗即位后在其制文中言："惟天辅德，所以司牧黔黎，惟后守邦，所以奉承绪业。稽三代传归之典。寔百王善继之规。"②他认为自己作为君主的重要职责就是代天"司牧黔黎"，使他们生活丰裕，安居乐业。

（二）包拯对民本思想的体认和承接

宋初思想界对民本思想的认可与阐述对包拯的廉政观产生了重要影响。可以说，包拯一生不阿权贵，反腐倡廉，其在很大程度上是为了民众的利益。他认为，廉洁的官吏以身作则，是民众的表率；贪腐的官员无恶不作，则是民众的仇敌。在包拯的观念中，民可以说是国家的根本。包拯一生刚正不阿，弹劾奸佞，其目的都是减少贪官污吏对民众的欺凌与掠夺，实现政治清明的治理状态。

第一，包拯认为，民是国家的主要构成部分，是国家的主体。在国家中，君主的职责就是代天抚育民众，使其安居乐业，接受教化。民众的安康与否直接关系到君主的统治是否具有正当性。当君主治国有道，民众的利益得到照顾时，则天出祥瑞，以示激励；当君主治国无道，民众流离失所之时，则天会降下灾异，以示警诫。在包拯担任知谏院之职时，曾经发生过异常的天象。当时的岁星逆行到房宿的方位，引起了宋仁宗的注意。包拯借此机会对宋仁宗进谏，向其说明正是由于当前政失之于宽，导致一些官员徇私枉法，鱼肉百姓，结果引发天象异常。当然，这种异常主要是天在示警君主。在接到天的示警后，君主应该整顿纲纪，革除积弊。对此，包拯言："乃上天之意，所以笃佑圣宋，丁宁陛下，如是之至。夫变异之来，各象过失，以谴告人主。"③他认为天象之所以出现异常，主

---

① （清）范能濬编：《范仲淹全集》上，南京：凤凰出版社2004年版，第425页。

② 司义祖整理：《宋大诏令集》，北京：中华书局1962年版，第2页。

③ （宋）张田编：《包拯集》，北京：中华书局1963年版，第18页。

要是因为君主察人无方，奸佞之臣充于朝堂，所以上天警示君主。由此，包拯认为，君主在施政过程中应上法古代圣王，做到以民为本，降低税赋、减轻徭役。从包拯的这些思想中可以看出，他深受汉代董仲舒的"灾异"思想的影响。

董仲舒认为，在国家中，民是国之本，君主之所以存在，其目的主要是为天抚育民众。天是君主权力的来源，当君主能够使民众生活安乐时，其统治就具有了合法性；当君主肆志广欲，戕害民众利益时，其统治的合法性就会逐步消失，在这种情况下，天就会以灾异的方式警醒人君，使其奉行德政。当君主无视天的警示，继续实施恶政时，其统治合法性便会丧失。董仲舒在贤良对策中言："臣谨按春秋之中，视前世已行之事，以观天人相与之际，甚可畏也。国家将有失道之败，而天乃出灾害以谴告之；不知自省，又出怪异以警惧之；尚不知变，而伤败乃至。"①从权力的角度来看，董仲舒之所以在天人相与的话语下强调灾异，其目的在于通过"天"的权威性来规制君权，使君主能够在治国理政过程中重视民众的利益。事实上，包拯在论述灾异问题时，也采取了董仲舒的这种思想进路。

首先，包拯认为天道与政事相应，当政事出现问题时，天象必然出现异常。包拯在上书中曾对宋仁宗言："臣闻汉书云：'夫至尊莫大乎天，天之变莫大乎日蚀。'盖日者，阳之精，人君之象也。君道亏，为阴所乘，故蚀。"②在包拯看来，天道秩序与政治秩序紧密相连，天象中的各个元素都与政治中的各个元素相对应，当天道秩序出现紊乱时，必然暗示着政治秩序出现了问题。如天象中的太阳即对应政治中的人君，日蚀现象的发生实际上是"天"通过灾异来警醒人君的失德行为。

其次，包拯认为，当"灾异"发生后，君主应该根据其不同的表现来改正自己的政治行为，修德自省，奉行德政，以防止事态的进一步恶化。他言道："故人君或遭兹变，必避殿撤膳，克己责躬，

---

① (汉)班固：《汉书》，北京：中华书局2007年版，第562页。

② (宋)张田编：《包拯集》，北京：中华书局1963年版，第17页。

明君臣，正上下，延纳众议，以辅不逮。"①事实上，包拯之所以讨论阐发天象灾异问题，其目的在于以天的权威性来规制君权的运行。自秦汉郡县体制推行以后，权力高度集中于君主手中。虽然在治国理念中，民仍是国家的主体，但在实际的政治运作中，君却是事实上的国家主体。为了凸显民的主体性，儒家往往通过天道来规制君道，使君主能够在"天之立君，以为民也"的话语下规范权力的行使。

实际上，包拯也是沿着这种思想进路来阐发其天道灾异思想的，如他言："夫变异以来，各象过失，以谴告人主，犹严父之明戒，可不寅畏恐惧乎！古之明王，必正五事，建大中以承天心。能应以德，则咎息；不能应以善，则灾至；要在所以应之。应之速，非诚不立，不信不行。伏望陛下奋精刚之德，挺独断之明，内推至诚，深思天戒，以天下之至大，祖业至重，不可谓承平无事而可以佚豫为治。"②这段话的意思主要是强调：天象的异常，灾异的发生，都是天在警示君主，使其刷新吏治，实施善政，这正如父亲对于子女的严厉训诫一样。君主对待天象的异常与灾异的发生应该怀有敬畏之心。古代圣王之所以平治天下，主要是因为他们顺从天道，根据天的警示而不断调整自己的行为，实施德政，使得物丰而民裕。因此，当下的君主必须推诚布公，实施德政，使民众能够安居乐业，不能因为天下承平日久，便放松对自己的要求。

从包拯对天象灾异的论述来看，他的最终目的在于使君主奋发图强，励精图治，进而实现天下大治，国泰而民康。

第二，包拯认为，民众承担着国家的绝大部分的赋税徭役，其利益的得失与国家的稳定与否密切相关。如果施政者不顾民情，横征暴敛、滥用民力，则会导致两种后果：一是大部分民众会因为苛政重赋而生活艰难、流离失所；二是一部分民众会铤而走险，聚众为盗，扰乱地方。这两种后果都会对政治稳定造成冲击，影响国家

①（宋）张田编：《包拯集》，北京：中华书局1963年版，第17页。

②（宋）张田编：《包拯集》，北京：中华书局1963年版，第18页。

的长治久安。因此，施政者在治理地方时，必须要轻徭薄赋，与民休息。只有民众的利益得到照顾，国家的稳定和发展才能实现。在庆历八年（1048年），包拯担任三司户部副使后，南方大部分地区出现了旱涝相继的天灾，粮价暴涨，民众深受其害，而地方官员则瞒上欺下，无所作为，进而导致"民失其赖，流亡日众，故盗贼充斥，聚集成群，大者近百人，小亦不下数十人，所在剽掳，官司不能禁"①。包拯对此情况心如火燎，立即向宋仁宗上书分析了问题的严重性，并提出了解决问题的办法。包拯认为，针对当时的情况，一方面，朝廷应该选派老成持重的大臣赴南方安抚民众，赈济灾民，重新树立朝廷在该地区的权威，防止事态的进一步扩大，这是当务之急。②另一方面，从长远发展来看，朝廷应该重视地方官员的选拔、任用与考核机制，以防止贪官庸吏久居其位。这次南方出现的问题虽然与天灾有一定的关系，但如果在这些地区任职的官员能够清正廉洁，以公事为念，及时地组织赈灾救灾活动，就不会酿成如此严重的后果。在奏疏中，包拯明言："且民者，国之本也，财用所出，安危所系，当务安之为急。安之在精择郡守、县令，及渐绝无名之率尔。"③只有民安，国家才能安，当民众的利益得不到保护时，国家的利益也会因此而受到损害。郡守、县令等官员直接负责地方上的治理活动，如果他们能够勤政、廉政，则民众的利益就会得到照顾和保护，地方上就会出现政通人和的局面。如果地方治理得得当和完善，则国家自然能够稳如磐石。因此，必须要选用德才兼备的贤能之士来担任地方官员。

第三，包拯认为民众的康乐是王道政治所追求的价值目标。与当时的士大夫一样，包拯对政治实践的终极追求是实现王道之治，民众在此治世中可以各得其所。从他给宋仁宗一系列奏疏的内容中

94

---

① （宋）张田编：《包拯集》，北京：中华书局1963年版，第84页。

② 包拯言："伏望圣慈申命执政大臣，应江淮、两浙、荆湖等州军，自去夏至今秋，灾伤甚处，选差臣僚，遍令体量安抚，从便宜而赈贷之。"参见（宋）张田编：《包拯集》，北京：中华书局1963年版，第84页。

③ （宋）张田编：《包拯集》，北京：中华书局1963年版，第85页。

可以看出，"古之圣帝明王""尧舜""圣王"等是他经常使用的词语。包拯少年时即受到当时士风的影响而产生了致君王为尧舜、兼济天下的信念。在步入仕途之后，他更是希望宋仁宗能够选贤与能，再现如三代一样的隆盛治世。在此治世中，民众不再流离失所，而是少有所养，长有所用，老有所依。作为一种政治实践追求，实现王道之治一直是历代儒者心中念念不忘的价值信念。如孟子在见到梁惠王之时，即劝其行王道。当时梁惠王请孟子解释如何实行时，孟子即从养民、教民的角度阐发了实现王道之治的路径，并将君主实施仁政，减少赋役，使民众可以"养生丧死无憾"作为王道之始，认为君主如果实施这一建议，必然能够王天下。与孟子等儒者一样，包拯亦认为君主如果要实现天下大治，必须推行王道，仪法三代圣王，以民众的利益作为自己施政的政治理念，使民众能够免于饥寒、生活丰裕。他对此曾言："臣闻蚩蚩生聚，蕃息衰耗，一出于时政之所陶化。是故明主知其然也，则必薄赋敛，宽力役，救荒饥。三者不失，然后幼有所养，老有所终。无夭阏之伤，无庸调之苦。"①包拯这段话语的意思主要是指：从古至今的民众数量变化，都受到当时统治者政策的影响。如果统治者与民休息，实施仁政，则民众的数量会得到增加；如果统治者横征暴敛，实施恶政，则民众的数量会大幅度衰减。贤明的君主如果深明此义，则在治国理政中必然实施善政，轻徭薄赋，照顾民生，在灾荒出现时，及时进行社会救助。做到了这三点，也就可以步入"王道之始"，少者有所养，老者有所终，民众的生活逐渐丰裕而康乐。

由此可以看出，在包拯的观念中，民众的利益是否得到照顾是判断政治是否良善的重要判准。他的这种思想从如下的事件中可以清晰地表现出来。庆历七年（1047年），包拯开始担任陕西转运使。这一地区属于宋朝的西北地区，与当时的西夏接邻。从1040年至1042年，西夏和宋朝之间发生了多次军事战争。庆历四年（1044年），双方议和。为了防止西夏的军事威胁，在议和之后，陕西地区

① （宋）张田编：《包拯集》，北京：中华书局1963年版，第83页。

仍然驻有重兵。包拯在陕西任职后发现，此地民众承担了大量的军事补给，这给当地的民生带来了巨大的影响。在奏疏中，包拯言："今边事虽粗宁息，而屯兵防守，调度浸广，钱货积弊，仓庾殆空，如缓急有事，亦未免重困生灵。"[1]庞大的军事供给给当地民众的生活带来了沉重的负担。为了解决这一问题，包拯建议宋仁宗动用内库的钱帛购买粮草以作为此地区驻兵的补给，并向宋仁宗说明了安民的重要性，指出："财用一出民间，当今之际，切在安而勿扰之。安之之道，惟在不横赋，不暴役。若诛求不已，则大本安所固哉！"[2]包拯认为，军事屯兵很重要，但民生问题也非常重要。朝廷之所以屯兵，主要目的是保障西北地区的安全，保证民众的利益。如果此举反而增加了民众的负担，造成民生艰难，则就失去了本来的用意。但屯兵必不可缺，而民众的利益也需要照顾，那么君主必须从内库中支出相关的费用，以解决这一问题，如果民生出现问题，则国家也会受到影响。[3]对于包拯而言，施政者制定和实施政策良善与否的重要判准就是其能否考虑和照顾民众的利益。

由上述内容可以看出，包拯廉政思想的出发点是民。在包拯的思想中，民是国之根本，关乎政治稳定，施政者在行政过程中应该充分考虑到民众的利益，并将其作为制定和实施政策的重要依据。

（三）以民为本的施政思想与举措

包拯一生反腐倡廉的主要目的之一就是解决民生问题。从宋太祖到宋仁宗时期，社会经济有了大规模的发展，但腐败问题也不断发生，而当时的秉钧大臣却继续沿袭宋初以来的宽疏之政，缺少相应的政治变革，没有加大对腐败的打击力度，结果导致地方上的一些贪腐官员为了一己私利而肆意鱼肉百姓，搜刮民脂民膏。包拯曾

---

① (宋)张田编：《包拯集》，北京：中华书局1963年版，第97页。

② (宋)张田编：《包拯集》，北京：中华书局1963年版，第97页。

③ 包拯在《请出内库钱帛往逐路籴粮草》的奏疏中向宋仁宗言："伏望陛下少留圣意，大缓吾民，以安天下。应三路用度不足，且以内帑钱帛借助，以惠元元。"参见(宋)张田编：《包拯集》，北京：中华书局1963年版，第97页。

向宋仁宗指出当时吏治腐败的程度，言："贪官猾吏，缘以为奸，乘衅诛求，不知纪极。转运、提刑又不能察其臧否，各徇颜情而已。"①包拯的这番话语正切中宋朝当时的时弊。在宋仁宗时期，为了监督地方官员是否称职、清廉，朝廷命令地方上的转运使以及提刑按察使负责考核和监督他们的日常工作。有的地方官员或为了一己私利，或为了能够获得晋升，通过搜刮民脂民膏而获得大量财富，并以此向地方上或朝廷中的大员行贿。如包拯曾弹劾的王逵，在地方上就不断搜刮财富，并通过结交朝中大臣而获得庇护。②这些腐败官员在地方上徇私枉法，无恶不为，而负责考核和监督他们的转运使和提刑按察使却顾及与他们之间的关系，没有向朝廷弹劾和处理他们，结果导致这些腐败官员在地方上更加嚣张。

包拯认为，施政者在政策的制定与实施中应从增进民众的福祉角度出发，宽减税赋，与民休息，杜绝苛捐杂税，选任贤吏任职。当作为"大本"的民众生活康乐时，国家才能实现安泰。皇祐二年（1050年），包拯在《论赦恩不及下》的奏疏中言："用是观之，其实岂为国乎！果为国，岂不以爱民为心哉！礼曰：'与其有聚敛之臣，宁有盗臣。'则先王顾生民何如哉！今虽用度微窘，而诸州旱潦相继，亦当宽养黎庶，固其大本。大本不固，则国家从何而安哉！"③这段话他主要是针对当时宋朝地方官员敛财求进的情况而发。陕西用兵之后，西北地区民众的负担加重，一些地方官员不顾民生，疯狂敛财。④包拯指出，地方官员实施这些措施并不是真的为国家利益考虑。如果真的为国家利益考虑的话，他们就应该在施政过程中充

---

① （宋）张田编：《包拯集》，北京：中华书局1963年版，第85页。

② 包拯在弹劾王逵的奏疏中指出："臣近以江南西路转运使王逵所为任性，加以残酷，不可令久居表率之任，乞降遣。窃知下本路提刑司体量。且提刑与转运使俱是按察之官，事相关连，宁无私徇，纵使情状之著，恐未必能遵朝旨。"参见（宋）张田编：《包拯集》，北京：中华书局1963年版，第73页。

③ （宋）张田编：《包拯集》，北京：中华书局1963年版，第13页。

④ 包拯言："而贪于宠利者，惟务聚敛，掊克于下。前后刻暴，竞以相胜。前者增几十万，遂用之；后者则又增几万，以图优赏。日甚一日，何穷之有，而民力困且竭矣。所以疮痍天下，于今未息。"参见（宋）张田编：《包拯集》，北京：中华书局1963年版，第13页。

分地考虑民众的利益。《礼记·大学》中曾言统治者与其有"聚敛之臣"，还不如有"盗臣"，"盗臣"的行为不过是损利，而"聚敛之臣"的行为则是损义。国家应该重义，不应该重利。虽然朝廷对西北地区有所体恤，但这些地方不断发生水灾和旱灾，民生艰难，施政者应该考虑这些因素，与民休息，以固国本。在包拯一生的政治实践中，为解决民生问题，他一方面积极弹劾官僚系统中的腐败官员，通过各种方式将他们绳之以法；另一方面则身体力行，在政治实践中革除弊政，实施改革，增进人民的福祉。为了能够纾解民力，巩固国本，在反腐倡廉的实践中，包拯提出了以民为本的政治主张和措施。

第一，包拯认为，君主应该率先发挥表率作用，克制私欲，防止滥用民力。在包拯看来，君主在整个政治系统中居于核心地位，其一举一动会对政治系统的运转产生一系列的影响。当君主肆志广欲时，必然会有臣下投其所好，造成政治运作的紊乱。包拯认为，在国家治理中，君主首要的职责就是选任官员，以使贤能之人辅佐君主治理天下。除此之外，君主不应该任意发号施令，干扰正常的行政程序。事实上，包拯的这种观念与宋代的政治文化紧密相连。宋代士人普遍具有以天下为己任的意识，与唐代士人相比，宋代士人的政治主体意识更为强烈。[1]这种政治主体意识在政治上主要表现为强烈的与君主共治天下的诉求。如理学家程颐曾言："帝王之道也，以择任贤俊为本，得人而后与之同治天下。"[2]与同时期的其他士大夫相较，包拯的政治主体意识表现得也非常强烈。在与宋仁宗讨论取士的奏疏中，包拯言："臣闻天下，大器也；群生，重畜也。古之圣王，御大器，保重畜，盖各有其道焉。以万务之无极也，一统于上，岂可以思虑尽之邪！故立三公，设九卿、百执事，以维持

---

① 余英时认为："'以天下为己任'可以视为宋代'士'的一种集体意识，并不是极少数理想特别高远的士大夫所独有；它也表现在不同层次与方式上面。"参见余英时：《朱熹的历史世界：宋代士大夫政治文化的研究》，北京：生活·读书·新知三联书店2011年版，第218页。

② (宋)程颢、程颐：《二程集》下，北京：中华书局2004年版，第1035页。

之，俾群材尽力，而百工无旷，则王者正其本，执其要，而天下之大务举矣。"①包拯认为，君主的职责是为"天"抚育民众，而君主一人之力不足以承担这一重任，所以设立三公、九卿等职位来辅助自己治理天下。可以说，君主与臣僚在职责上具有一致性，即都是为了使天下大治，民众安康。但两者之间也有不同，在包拯看来，君主的职责侧重于正本执要，而臣僚的职责侧重于处理具体的政务，所以君主对臣僚乃至整个政治系统的正常运转起着至关重要的作用。

故此，在民生问题上，包拯认为，君主应该首先带头克己奉公，提倡清俭之风，停止以耗费民力为目的的大型土木工程的兴建，与民休息。在庆历三年（1043年），上清宫发生火灾，焚毁殆尽。事后宋仁宗打算重新修缮，包拯随即上书力谏不可，并言："风闻道路云：陛下存留道众，似有缮修之意。未辨虚实，咸怀危惧。况天下多事，调发旁午，帑藏未实，边鄙未宁，岂可先不急之务，重无名之率哉！"②这段话语的意思主要是指：自己听到议论，说陛下在上清宫火灾之后，没有将道众遣散，而是继续存留，似乎有重修上清宫的打算。自己不知道坊间所传这件事情的真假。现在天下未宁，财政吃紧，边境有事，君主更应该把心思放在这些急需要解决的问题上。包拯认为，这次火灾本身是上天对君主的一次警醒，君主更应该励精图治，在清廉节俭方面以身作则，而不是反其道而行之。君主克制自己的私欲是营造风清气正的政治氛围的重要前提。

第二，包拯认为施政者应该在民生问题上做到"薄税敛，宽力役，救荒饥"。五代时期，政府在赋税的征收上借鉴了唐代的两税法，一年分两次征收赋税。在实行中，这种赋税征收模式的弊端逐渐显现。《宋史·食货志》曾记载了两税法在实施过程中出现的弊端，称："夏输毋过六月，秋输毋过十一月，遣使分道按率。其弊也，先期而苛敛，增额而繁征，至于五代极矣。"③宋朝建立后，对

① （宋）张田编：《包拯集》，北京：中华书局1963年版，第25页。
② （宋）张田编：《包拯集》，北京：中华书局1963年版，第102页。
③ （元）脱脱等：《宋史》，北京：中华书局2000年版，第2815页。

赋税进行改革，设置五种赋税，分别是公田之赋、民田之赋、城郭之赋、丁口之赋、杂变之赋。①在初期实行时，确实减轻了民众的负担，使得民生出现了好转。②但随着环境的变化，特别是至宋真宗、仁宗时期，一方面，朝廷与契丹、西夏进行了战争以及议和之后岁币的支出导致政府财政支出大规模增长；③另一方面，政治机构的增加以及官员数量的增长也使得政府财政进一步捉襟见肘。为了解决财政危机，宋代统治者只能变相地增加民众的赋税。至包拯所处的时代，地方官吏中违法敛财乃至中饱私囊的现象比比皆是，而地方的监司则为了财政充盈，对不法官吏的敛财行为往往视而不见，有的甚至持一种默许的态度。

对此，包拯认为，施政者在施政地方、征收赋税时，要考虑民力，与民休息，只有民众富庶，政府才能汲取相应的赋税。如果施政者不考虑民力，横征暴敛，则会导致民众无法生存，流离失所，甚至铤而走险，聚众掠夺，政府也不会收到充足的赋税。皇佑二年（1050 年），江淮、两浙地区发生饥荒，包拯随即上书，请求免除科率。在奏疏中，包拯言："发运司但务岁计充盈，不虑民力困竭，上下相蒙，无所诉告，为国敛怨莫甚于此。且民者，国之本，财用所出，安危所系，而横赋暴取，不知纪极。若因此流亡相应而起，涂炭郡邑，则将何道可以卒安之？"④在此奏疏中，包拯建议宋仁宗免

---

①《宋史·食货志》载："宋制岁赋，其类有五：曰公田之赋，凡田之在官，赋民耕而收其租者是也。曰民田之赋，百姓各得专之是也。曰城郭之赋，宅税，地税之类是也。曰丁口之赋，百姓岁输身丁钱米是也。曰杂变之赋，牛革、蚕盐之类，随其所出，变而输之是也。"参见（元）脱脱等：《宋史》，北京：中华书局2000年版，第2815页。

②《宋史·食货志》载："宋克平诸国，每以恤民为先务。累朝相承，凡无名苛细之敛，常加划革。尺缣斗粟，未闻有所增益。一遇水旱徭役，则蠲除倚格，殆无虚岁，倚格者，后或凶歉，亦辄蠲之。"参见（元）脱脱等：《宋史》，北京：中华书局2000年版，第2783页。

③《宋史·食货志》载："传至真宗，内则升中告成之事举，外则和戎安边之事滋，由是食货之议，日盛一日。仁宗之世，契丹增币，夏国增赐，养兵两陲，费累百万。"参见（元）脱脱等：《宋史》，北京：中华书局2000年版，第2783页。

④（宋）张田编：《包拯集》，北京：中华书局1963年版，第86-87页。

去这些地区的科率，使民众可以度过饥荒。①由此可以看出包拯恤民之心。包拯在奏疏中经常提到减免赋税徭役问题，如他在《请罢天下科率》的奏疏中言："臣闻蚩蚩生聚，蕃息衰耗，一出于时政之所陶化。是故明主知其然也，则必薄税敛，宽力役，救荒饥。三者不失，然后幼有所养，老有所终。"②

第三，包拯认为，宋朝政府机构臃肿是导致民力衰竭的一个重要原因，为了与民休息，增加民力，必须对机构进行改革，淘汰冗员。包拯在奏疏中言道："臣以为冗吏耗于上，冗兵耗于下，欲救其弊，当治其原，在乎减冗杂而节用度。若冗杂不减，用度不节，虽善为计，亦不能救也。"③在包拯看来，与其他朝代相比，宋朝官僚机构臃肿的弊端远超前代，且有不断恶化的趋势。事实上，宋朝的这种机构臃肿的现象与其政治体制密切相关。宋初统治者为了防止权臣的出现，巩固政治统治，一方面，在政府机构的设计上过分强调权力与人员方面的互相制衡，无论是在中央还是在地方上，各个政府部门在行使权力时往往会受到其他部门的限制。另一方面，在兵制上又实行中央直接管辖的禁军制度，其兵员数额最高时竟达120万之多。这种政治体制虽然在一定程度上防止了权臣现象的发生，但却造成了大量的冗官、冗吏、冗兵。包拯对此言道：

"秦并六国，郡县益众，降及汉、魏，以至隋、唐，虽设官寝多，然未有如本朝繁冗甚也。今天下州郡三百二十，县一千二百五十，而一州一县所任之职，素有定额，大率用吏不过五六千员则有余矣。今乃三倍其多，而又三岁一开贡举，每放仅千人，复有台寺之小吏，府监之杂工，荫序之官，进纳之辈，总而计之，不止于三倍，是食禄者日增，力田者日耗，则国计

①包拯言："欲望圣慈特降诏敕，委逐路转运、提刑不住巡历体量，应是诸杂科率，权且停罢。"参见(宋)张田编：《包拯集》，北京：中华书局1963年版，第87页。

②(宋)张田编：《包拯集》，北京：中华书局1963年版，第83页。

③(宋)张田编：《包拯集》，北京：中华书局1963年版，第15页。

民力安得不窘乏哉！"①

  包拯认为，按照州县的官吏定额，地方官吏的人数应该在五六千左右，但实际的情况却是地方官吏数目达到了定额的三倍，加上通过各种途径进入政府工作的人员，总数目已经远远超过定额的三倍，且越来越多的冗官、冗吏、冗兵充斥于政府中，这给财政造成了极大的负担。而为了维持财政的收支平衡，政府只能进一步加大赋税的征收力度，这使得民生日渐凋敝。对此，包拯指出，为解决冗杂人员过度耗费财政所导致的民力日竭问题。朝廷必须要做到四个方面：一是在官员的选拔与录用上，要选任贤能，淘汰冗员。大量的冗官、冗员互相推诿，不任其事，不光造成行政效率的极端低下，也给国家财政带来极大的负担。为了提高行政效率，解决财政问题，必须从体制上对冗官、冗员进行淘汰。二是兵制上，要精简兵员，淘汰冗兵。三是要取消大型土木工程的兴建，减免民众的苛捐杂税。四是君主应该以身示范，倡导清俭之风。只有这样，才能民力恢复，国家稳定。包拯对此言道："谓设官太多也，则宜艰难选举，澄汰冗杂；谓养兵太众也，则宜罢绝招募，拣斥老弱；土木之工不急者悉罢之，科率之出无名者并除之；省禁中奢侈之僭，节上下浮枉之费，当承平之代，建长久之治。"②包拯认为，在国家治理层面，只有解决冗员、冗兵、科率、浮枉等问题，才能节省国家财政，进而与民休息，实现国家运行的稳定。

二、德教

  德教是儒家的一贯政治主张，亦是儒家在治国理政思想方面区别于其他流派的重要判准。先秦时期，孔子因革损益，奠定儒家伦理与政治双向同化的理论结构。这种理论结构一方面将政治伦理化，

---

① (宋) 张田编：《包拯集》，北京：中华书局 1963 年版，第 14—15 页。

② (宋) 张田编：《包拯集》，北京：中华书局 1963 年版，第 15 页。

以突出儒家整顿人心社会秩序的功能；另一方面则将伦理政治化，借以彰显儒家整顿政治秩序的功能。孟子、荀子等儒者在孔子的思想基础上分别就人心社会秩序与政治秩序的整顿方面展开立说，进一步丰富发展了孔子所建立的这种伦理政治思想。这种伦理政治思想在政治与道德的关系问题上强调政治领域是道德领域的延伸。政治的目的在于富民、教民，使民众能够安居乐业，知礼识义。因此，儒家特别主张通过教化来规制人的各种行为。儒家认为，当社会成员出现违法犯罪行为时，施政者通过政、刑等举措，仅能使其畏惧刑罚而不敢为；但通过德礼的教化后，社会成员在内心就会产生道德律，这种道德律可以有效规制人的社会失范与政治失范行为。[1]因此，儒家非常强调德教在治国理政中的重要性。这种德教主要有两方面的意涵：一是施政者通过修身等工夫来提升自己的道德水准，以做到正己而后正人；二是在治国理政过程中以道德教化作为治理的主要手段，奉行德主刑辅的治理原则。从包拯关于反腐倡廉方面的一系列论述来看，德教是其廉政思想中的重要价值理念。一方面，他非常重视施政者的道德素质，强调施政者在施政过程中要不断通过工夫修养来培养自己的道德，抵制各种不良风气的影响，以身作则。另一方面，他主张施政者在施政过程要为政以德，用德教而非刑罚作为治国理政的主要方式。

（一）德教传统的历史沿革

儒家历来主张德治，强调施政者在治理国家时必须实施德教。先秦时期，孔子认为政治管理者必须为政以德，正己而后正人，以教化而非刑罚作为主要的治理手段。孟子则在孔子的基础上提出了德治主张，主张施政者必须要先培养自己由仁心而施仁政的德性，然后发政施仁，泽及百姓。可以说，孔孟所阐述的德治思想是建立在有德者执政这一基础上的，施政者如果想要平治天下，则必须先

---

[1] 孔子言："道之以政，齐之以刑，民免而无耻；道之以德，齐之以礼，有耻且格。"参见(清)刘宝楠撰，高流水点校：《论语正义》上，北京：中华书局1990年版，第41页。

修其德，培养自己内在的德性，如此才能实现天下大治的宏愿。《大学》曾对儒家所倡导的德教的实施路径进行了细致的描述："身修而后家齐，家齐而后国治，国治而后天下平。"①在先秦儒家看来，修身是齐家、治国与平天下的前提和基础。②施政者必须重视自己德性的培养，推己及人，实施德治。如果施政者自身缺少德性，却想实现天下大治，其行为无异于缘木求鱼，自然无法实现。这种观念为此后的儒家以及统治者思考政治问题奠定了基本轨制。

汉朝建立之后，随着儒家思想成为王朝的主流意识形态，儒家所强调的德教也成为统治者和思想家认可的治理方式之一。如汉文帝言："今法有肉刑三，而奸不止，其咎安在？非乃朕德薄而教不明欤？吾甚自愧。故夫驯道不纯而愚民陷焉。诗曰：'恺悌君子，民之父母。'今人有过，教未施而刑加焉，或欲改行为善而道毋由也。"③汉文帝认为，朝廷为了社会政治的稳定，制定和实施了许多法令，并对违法犯罪行为实施惩罚力度很大的肉刑，但是仍然不能实现政通人和的治理局面。由此可见，刑罚并不能作为治理天下的主要手段，必须对民众施以教化，使他们明白是非，近善远恶，如此才能使天下安定。董仲舒亦言："故以德为国者，甘于饴蜜，固于胶漆，是以圣贤勉而崇本而不敢失也。"④他认为，以德治国、实施德教是使天下大治的重要手段。施政者在治国中必须贯彻以德治国的方略，以德治为主，刑罚为辅。刘向也非常重视德教在治国理政中的重要作用。他将德教视为王者之政，在《说苑》中，他言："政有三品：王者之政化之，霸者之政威之，强者之政胁之。夫此三者各有所施，而化之为贵矣。夫化之不变，而后威之；威之不变，而后胁之；胁之不变，而后刑之。夫至于刑者，则非王者之所贵也。是以圣王先

---

① (宋)朱熹：《四书章句集注》，北京：中华书局2011年版，第5页。

② 《大学》载："所谓修身在正其心者，身有所忿懥，则不得其正；有所恐惧，则不得其正；有所好乐，则不得其正；有所忧患，则不得其正。心不在焉，视而不见，听而不闻，食而不知其味。此谓修身在正其心。"参见(宋)朱熹：《四书章句集注》，北京：中华书局2011年版，第9页。

③ (汉)司马迁：《史记》一，北京：中华书局2011年版，第361页。

④ (清)苏舆：《春秋繁露义证》，北京：中华书局2019年版，第149页。

德教而后刑罚。"①这段话语的意思主要是指：治国的技艺有三个等级，王者之政实施道德教化，霸者之政实施权威统治，强者之政实施权力治理。这三种治理模式有所不同，其中道以德教化最适合作为治理国家的主要方式。在实际的政治操作中，如果道德教化无法实施，则退而求以威治之；如果仍然达不到治理效果，则以力胁之，如果还是达不到治理效果，则只能通过刑罚的方式来达到治理的目的。当然，对于施政者而言，刑罚是迫不得已而用的治理手段。贤者在国家治理中必须以道德教化为主。从这段话语的内容可以看出，刘向认为，在三种治理模式中，最好的是王者之政，而王者之政则是以德教为主，刑罚为辅。因此，统治者在治国理政中应采用王者之政的治理模式。

唐朝建立之后，统治集团为了重建人心秩序和社会政治秩序，开始尊崇儒学，重用儒者。儒家所强调的德教传统也被当时的统治者和思想家所肯定。如唐太宗言："朕看古来帝王以仁义为治者，国祚延长，任法御人者，虽救弊于一时，败亡亦促。既见前王成事，足是元龟。今欲专以仁义诚信为治。望革近代之浇薄也。"②他认为，从历史的角度来看，自古至今的君主在治国方式上如果推行仁政，实施德治，一般国祚较长；反之，如果任法为治，虽然在短期内可以实现社会政治稳定，但不久王朝就会覆灭。因此，在治国理政方面必须广施仁政，践行德治。

在包拯所处的宋代，无论是君主还是大臣也同样重视德教在国家治理中的作用。《宋史·刑法志》曾载："五季衰乱，禁网烦密。宋兴，消除苛峻，累朝有所更定。法吏浸用儒臣，务存仁恕。"③这段表述的含义主要是指：五代时期，政治衰乱，统治者通过严刑峻法来管控民众。宋朝建立之后，统治者开始废除这些苛刻的法令和刑罚，修改并制定了相对中正的法律制度。司法之臣也选用儒士，

---

① （汉）刘向撰，向宗鲁校证：《说苑校证》，北京：中华书局1987年版，第143页。

② （唐）吴兢：《贞观政要》，长沙：岳麓书社2016年版，第81—82页。

③ 邱汉平：《历代刑法志》，北京：商务印书馆2017年版，第367页。

以便在司法活动中贯彻仁恕的精神。为推行德教，宋初一方面废除五代时期的各种苛政；另一方面则选择儒臣担任执法人员，以求政宽民安。可以说，在国家治理中奉行德教是也是宋朝前期君臣的共识。①

总的来说，自先秦以来，儒家一直秉持德教的传统，强调道德在国家治理中的重要地位。同时，这种德教传统自汉代以来也被统治集团所接受，并将其作为治世之法。

（二）包拯对德教传统的认可和发展

如果说民本是包拯廉政思想的价值基点，那么德教则是包拯廉政思想的思想基础。在宋初君臣推行德教的大环境中，包拯也非常重视道德教化在社会治理中的作用，倡导德教。在奏疏中，包拯明言："且治平之世，明盛之君，必务德泽，罕用刑法。"②他认为君主奉行德教、慎用刑罚是实现天下长治久安的基础，以德治国，广施教化可以奠定政治运行的道德基础，使社会成员认可和接受施政者的各项法令，增强王朝统治的合法性。在包拯看来，施政者在治国理政过程中必须实施德教，其原因主要有两方面。

第一，德教在施政过程中表现为德主刑辅的治理模式，即施政者在施政过程中以道德教化作为主要的治理工具，而以刑罚作为教化的补充。包拯认为，这种德主刑辅的治理模式符合天道秩序，具有形而上的正当性。因此，施政者如果想要实现天下大治，必须使自己的施政行为符合天道的运行规律，这是实现社会政治稳定运行的重要前提。包拯之所以持有这种想法，主要是因为在思考政治问题时自然而然地受到了传统儒家天道观的影响。

自先秦以来，儒家在思考政治问题时，无不以"天"作为统治

---

① 如柳开言："近世凡事多丧其道，与前代不同，不知为政之道也。政系于民，则由于县令休息之也，政以仁义忠信为宗。今之见言仁义忠信者，反谓为时不识其变者也。如此而欲天下国家治者，难也。政愈急而乱欲多，法益峻而犯益众矣。"参见（宋）柳开：《柳开集》，北京：中华书局2015年版，第60页。

② （宋）张田编：《包拯集》，北京：中华书局1963年版，第44页。

正当性的基础，施政者的权力来源于"天"，其职责是代替"天"来抚育百姓。施政者的治理方式也应该符合天道运行的规律，这样可以上应天道，有利于政治的稳定运行。天道运行的一个重要表现就是阴阳相替，而政治秩序中的德与刑则分别对应天道秩序中的阳与阴。在正常的天道秩序中，阳为主而阴为辅。因此，统治者应该上法天道，在治国理政中以德为主而以刑为辅。如董仲舒言："阴之行，春居东方，秋居西方，夏居空右，冬居空左，夏居空下，冬居空上，此阴之常处也；阳之行，春居上，冬居下，此阳之常处也。阴终岁四移，而阳常居实，非亲阳而疏阴，任德而远刑与！"①董氏认为，天有阴阳，对应德刑，阳为德而阴为刑。天道亲阳而疏阴，因此，统治者应上法天道，在治理中以德治为主，刑罚为辅。包拯亦认为天道与人道相通，在他看来，天有阴阳，阴阳又与四时相对，春夏为阳、秋冬为阴。相应的，在施政过程中，德对应阳，而刑对应阴。天道喜阳而厌阴，因此，统治者在施政过程中应该任德不任刑，推行仁政，实施德治。

在奏疏中，包拯曾援引儒家天道观的话语作为立论的基础，以此阐述统治者推行德教的重要性。他言道："故董仲舒曰：'阳为德为春夏，当和煦发生之时；阴为刑为秋冬，在虚空不用之处。'以此见天任德不任刑也。王者亦当上体天道，下为民极，故不宜过用重典，以伤德化。"②这段表述的主要含义是：汉代的董仲舒曾经说道，阳对应德刑中的德和四时中的春夏两季，阴对应德刑中的刑和四时中的秋冬两季。春生夏长，故阳重在抚育，秋收冬藏，故阴重在刑罚。由阴阳四时的变化可知，天道任德而不任刑，因此，统治者应该体察天道，在治理国家时不应该推行重典，而应该以德教为主。

包拯在任职于谏院时，有一次天象出现异常，岁星逆犯房宿，包拯随即上书宋仁宗，认为这是上天警示君主的征兆，并认为这一

---

① 曾振宇、傅永聚注：《春秋繁露新注》，北京：商务印书馆2010年版，第243页。

② （宋）张田编：《包拯集》，北京：中华书局1963年版，第44页。

现象发生的主要原因在于君主"仁德未修，诛罚未当"①。如果君主能够及时自省，以身作则，实施德教，广开言路，则此异象就会消失。故此，在奏疏中，包拯谏言仁宗省察己身，内修其德，践行德治。基于此，他言："古之明王，必正五事，建大中以承天心。能应以德，则咎息；不能应以善，则灾至；要在所以应之。应之之速，非诚不立，非信不行。伏愿陛下奋精刚之德，挺独断之明，内推至诚，深思天戒。"②这段话语对于理解包拯关于论述天道与政治之间关系的目的非常重要。在他看来，古代贤明的君主，必然重视对自己德性的培养，注意自己的貌、言、视、听、思等行为，在治国理政中实施大中之道。当发生灾异现象时，君主如果能够自省其德，实施德治，则天的警示就会消失；如果君主对灾异现象无动于衷，无视天的警示时，则灾难就会降临。君主在处理这些灾异现象发生时，必须要有敬畏之心。因此，他建议宋仁宗以身作则，反省自身，做到正己而后正人。包拯的这一观念含有这样一种逻辑，即施政者的治理方式必须符合天道运行，天道任德不任刑，因此，施政者必须推行仁政，实施德教。一旦天象发生异常，就证明施政者在治国方面出现了问题，此时，施政者必须自省其德，反思自己的治理方法是否符合天道运行的规律，并及时调整施政的方式和策略。

从政治权力运行的角度来看，包拯的这种思考逻辑其实是冀希通过规范性的天道秩序来规制人世间的政治秩序，从宇宙论的角度来论述统治者推行德教的必要性。牟宗三曾对包括包拯在内的儒者的这种通过天道来规制政道的做法有过精辟的总结。他言："儒家讲德化的治道，使皇帝由德性的觉醒而完成其为纯德无限之人格以法天，正是要拆散他现实上权位之无限之抓紧把持与胶固，而使之让开一步。"③

第二，实施德教可以奠定政治的道德基础，有助于社会政治秩

---

① (宋)张田编：《包拯集》，北京：中华书局1963年版，第18页。
② (宋)张田编：《包拯集》，北京：中华书局1963年版，第18页。
③ 牟宗三：《政道与治道》，桂林：广西师范大学出版社2006年版，第28页。

序的稳定。五代之时，统治者为维护统治，制定各种严刑酷罚，以求通过刑罚的威慑作用来稳定统治。但是从实施的效果来看，统治者并没有取得如期的效果。宋代建立之后，统治者开始扭转五代时期任法用刑的流弊，以唐律为准，制定了体现儒家德治思想的法律，但在实施方面，却存在着一些弊端，主要表现为中央与地方部分腐败官吏为了一己之私欲而任意曲解法律，鱼肉乡民。王化基对宋代前期的这种状况曾描述道："贪吏之于民，其损甚大。屈法烦刑，徇私肆虐，使民之受害甚于木之受蠹。"①包拯对此也有所认识，他认为统治者在治国理政过程中必须贯彻德主刑辅的治理模式，并选用德行高尚、品行高洁之人担任地方官员。庆历四年（1044年），包拯在《请不用苛虐之人充监司》的奏疏中向宋仁宗指出了德教的必要性，并建议他选派德行中正的官员担任地方的监司之职。

包拯之所以上这道奏疏，主要跟当时司法环境有关。包拯发现，当时的司法活动出现了两种现象：一是朝廷规定转运使兼任按察职能以后，各种事务性的奏疏大量出现，其中不乏对地方基层官员的弹劾；二是当时的审刑院和大理寺审判的案件日益增多。②包拯认为，造成这些现象的原因就在监司身上。转运使是地方的最高官员，负责本区域内的各项行政工作，兼有对地方基层官员的考核和弹劾之权。在包拯看来，朝廷选派的监司中，不少都是苛虐之人。一方面，他们对于自己圈子内属官的各种不法行为放纵包庇，视作不见；另一方面，一些清正廉洁的官员由于没有对监司阿谀奉承，投其所好，结果受到排挤和弹劾。这导致了在不少地方上出现了以监司为中心的腐败网络。地方官员或为了自身的利益，或为了自己的升迁，不断搜刮民众利益贿赂监司，结果造成了"刻薄好进之吏"③充斥于地方基层，朝廷的德教政策难以实施。

① 丁守和编：《中国历代治国策选粹》，北京：高等教育出版社1994年版，第333页。

② 包拯言："臣窃见诸道转运司自兼按察及置判官以来，并提点刑狱等，体量部下官吏，章疏相继，颇伤烦碎。兼闻审刑院、大理寺日近奏案尤多，倍于往年，况无大段罪名，并是掎撼微累，不辨虚实，一例论奏。"参见（宋）张田编：《包拯集》，北京：中华书局1963年版，第44页。

③（宋）张田编：《包拯集》，北京：中华书局1963年版，第44页。

对此，包拯认为，针对这种情况，朝廷应该选派德性中正，性格宽大的人担任地方上的监司，一方面，他们可以通过自身的道德示范作用影响治理区域内的地方官员，使他们可以贯彻朝廷的德教政策，化民成俗，实现基层社会的稳定；另一方面则可以防止地方上出现以监司为中心的腐败网络，推进地方上的廉政建设。包拯对宋仁宗言："欲望圣慈宣谕执政大臣，应转运、提刑等并令精选廉干中正之人，以充其职；苛细矫激之辈，屏而不用。"①他建议宋仁宗能够选出公忠正直，宽仁廉洁之人担任地方上的转运使、提刑按察使等职，来贯彻和落实德教的实施。

（三）为政以德的治理理念与实践

德教是儒家一贯的政治主张，这点在包拯身上也表现得非常明显。包拯认为，施政者在施政过程中应该做到明德慎刑，以德教为主，刑罚为辅。只有推行德教，才能奠定政治的道德基础，有效地遏制政府人员的腐败，使政治风气清正廉洁。在德教的实施方面，包拯提出了以下两方面的观点。

第一，包拯认为，君主首先通过修身而端正自己的道德，以身示范。在传统帝制时代，权力高度集中于君主，君主的喜怒哀乐、一言一行都会对政治系统的运作产生重要的影响。当君主能够以国家为重，任用贤能时，政治系统就会稳定而有效运转；当君主以私欲为主，威福自用时，政治系统就会趋于失效甚至崩溃。②故而，儒家特别重视君主的道德问题，强调君主以身作则，冀希通过"格君心之非"的方式来完善君主的德性。如宋祁在奏议中对宋仁宗言："臣又闻之，人不率则不从，身不先则不信。陛下若能躬服至俭，风示四方，衣服醪膳，无溢旧规，请自乘舆始；锦采珠玉，不得妄费，

---

① （宋）张田编：《包拯集》，北京：中华书局1963年版，第45页。

② 张君劢言：君主专制政治"以一人高拱于上，内则有六部九卿，外则有封疆大吏与府县亲民之官；此一人而贤明也，则一国治；一人而昏愚也，则一国乱"。参见张君劢：《儒学与民族复兴》，上海：上海人民出版社2020年版，第83页。

请自后宫始。然后天下响应，民业日丰。"①宋祁这段话的意思是：自己听闻，如果想要得到别人的认可和信服，则个人必须身先表率，发挥自身的带头作用。君主如果能够清廉简朴，并且使天下之人都知道自己带头践行清简之道，则天下的官吏必然受其影响，勤政、廉政，国家也会步入良性发展的轨道。可以说，在帝制中国时代，实现政通人和的前提条件就是君主自己具有德性并且认识到德性在国家治理中的重要性。包拯亦认识到这一点，在奏疏中，他每每援引古义，谏言宋仁宗上法尧舜，克己奉德，以实现王道之治。

首先，包拯认为，君主完善德性的首要措施就是能够纳谏。在包拯看来，君主高居权力的制高点，是所有政策的最后决定者。君主在决策制定过程中如果出现任何的过失，那么在政治的执行方面必然会出现难以估量的灾难。而御史和谏官的作用则是对君主的决策进行谏言，指出其中所存在的问题，以确保政策在执行方面能够按照制定者的意图进行运作，因此，君主必须要能够听从台谏官员的谏议，及时反省自身的行为。包拯在奏疏中以唐太宗作为案例论证了君主纳谏的积极作用。他言："臣闻唐太宗英明好谏之主也，魏玄成忠直无隐之臣也，故君臣道合，千载一时，"②并认为唐太宗善于纳谏使得"贞观之风与三代比盛"③。由此，他建议宋仁宗效法唐太宗从谏如流的做法，积极听取臣下有益于王朝长治久安的进言。

其次，包拯认为，君主完善德性的一个措施就是能够任用贤能之士治理国家。对于帝制时代的统治者而言，德治从主体角度而言强调君主德性的自我提升与完善，进而以身示范，德化众人；从客体的角度而言则强调必须任用贤能。只有通过贤能之士的辅助，君主的德性才能在治国理政中表现出来。包拯亦深刻认识到了这一点，他言："臣尝读《汉书·谷永传》曰：'帝王之德莫大于知人。'诚哉，是言也！夫王者端居严廊之上，垂拱而仰成者，以能知人，能

---

① 丁守和编：《中国历代治国策选粹》，北京：高等教育出版社1994年版，第337页。

② （宋）张田编：《包拯集》，北京：中华书局1963年版，第5页。

③ （宋）张田编：《包拯集》，北京：中华书局1963年版，第6页。

官人，使之然尔。"①在包拯看来，君主德性最重要的方面就是能够知人识人，任用贤能。君主虽然是最高权力拥有者，但在政策的制定与执行方面，必须依靠贤能之人的参与和执行。君主所用得人，则会实现天下大治；君主所用非人，则会导致天下大乱。至于选任贤能的方法，包拯言："夫近臣中素有公望实才，众所谓贤者，陛下既得而知之，亦宜亟擢而用之。若知而不能用，用而不能尽其才，何以致理哉？"②他认为君主应该择任朝堂之上素有威望，才能卓越的大臣委以重任，并授予实权，使其能够在施政过程中充分发挥自己的才干。包拯的这种人事任用主张其实是针对宋代职官制度的弊端而言。宋朝自宋太祖以来，为防止权臣的出现，一直在职官制度方面奉行互相制衡的原则，在职官的设置方面实行叠床架屋式的设计，而在职官的任用方面则实行权力分割，多人负责一职的策略。《宋史·职官》曾对宋代职官制度的弊端进行过这样的总结：

　　　"宋承唐制，抑又甚焉。三师、三公不常置，宰相不专任三省长官，尚书、门下并列于外，又别置中书禁中，是为政事堂，与枢密对掌大政。天下财赋，内庭诸司，中外管库，悉隶三司。中书省但掌册文、覆奏、考帐；门下省主乘舆八宝，朝会板位，流外考较，诸司附奏挟名而已。台、省、寺、监，官无定员，无专职，悉皆出入分涖庶务。故三省、六曹、二十四司，类以他官主判，虽有正官，非别敕不治本司事，事之所寄，十亡二三。"③

　　这段表述明确指出了宋朝官制中所存在的问题，即各个机构设置都是奉行牵制和分权原则，机构重叠臃肿。所以包拯在奏疏中谏言宋仁宗能够选用贤能，授以大权，专任其职，以解决权力过度分

　　① （宋）张田编：《包拯集》，北京：中华书局1963年版，第9页
　　② （宋）张田编：《包拯集》，北京：中华书局1963年版，第10页。
　　③ （元）脱脱等：《宋史》，北京：中华书局2000年版，第2523–2524页。

割所带来的官员不作为或者无法作为的问题，使每个官员能够尽用其才。

最后，包拯认为君主完善德性的另一个措施就是能够洞察善恶，赏罚必信。就洞察善恶而言，包拯针对时弊，指出了当时官场上流行的朋党论的危害，他言："臣伏闻近岁以来，多有指名臣下为朋党者。其间奋不顾身，孜孜于国，奖善嫉恶，激浊扬清之人，尤被奸巧诬罔，例见排斥。"①包拯指出，近年来，朝廷舆论对于任事的官员指称其为朋党，认为他们结党营私，这是不符合实际情况的。其中的原因主要在于，朝廷的秉钧大臣排斥和打击圈子外的主张改革的新锐之士。包拯之论，与当时的政治环境有密切关系。在宋仁宗时期，吕夷简自任相以来，朝堂大臣为了各自的利益多攀附于他，这在无形中形成了一个利益集团。廉洁之士如果不依附于这个利益集团，很难在政治上有所作为。如当时的儒者石介，被任命为御史台主簿，还没到任，因上书言事，即被罢免。当时范仲淹任职于朝中，不满这种现象，上书宋仁宗，指出这种利益集团的危害，②事后得罪于吕夷简，不久即被贬为饶州知州。可以说，从政治体系的角度来看，宋仁宗时期形成的以吕夷简为主的利益集团，必然会对正式制度产生危害，使其制度效用逐渐失效。凡是不在这个利益集团圈子中的官员，基本上被排斥在外；凡是从属于这个利益集团圈子中的官员，则会逐步获得晋升，任何以国事为重而触犯这个群体利益的官员都会被诬罔为朋党。对于这种危害，包拯看得非常清楚，他言："故进一贤士，必曰朋党相助；退一庸才，亦曰朋党相嫉。"③一旦贤能之士获得晋升，他们就会诬蔑这是朋党之间的帮助；朝廷一旦罢免某一昏聩的官员，他们就会指责这一官员遭到了朋党的嫉妒。故此，包拯认为，统治者必须打破这种在正式权力运作之外形

---

① （宋）张田编：《包拯集》，北京：中华书局1963年版，第6页。
② 庆历三年（1043年）五月，"范仲淹以吕夷简执政，进用多出其门，上百官图，指其次第曰：'如此为序迁，如此为不次，如此则公，如此则私，况进退近臣，凡超格者，不宜全委之宰相。'"参见（明）陈邦瞻：《宋史纪事本末》，北京：中华书局2015年版，第231页。
③ （宋）张田编：《包拯集》，北京：中华书局1963年版，第6页。

成的利益小群体，激发官员克己奉公，以国事而非个人利益为重。①
就赏罚必信而言，包拯认为，赏与罚是从正、反两方面规范政治行
为的有效措施，统治者要做到有功必赏，有罪必罚。当官吏有功时，
统治者应通过赏的方式激发官吏再接再厉，以取得更大的成绩；②而
当官吏有过时，统治者应通过罚的方式促使官吏警醒自律，以免犯
更大的错误。包拯之所以有这种观念，事实上与当时的政治氛围有
关。宋仁宗就性格而言，是帝制时代少有的性格宽仁的君主之一，
对于官吏，他基本上能够优容待之。③当然，宋仁宗的这种性格也有
消极的一面，即在处理政事方面优柔寡断，赏罚不明。包拯曾指出
宋仁宗性格方面所存在的问题，他言：

> "臣伏以陛下天纵宽仁，海纳谋议，是者取而施用，非者存
> 而掩覆。群下见圣度宏博，不以是非，皆能容受，故奸邪敢肆
> 矫妄，持难明不然之事，巧饰厚诬，使人无由自辩，而默受排
> 斥之祸，致陛下明有所蔽，疑贰忠良，率以此也。"④

在此，包拯指出，作为君主，宋仁宗性格较为宽仁，这一点，
朝中大臣都比较了解。但是，宋仁宗的这种性格常常被朝廷中的奸
佞利用，造成廉正之士怀忠而见疑。故此，包拯建议，一方面，作
为君主，宋仁宗应该做到明察兼听，不能随便听信周围佞臣的话语
而失去自我的判断，必须多方面听取大臣的意见，辨别是非，综合
取舍；另一方面，则应该充分发挥司法机关的作用。对于面谀投机

---

① 包拯言："臣愿陛下端虑以临下，推诚以格物，循名以核其实，因迹以照其心，使忠者、邪者
情伪毕见，勿以朋党为意，则君子、小人区以别矣。"参见(宋)张田编：《包拯集》，北京：中华书局
1963年版，第7页。

② 包拯言："赏不逾时，欲人之知劝；抑先圣之格训，又驭邦之大柄也。"参见(宋)张田编：《包
拯集》，北京：中华书局1963年版，第23页。

③ 王安石在《论本朝百年五事札子》中言："仁宗之为君也，仰畏天，俯畏人，宽仁恭俭，出于
自然，而忠恕诚悫，始终如一。未尝妄兴一役，未尝妄杀一人。"参见丁守和编：《中国历代治国策
选粹》，北京：高等教育出版社1994年版，第381页。

④ (宋)张田编：《包拯集》，北京：中华书局1963年版，第6页。

的官员，一旦发现其造谣诬陷某人，则君主应将此事交付给司法机关审理。[1]

第二，包拯认为，君有君德，臣亦有臣德，因此，官员在协助君主治国理政时，应该以儒家德治而非官员个人的利益作为处理政务的理念。

首先，包拯认为作为与君主共治天下的官员特别是秉钧大臣必须是德厚清廉而非刻薄贪腐之人。在包拯看来，当官员德厚清廉，则自然能以国事为重，在处理政务时会任贤举能；当官员刻薄贪腐，则必然会以私欲为念，在处理政务时则会妒贤嫉能。特别是执政大臣，因高居权位，对人事安排有关键性的影响，其一举一动都会影响到政治系统的运作，他们对贤能之士的认可与否直接决定这些人能否在朝廷中立足。从当时的政治风气来看，包拯认为这些执政大臣对贤能之士事实上持一种消极不认可的态度。包拯言："臣伏闻顷岁大臣颛政，颇恶才能之士，有所开建，则讥其近名，或云沽激，欲求进达。遂使才能之士莫敢自效。"[2]在此，包拯指出了当时朝堂上的一种风气，即执政大臣担心自身的位置被贤能的后进官员所取代，所以非常厌恶有能力的官员。一旦贤能的官员取得了一定的政绩，这些执政大臣就会讥讽其好名、好权，并且对他们进行排挤，结果导致官僚系统中德才兼备之士不敢显露锋芒。包拯认为，朝堂之上的执政大臣应有容人的气度，而不能一味地为把持自己的权力而排斥贤能。

事实上，在包拯所处的时代，存在着一个以吕夷简为中心的政治派系。吕夷简因辅助宋仁宗亲政有功，长期担任朝中重职，而朝中官员多数为求仕进，也依附于吕夷简，这在无形中形成了一个盘根错节的利益群体。吕夷简施政的策略总体来说倾向于保守，对待

---

[1] 包拯言："臣愿陛下听纳群下谋议之际，留神深察，如有持难明不然之事，巧饰厚诬于人者，请付有司责其明辩，使真伪不杂，是非较然，则忠邪自分，天下庶几于理矣。"参见(宋)张田编：《包拯集》，北京：中华书局1963年版，第6页。

[2] (宋)张田编：《包拯集》，北京：中华书局1963年版，第7页。

新进之士所主张的大规模变法行为并不支持。而在范仲淹、欧阳修等人看来，吕夷简任相以来基本上是因循守旧，无所作为，对于国家治理中出现的问题并没有及时重视与解决。故而范仲淹等人力陈变法，主张推行新政。在奏疏中，范仲淹直言："纲纪制度日削月侵。官壅于下，民困于外，敌人骄盛，寇盗横炽，不可不更张以救之。"①在范仲淹的推动下，宋朝开始实施新政。为了新政的推行，范仲淹举荐了不少贤能之士，如杨紘、王绰、王鼎等人。但是随着新政的失败，范仲淹等被贬官于外，其他参与新政的官员也陆续被贬官与革职。故此，包拯在奏疏中数言臣德，强调执政大臣应有容人之度，并积极为被革职的赞同新政的官员辩诬，他言：

> "且顷岁以来，凡有才名之士，必遭险薄之辈假以他事中伤，殆乎屏弃，卒不得用，议者迄今痛惜之。欲望圣慈申命宰执，应臣僚素有才行，先以非辜被遣，如杨紘、王鼎、王绰等，虽曾叙用，未复职任者，并乞复与甄擢，或委之繁剧，必有成效。"②

杨紘、王鼎、王绰等人与范仲淹等人一样，都是赞同改革，主张实施新政的官员，由于朝中守旧势力的打击，他们被贬到地方上任职。在包拯看来，这些人都是国家的良臣，朝廷必须启用这些贤能之士。当然，包拯更进一步认为，君主应该细致地甄别人才的贤能与否，不能被奸佞之人欺骗，对待贤能之人，应该加以任用，这样才能使得才德兼备之士尽心报效朝廷，为国效力。

其次，包拯认为，臣德的另一个表现就是官员在施政过程中应该以教化为主，刑罚为辅，推行德治。宋朝立国之后，统治者强调与士大夫共治天下，故优容官员。与唐相比，宋朝在对待官员行政执行过程中的错误和责任，一般以宽大处之。这种策略一方面激发

---

① 丁守和编：《中国历代治国策选粹》，北京：高等教育出版社1994年版，第339页。

② （宋）张田编：《包拯集》，北京：中华书局1963年版，第38页。

了士大夫阶层心中尽心为国，以天下为己任的政治抱负；另一方面也使得部分官员觉得刑宽法疏而肆意妄为。特别是在地方上，一部分官员认为自己远离政治中心，且掌握地方权力，故而行事刻薄乖张，以搜刮民脂民膏为能事，其中王逵就是一个典型的例子。王逵长期担任地方转运使，为人刻薄寡恩，以鱼肉乡民为能事，每次任职，都将施政的重心放在搜刮钱粮上面。如他在任荆湖南路转运使时，在官方正式征收的夏秋税之外，设立"羡余"等，非法征收民众赋税达三十余万贯之多。而这样的官员，每次被弹劾后，基本上不久都能官复原职。之所以如此，原因有两方面：一是王逵长期攀附当时的宰执大臣陈执中、贾昌朝等人，故陈、贾等人每每袒护包庇王逵的不法行为；二是王逵通过搜刮民脂民膏，每年上缴朝廷大量粮款，被宋仁宗认为是能臣。故在被谏官弹劾不久，王逵都能继续任职于地方。对于这种情况，包拯曾七次对其弹劾，指出王逵毫无臣德，行事暴戾。在第一次弹劾中，包拯言："臣访闻江南西路转运使王逵行事任性，不顾条制，苛政暴敛，殊无畏惮，州县稍不徇从，即被掎拾，吏民无告，实可嗟悯。"[1]他指出了王逵在地方上威福自专，鱼肉吏民的不法行为。后经数次弹劾，朝廷仍不为所动，只是将王逵贬职，后不久即升任原职。在第七次弹劾中，包拯明言朝廷纵容王逵不法行为不仅会使朝廷失去民心，人心不附，而且会有伤治体，动摇国本，他言：

> "据其罪名，不可悉数，虽该赦宥，不可复付以表率之任。且执政大臣，所宜与国家进才良，退苛暴，规恢治体，沮劝将来，今乃不恤人言，固用酷吏。于一王逵则幸矣，如一路不幸何！臣实为朝廷重惜之。"[2]

在包拯的连续弹劾下，王逵最终被免职。事实上，王逵的这种

---

[1] （宋）张田编：《包拯集》，北京：中华书局1963年版，第72页。

[2] （宋）张田编：《包拯集》，北京：中华书局1963年版，第76页。

不法行径的产生和当时的地方行政体制紧密相关。宋朝在地方上以路为地方最高行政机构，设安抚使司、转运使司、提点刑狱司、提举常平司四职，分别掌管地方上的军、政、财、司等权力，互不统属。宋仁宗时，开始以地方上的转运使兼按察史，并负责对地方官员进行考核，这就形成了地方权力集中于转运使一人之手的局面。在这种情况下，出现了一些弊端，主要表现为转运使可以在没有经过仔细调查和审核的情况下对地方官员进行弹劾，导致了"廉慎自守者，则以为不才；酷暴非法者，则以为干事"①。可以说，如果地方官员不依附于转运使，阿谀奉承，就会被排挤出官僚体系之外。转运使基本上成为地方上最高权力的拥有者，如果朝内再有重要大臣包庇、支持，他基本上就能在地方上贪污纳贿，肆意妄为。对此，包拯认为，朝廷一方面要重视法令，发挥谏官的监督作用，对地方乃至中央的政府官员的不法行为进行揭发。另一方面则应该选用德性敦厚之人担任地方官员，与民休息，推广教化。只有这样，才能实现地方上的良善治理。

三、法治

儒家在治国理政方面虽然强调以德治国，推崇礼治，但并不排斥法治，而是将法治作为礼治的补充。从历史角度来看，儒家一直强调法在国家治理中的重要性。如《论语·尧曰》载："谨权量，审法度，修废官，四方之政行焉。"②即强调良好的法度是实现国家治理的重要途径之一。事实上，先秦儒家在礼法关系问题上持有基本相同的观点，他们都认为治国需要推行礼治，而礼治的维持则必须要以法治作为其保证。

---

① (宋)张田编：《包拯集》，北京：中华书局1963年版，第45页。
② 程树德：《论语集释》下，北京：中华书局2013年版，第1558页。

（一）法治思想的历史演进

先秦时期，孔子认为，单纯的法治并不能构建良好的社会政治秩序，如果想要实现国家的长治久安，必须在法治的基础更进一步，实施礼治。他曾言："道之以政，齐之以刑，民免而无耻。道之以德，齐之以礼，有耻且格。"①政令和刑罚只能从外在规训的方面禁止民众做出违法犯罪的事情，而德教和礼治则可以从内在规训的方面使民众明辨是非，分清善恶，使他们自觉遵守各种道德和社会规范。孟子亦赞同实施礼治，但他也较为认可法度在国家治理中的重要性。他曾言："上无道揆也。下无法守也，朝不信道，工不信度，君子犯义，小人犯刑，国之所存者，幸也。"②孟子认为，如果施政者不遵守正道，民众也不遵守法度，那么政治的运行很难步入正轨。在他看来，社会成员遵守法度是实施各项仁政德治的重要保障。荀子也强调法治在治国理政中的重要性，主张官员在施政过程中"行法至坚，不以私欲乱所闻"③，即公正无私执行法律，不受内在欲望和外在利益的诱惑而放弃秉公执法。当然，与孔子、孟子的认识基本相同，荀子也是将法作为一种治理的工具。他认为，法度制定得即使再完善，也需要人去执行，因此，必须要由贤明之人掌握法度的执行，如果执行法度的不是贤人而是庸人，则法的实施效果就会大打折扣，甚至起到扰乱社会政治秩序的反作用。对此，荀子言："故有良法而乱者有之矣；有君子而乱者，自古及今，未尝闻也。"④在他看来，良法必须由君子来推动和实施，才能发挥出其应有的作用。

汉朝建立之后，随着大一统国家体制的逐步确立，为了解决国家治理中的规范性问题，汉代的儒家认识到必须确立一套以德治精

---

① 程树德：《论语集释》上，北京：中华书局2013年版，第79页。

② （清）焦循撰，沈文倬点校《孟子正义》，北京：中华书局2017年版，第402页。

③ （清）王先谦撰，沈啸寰、王星贤整理：《荀子集解》，北京：中华书局2012年版，第129页。

④ （清）王先谦撰，沈啸寰、王星贤整理：《荀子集解》，北京：中华书局2012年版，第150页。

神为核心的法律体系，以解决国家治理中出现的各种复杂问题。在这种历史背景下，董仲舒以天道运行规则作为法律实施的依据，将儒家礼治思想渗透到法律执行中，强调德主刑辅在国家治理中的重要性，主张以教化作为陶冶民众德性的主要方式，在此基础上辅之以法度。他言："化故能大行，化大行故法不犯，法不犯故刑不用，刑不用则尧舜之功德。"①施政者在治国理政中必须要广施教化，培养和引导民众形成良好的风俗。教化大行，则民众通晓礼仪，明辨是非，自然远离违法犯罪的行为，如此才能实现天下大治。大体说来，自董仲舒以后的汉代儒家，基本上承袭了董氏的法律观。

《汉书·刑法志》曾对法律的起源与作用进行过系统阐述，基本上可以代表汉代儒者的法律思想，其言："圣人取类以正名，而谓君为父母，明仁爱德让，王道之本也。爱待敬而不败，德须威而久立，故制礼以崇敬，作刑以明威也。圣人既躬明悊之性，必通天地之心，制礼作教，立法设刑，动缘民情，而则天象地。故曰：'先王立礼，则天之明，因地之性也。'"②在汉儒看来，实现国家中人与人之间的仁爱与德让是王道政治追求的目标。而实现仁爱与德让则一方面需要统治者奉行德政，推行教化；另一方面则需要统治者贯彻"敬"与"威"来保证仁爱与德让的实行。为了达到这一目的，统治者一方面要"制礼作教"，广施教化；另一方面则需要"立法设刑"，以法治国。礼治与法治都是为了实现国家的良善治理，统治者应该礼治为主，法治为辅。只有这样，才能建立良好的政治秩序与人心秩序，进而实现王道政治。

汉代以后的王朝基本上承袭了先秦两汉儒家在法律方面的基本认识，即将法治作为礼治的补充，主张德主刑辅的治国原则。如《唐律疏议》中载：

"夫三才肇位，万象斯分，秉气含灵，人为称首，莫不凭黎

---

① （清）苏舆：《春秋繁露义证》，北京：中华书局2019年版，第234页。
② 邱汉平：《历代刑法志》，北京：商务印书馆2017年版，第1页。

元而树司宰，因政教而施刑法。其有情恣庸愚，识沈怨戾，大则乱其区宇，小则睽其品式，不立制度，则未之前闻。故曰：以刑止刑，以杀止杀。刑罚不可弛於国，笞捶不得废于家。时遇浇淳，用有众寡。於是结绳启路，盈坎疏源，轻刑明威，大礼崇敬。易曰：'天垂象，圣人则之。'观雷电而制威刑，睹秋霜而有肃杀，惩其已犯而防其未然，平其徽纆而存乎博爱，盖圣王不获已而用之。"[1]

这段表述阐发了法律形成的原因以及施政者实施法治的重要性。《唐律疏议》成书于唐代前期，由长孙无忌等人汲取汉晋以来法律制定与修改的成果集体编纂而成。其内容以礼治为主，法治为辅，强调法律在实施方面要"一准于礼"。上面的这段论述基本上表现出唐代前期施政者对于法律的基本认识。他们认为，人的性情有善有恶，如果不制定制度进行规范，则无疑导致政治秩序的紊乱，所以必须设法立刑，以保证政治秩序的稳定，进而在此基础上推行教化，实行礼治。

宋朝建立以后，统治者也非常重视法在推行教化、实现礼治过程中的重要作用，经常通过编敕的方式来对法律解释进行更新、补充，以更好地适应社会治理的需要。宋初甫立之时，为革除五代官员贪腐之风，宋太祖赵匡胤、宋太宗赵光义即采用重典治吏的方针，推行法治。《宋史·刑法志》载："宋兴，承五季之乱，太祖太宗颇用重典，以绳奸慝；岁时躬自折狱虑囚，务底明慎，而以忠厚为本。海内悉平，文教浸盛。士初试官，皆习律令，其君一以宽仁为治。故立法之制严，而用法之情恕。"[2]这段文献主要指出：宋朝建立之初，由于受到五代乱世的影响，人心秩序与社会政治秩序都出现了紊乱的状况。宋太祖、宋太宗开始用重典治世，严惩各种违法犯罪行为。他们还亲自参与到司法审判活动中，务求审判的公平与公正。

---

① 岳纯之点校：《唐律疏议》，上海：上海古籍出版社2013年版，第1页。

② 邱汉平：《历代刑法志》，北京：商务印书馆2017年版，第363页。

在统治者的推动下，人心秩序和社会政治秩序逐渐稳定，文教也得到了很大的发展。在当时，士人开始担任官职时，都必须要学习律令，以便在施政过程中能够宽平折狱。由此可以看出，宋朝初期的统治者对法治的重视。

在推行法治的同时，宋初统治者也意识到立法的重要性。在窦仪等人的奏请下，宋太祖令其修订编敕，并与《刑统》一同颁布施行，以使官员在施政过程中严格按其规定执行。《宋史·刑法志》载："宋法制因唐律令格式，而随时损益则有编敕。一司一路一州一县，又别有敕。建隆初，诏判大理寺窦仪等上《编敕》四卷，凡一百有六条，诏与新定《刑统》三十卷，并颁天下；参酌轻重，为详世称平允。太平兴国中，增《敕》至十五卷，淳化中倍之，咸平中增至万八千五百五十有五条。"①这段文字指出宋朝立法方面的三个特点：一是立法在形式上借鉴了唐代立法的经验；二是与唐代有所不同的是，宋朝将各种敕令进行汇集编纂，与法律同时实施，在司法活动中与法律具有相同的效力。三是随着宋朝社会政治的发展，敕令越来越多，其内容也涉及社会政治生活的各个方面。之所以出现这些特点，原因主要有两方面：一是当时唐律相较平允，集唐之前历朝法典的大成，所以自然成为宋朝统治者立法的借鉴和参考；二是宋朝的社会政治经济状况与唐代相比已经有很大的不同，因此，为了能够与时俱进，宋朝统治者组织人员根据当时的情况颁布和实施了大量敕令，与法律同时实行，以弥补法律的不足之处。

可以说，宋朝初期，为了扭转五代以来社会政治风气，在推行德教，实施教化的同时，统治集团也非常重视法治在稳定人心秩序和社会政治秩序方面的重要性。司马光在《涑水纪闻》中曾经记载过一件事情，可以从侧面反映出当时统治者对法治的重视程度。这件事情的内容是："真宗时，京师民家子有与人斗者，其母追而呼之，不从，母颠踬而死。会疏决，法官处其罪当笞。上曰：'母呼不

① 邱汉平：《历代刑法志》，北京：商务印书馆2017年版，第364页。

从，违犯教令，当徒二年，何谓笞也？'群臣无不惊服。"①在宋真宗时期，开封有民家子与别人斗殴，他的母亲追赶并制止他，结果跌倒在地上后去世。在审判这件案件的时候，执法人员判处这位民家子笞刑。宋真宗却直言说，母亲呼喊，儿子却不停止自己的行为，这是违反教令，应当判处二年的徒刑，怎么会处以笞刑呢？当时群臣听到后都惊服宋真宗对法令的了解程度。南宋时期陈亮在对比汉、唐、宋三朝治道时曾言："汉，任人者也；唐，人法并行者也；本朝，任法者也。"②他认为汉代在治理上以人治为主，唐代则是人治与法治相结合，而宋代则是以法作为治理国家的主要工具。

（二）包拯对法治思想的吸收和借鉴

宋代重视法律的这种政治氛围无疑对包拯产生了重要的影响。从目前包拯的奏议中可以看出，他非常重视法律在国家治理中的重要性。包拯在与宋仁宗中的奏议中言："法令既行，纪律自正，则无不治之国，无不化之民，在陛下力行而已。"③包拯认为，施政者如果能够坚决贯彻和执行法令，实施法治，不为各种利益和关系所动，则自然会形成清正廉洁的政治风气，如此，则国家自然实现大治，民众也会通晓礼仪。当然，君主必须要意识到法治在国家治理中的重要性并且要落实和推动法治的实施，这是实现法治的前提条件。在包拯看来，法治的实施可以更好地推动施政者以德治国的政治方略，也可以更好地解决和维护民生问题。

包拯认为，法治是推进反腐倡廉的主要实施方式。如果说德教是从内在精神层面引导官员严格自律、秉公无私，使其不想贪；那么，法治则是从外在制度层面规制官员奉公守法、清正廉洁，使其不能贪。在包拯的廉政话语中，我们可以发现他非常重视法律在国家治理中的重要性。这与宋初统治集团重视法律的传统是一脉相

---

① （宋）司马光：《涑水纪闻》，北京：中华书局2017年版，第122页。

② （宋）陈亮：《陈亮集》，石家庄：河北教育出版社2003年版，第98页。

③ （宋）张田编：《包拯集》，北京：中华书局1963年版，第14页。

连的。

　　第一，包拯认为法令是国家治理的主要工具，对政治秩序的稳定起着至关重要的作用，他在奏疏中言："臣闻法令者，人主之大柄，而国家治乱安危之所系焉，不可不慎。"[①]在包拯看来，对于君主而言，法令是其治理国家的重要手段之一，当君主能够有效地实施法令，做到令行禁止，则对政治稳定起到积极的作用；而当君主不能有效地以法治国，朝令夕改时，则必然会引起政治运行的紊乱。因此，君主应该注重法令实施的积极作用，将其作为德治的必要补充，明刑而弼教，只有这样，才能实现国家的长治久安。包拯在任监察御史时，非常重视法律的执行力度，主张君主必须对贪腐官员按照法律严格进行处理，不能因为亲情与勋旧等原因，对部分官吏放纵姑息，他的这种思想在弹劾郡马郭承祐时表现得非常明显。郭承祐，是舒王赵元偁的女婿，亦是宋仁宗为太子时的亲旧，曾任左清道率府率、春坊左谒者，为人贪功嗜利，狂悖无法，曾盗窃御酒以及宫中的金器。后因为与宋仁宗以及亲王的关系，任职于地方，贪赃枉法，无所不为。[②]谏官欧阳修以及余靖等人都曾向宋仁宗指出其问题。但宋仁宗却因为个人喜好关系，并没有对郭承祐的种种不法行为深究。包拯认为，郭承祐的不法行为已经严重触犯法律的底线，如果不按照法律对郭承祐进行处理，则会导致法律公信力与执行度的逐步丧失，进而殃及国本。在与宋仁宗的奏疏中，包拯指出了郭承祐的各种枉法行为，力主惩戒，并言："若不痛绳以法，斯则漏彼吞舟，使包藏祸乱之人，何以戒惧而自戢哉！"[③]在包拯看来，郭承祐的枉法行为已经不单单是一个普通的腐败事件，若朝廷不对其进行严惩，则必然会使贪赃枉法之人觉得法律只是一种形式而进

---

　　① (宋)张田编：《包拯集》，北京：中华书局1963年版，第14页。

　　② 《宋史》载："承祐字天锡，娶舒王元偁女，授西头供奉官。仁宗为皇太子，承祐补左清道率府率，春坊左谒者，真宗为玉石小牌二，勒铭以戒饬之。帝即位，迁西染院副使兼阁道通事舍人、勾当翰林司，迁西上阁门使。坐盗御酒及用尚方金器除名，岳州编管，徙许州别驾。"参见(元)脱脱等：《宋史》，北京：中华书局2000年版，第7315页。

　　③ (宋)张田编：《包拯集》，北京：中华书局1963年版，第69页。

一步进行不法行为。宋仁宗在看到包拯的弹劾内容后，因念及亲旧关系，并没有对郭承祐进行惩戒。包拯随即连续对其进行弹劾，并明言：

> "臣等已三次论列郭承祐，乞朝廷据其迹状，重行降黜，至今未获俞旨，臣等实以为忧，然所忧者，非谓以言未从，及身计也。诚忧国家威令不行，则凶人无以戒惩，开奸宄之隙，发贼乱之萌，贻戚将来，固不细也。圣人思患预防，君子见几而作，皆慎于微小，则其祸易除。"[①]

在此段论述中，可以看出包拯以法治国思想的三方面特点：一是法律是国家治理的必要工具，缺少法治则必然会引起各种犯罪行为的发生，特别是在政治运作中，如果施政者只是考虑人情，对官员的枉法行为视而不见，则必然会导致更大祸患的发生。二是必须要对官员的不法行为进行严惩，不能因为其行为后果不严重而放纵贪腐官员的行为，如果放纵其行为，则会使政府制定的法令失去权威。三是法律只是起到事后惩戒的作用，为了防止官员贪腐行为的发生，施政者必须要采取必要的措施进行事前预防，广施教化、推行德治，将官员的任何不法行为消灭于萌芽状态，只有这样才能固本培元，使清正廉洁之人立于朝堂，将贪污纳贿之人绳之以法，在此基础上实现国家的良善治理。

第二，包拯认为，法治可以更好推进德治，有助于教化的实施。如果不能贯彻法治，将徇私枉法之人绳之以法，则不能奖善而退不肖，也不利于朝廷教化的实施。包拯的这种思想在其弹劾周景的奏疏中表现得非常明显。周景为当时宫中小吏，为了利益，他纠合胡可观偷盗宫中的罗帛等物。事情败露后，根据当时的法律，周景为首犯，应该判处绞刑，胡可观为从犯，应该判处刺配千里之外的牢城。结果周景为了躲避惩罚，畏罪潜逃，后于庆历三年（1043年）

---

① （宋）张田编：《包拯集》，北京：中华书局1963年版，第70页。

三月被朝廷抓获。当时宋仁宗减轻了对他的处罚，将其罪责减轻为杖责十七，刺配黄州。后周景又寻机逃走，被抓获后，宋仁宗将其罪责减为发配到北作坊担任工匠。包拯遂于《论内降周景劄子》中向宋仁宗表明："况可观为从，尚该徒配，岂可为首之人却全免罪。刑罚一滥，则狡吏得以为奸，无所畏惧。"①他认为，在这件事情中，周景为首犯，胡可观为从犯，结果作为首犯的周景被免除罪责，而作为从犯的胡可观却受到了刺配的刑罚，这于法于理都说不过去。倘若此例开后，则刑罚的判决和处理就有失公允，而腐败分子更会借助这种方式逃脱法律的制裁，法律的公平性和公正性就会受到挑战，法治的实施也难以贯彻，教化的实施更无从谈起。因此，包拯谏言宋仁宗将周景的事情交给司法部门处理，按照之前的判决，将其刺配流放。②如此，恶者有所惩，而善者有所劝。施政者如想教化流行，则必须严明法令，整肃纲纪。

在包拯看来，法治与德教两者存在着紧密的联系。一方面，德教是施政者治国理政的重要工具，也是施政者在施政方面追求的重要目标。德教的实施可以提升整个社会成员的德性，奠定社会成员内心中的道德基础，为法治的推行提供伦理层面的支持。另一方面，法治也是施政者维持长治久安的重要治理方式，以法治国，并在此基础上构建稳定有效的制度，可以为德教的实施提供法治方面的支持。可以说，德教与法治都是治世之法。因此，包拯认为，统治者要重视法律在治国中的重要性，不能随便凭一己之私而影响法律的执行。

（三）包拯以法治腐的理论和实践

包拯重视法律的积极效用，强调严明法令，以法促廉。在包拯

---

① （宋）张田编：《包拯集》，北京：中华书局1963年版，第53页。

② 包拯言："欲乞圣慈特降指挥，下三司仔细根勘，依元降徒罪，更不令充工匠，改配远地州军牢城收管，所贵顽猾之辈不能幸免。"参见（宋）张田编：《包拯集》，北京：中华书局1963年版，第53页。

看来，法律是经世之具，法治实施的好坏直接与治理的良善与否紧密相关。当施政者以法治国，不徇私情，严格按照法律规定的程序与内容来实施统治管理时，则国家会民安政清；当施政者肆意妄为，枉法徇私，无视法律规定的程序与内容而满足自己私欲时，则国家会民怨沸腾。同时，朝廷如果能够严格贯彻和落实法令的内容，严格执法，整肃纲纪，则会在官僚系统中形成敬畏法律的氛围，有效地防止腐败事件的发生，进一步推动国家的廉政建设。故此，包拯非常看重法律在治国理政中的重要性。在奏疏中，包拯曾针对宋朝在法治方面的弊端提出过针对性的建议，并在实践中针对一些具体的案件形成了以法惩贪的思想。他认为宋朝自建立以来，在法律的执行方面存在两方面的问题：

一是统治者经常法外开恩，减轻或者减免相关犯罪者的罪行。事实上，宋仁宗即位之后，常常因念及亲旧关系而干扰正常的法律执行，不少臣僚也利用宋仁宗的这种性格特点来阴行其私。如驸马都尉郭承祐盗取宫中金器，而宋仁宗没有按法律治罪，而是免除黥刺之刑，将其发配到岳州衙前编管。就法外施恩而言，终宋仁宗一朝，当官员因贪污受贿而犯死罪时，宋仁宗经常免去他们的死罪，而将其流放地方进行"编管"。可以说，统治者的这种做法使得法律的执行度与公信力逐步降低，不能有效地对贪污受贿者形成震慑与制裁的作用。庞籍曾针对这种情况上书言道：

> "又贪婪之吏，唯财是图，常使怀于惧心，则不敢侵剥于下。先帝深疾脏污，如法严戒，一经黜削，不复齿用。近年贪吏益众，盖由宽法所致。向来以赃废弃者，既获甄叙，又降敕不许按察之官召人告首，自此，贪心益固。自谓得时按部之官，轻难发举。前岁，太常博士王昌符知循州为政，贪滥远近所悉，朝廷令放离任，皆谓必获罪谴，到阙转屯田员外郎。又职方员外郎沈厚载知南剑州，在任贪浊不公，只为勘官非才，致其漏网然，其曲情枉法事迹灼然，洎移知归州，亦转正郎。此所以

为过者，不惟无惧罪之心，兼亦有望恩之意。"①

　　在此奏疏中，庞籍认为，仁宗即位以来，法宽刑疏，导致了大量贪腐现象的产生。有的官员在贪污后，不仅没有受到惩罚，反而转任他职。如当时的太常博士王昌符在循州为政时，贪污纳贿，人尽皆知，而朝廷却并没有深究，反而将其转任为屯田员外郎。职方员外郎沈厚载在剑州任职时，枉法徇私，也没有受到制裁。在庞籍看来，这些都是赏典太优、刑罚过宽的结果，如此下去，贪腐官员更加有恃无恐，肆意妄为。包拯对这种情况亦深知其弊，在奏疏中，他亦指出了腐败问题频频发生的原因："缘近岁以来，赏罚之典，或尚因循，且人知法令之不足信，则赏罚何以沮劝乎！"②在他看来，正是宋仁宗当政这些年来，不能严惩贪腐，政尚因循，结果使得一些不法分子更加有恃无恐。

　　二是官僚系统中的一些贪腐人员通过各种途径向朝中的执政大臣结交行贿，结果形成了以一些朝廷重臣为中心的腐败网络，严重干扰了法律的执行力度。包拯在《论委任大臣》的奏疏中间接地指出了当时朝廷中存在的这种现象，并建议宋仁宗选用贤明之人担任朝廷中的重要职位，他言："设或拱默取容，以徇一身之利者，亦当罢而去之，惟在陛下神机洞照，甄别而信任之尔。"③如当时的王逵，在地方任职时，不断搜刮民脂民膏，百姓不堪其扰。虽然当时的台谏官员在朝堂之上纠弹他横征暴敛，徇私枉法，但朝廷给他的处分就是换一个地方任职。造成这种现象的原因就是因为王逵利用手中的钱财厚结当时的宰相陈执中等人，所以每次有言官弹劾王逵时，他都能得到陈执中等人的庇护。可以说，这种庇护网络的形成对当时正式的司法运作形成了严重的干扰。为了利益关系，朝廷中的重臣经常以各种名义减轻或者隐瞒自己庇护网络中腐败官员的罪行。

　　① 丁守和等主编：《中国历代奏议大典》第三册，哈尔滨：哈尔滨出版社1994年版，第68页。

　　② (宋)张田编：《包拯集》，北京：中华书局1963年版，第14页。

　　③ (宋)张田编：《包拯集》，北京：中华书局1963年版，第9页。

而司法部门中有的官员也慑于这些重臣在朝中的政治地位而对腐败官员的劣迹姑息纵容，没有深究。

当法令成为摆设，不足以震慑贪腐官员的内心时，腐败现象就会经常发生。对此，包拯认为，朝廷必须贯彻和落实法治，严明法令。具体来说，他认为朝廷在法治方面必须要做到以下三个方面。

第一，包拯认为朝廷在法治方面要严格执行惩贪之法，当官吏出现贪腐行为时，必须要通过法令对其制裁，做到执法公正。施政者特别是君主不能因为亲、旧等关系法外开恩，干扰正常的法律审判与执行程序。包拯在奏疏中曾言：

> "太宗朝尝有臣僚数人犯罪，并配少府监隶役，及该赦宥，谓近臣曰：'此辈犯赃滥，只可放令逐便，不可复以官爵。'其责贪残，慎名器如此。皆先朝令典，固可遵行。欲乞今后应臣僚犯赃抵罪，不从轻贷，并依条施行，纵遇大赦，更不录用，或所犯若轻者，只得授副使上佐。如此则廉吏知所劝，贪夫知所惧矣。"①

在这段论述中，可以看出包拯对法律执行的态度，即法律一旦制定，就应该要严格执行，统治者不能以个人的好恶来决定犯罪行为惩罚的轻重。为了增强自己观点对宋仁宗的说服力，包拯举出了宋太宗治理贪腐行为的做法，强调宋太宗在统治期间，一旦遇到贪赃枉法的官吏，即严格按照法律处理，不再叙用。包拯指出，如果宋仁宗要想维持王朝的长治久安，就必须以宋太宗为榜样，按照法律严惩贪腐的官吏，以法律震慑和惩罚官员的贪腐行为，只有这样才能惩贪奖廉，促使官员克己奉公，廉洁自律。

第二，包拯认为朝廷在法治方面要做到赏罚必信，不能信口开河，出尔反尔。他言："今天下郡县至广，官吏至众，而赃污擿发，无日无之。洎具案来上，或横贷以全其生，或推恩以除其衅；虽有

---

① （宋）张田编：《包拯集》，北京：中华书局1963年版，第40页。

重律，仅同空文，贪猥之徒，殊无畏惮。"①包拯认为，宋朝自建立以来，随着官僚队伍的壮大，腐败现象日甚一日，"无日无之"，其原因在很大程度在于统治者在执法过程中对待腐败官吏往往不能追责到底，或以"横贷"或以"推恩"等政策减轻贪腐人员的罪责，结果导致惩治腐败的法律虽然具在，却等同于一纸空文，约束力极低，腐败官员对其没有任何畏惧之心。对此，包拯建议，施政者必须在惩治腐败问题上做到言出必行，赏罚必新。这样做一方面可以发挥法律在国家治理中的积极作用；另一方面也可以整肃吏治，培养官员对法律的敬畏感，进而建立廉洁的官僚队伍。包拯言："诚忧国家威令不行，则凶人无以戒慑，开奸宄之隙，发贼乱之萌，贻戚将来，固不细也。圣人思患预防，君子见机而作，皆慎于微小，则其祸易除。"②这段话语的主要含义是：如果国家不能严格贯彻法令，则奸佞贪腐的官员就不能受到应有的惩罚，这必然会导致徇私枉法之人利用各种关系来谋取自己的私利，徇私舞弊，无所不做。从古到今，贤明的施政者在政治方面都尽力做到防患于未然，将各种社会政治问题消灭于萌芽状态。因此，君主必须要严法令，重纲纪，树立法治的权威，使官员产生对法律的敬畏感，如此才能政通人和，实现社会政治的稳定。由此可以看出包拯对法治的重视程度。

第三，包拯认为，朝廷在施政过程中，必须要做到"法存画一，国有常格"③，以树立政府的权威性和诏令的公信度，这是落实和贯彻法治的重要基础。包拯在谏院任职之时，发现当时朝廷的诏令经常变动。一项诏令实行不久，即被朝廷制定的另一项内容有异的诏令所取代。包拯向宋仁宗指出，在治国理政中，必须要保持政令的统一性和连续性，不能因为个别事件而改变此前实施的诏令。当然，朝廷在起草和制定诏令的时候也要慎重，必须要考虑此诏令实施的可行性，要集思广益，充分论证。针对当时朝廷频繁更改诏令的情

① （宋）张田编：《包拯集》，北京：中华书局1963年版，第40页。
② （宋）张田编：《包拯集》，北京：中华书局1963年版，第70页。
③ （宋）张田编：《包拯集》，北京：中华书局1963年版，第22页。

况，包拯指出了这一做法的后果。他对宋仁宗言道："且诏令人主之大柄，而国家治乱安危之所系焉，可无慎乎！缘累年以来，此弊尤甚；制敕才下，未逾月而辄更；请奏方行，又随时而更改。民知命令之不足信，则赏罚何以沮劝乎？"[①]包拯认为，诏令是统治者治理国家的重要工具，其实施的良善稳定与否关乎着国家的治乱兴衰，统治者必须要重视诏令的制定和实施。但当时的朝廷在制定和实施诏令方面存在着重大的问题。一道制敕刚刚实行，结果不久便会被更改其内容。这严重影响了民众对政府权威性和诏令公信度的看法，也影响了法治的落实和贯彻。对此，包拯谏言宋仁宗必须要慎重对待诏令的实施，不能经常随意变动，要保持诏令实施的连续性和一贯性。这样才能使民众认可政府的权威，方便法治的实施。[②]

由以上所述可以看出，儒家传统的民本、德教和法治等价值理念对包拯廉政思想产生了形塑作用。包拯继承了这些价值理念，并在结合当时政治实践的基础上将其作为自己阐发廉政、勤政等政治主张的思想基础。这使得包拯的廉政话语具有了非常强烈的儒家色彩。

---

① （宋）张田编：《包拯集》，北京：中华书局1963年版，第21-22页。

② 包拯向宋仁宗言："臣欲乞今后朝廷凡处置事宜，申明制度，不可不慎重。或臣僚上言利害，并请先下两制集议，如可为经久之制，方许颁行，于后或小有异同，非蠹政害民者，不可数有更易。如此，则法存画一，国有常格。"参见（宋）张田编：《包拯集》，北京：中华书局1963年版，第22页。

第四章　包拯廉政思想中的制度思考

在政治系统中，贪腐现象产生的原因主要可以归纳为两方面：一是主观方面，行政人员因受到外在各种利益的诱惑而放弃了自己的道德底线，走上了违法犯罪的道路。二是在客观方面，作为约束和规制行政人员的制度本身存在漏洞或缺陷，这给了一些贪腐人员可乘之机。他们为了谋取自身的利益，利用制度中的漏洞和缺陷徇私枉法，行贿受贿。因此，打击和惩治腐败，一方面要加强行政人员的内在的道德建设，培育他们内心中自觉抵抗外在利益诱惑的能力；另一方面则要对制度中存在的漏洞或缺陷进行改革，增强制度对行政行为约束和规制的能力。从包拯关于反腐倡廉的一系列话语的内容来看，他不光重视加强对施政者的道德建设，也重视完善制度在廉政建设中所发挥的重要作用。就已有的文献来看，包拯在奏疏中对宋朝的取士、择官、考课、台谏、按察、封驳、审判、问责、罢黜等制度均展开了相应的探讨，并提出了相应的改革建议。如果对这些建议的内容进行细致的分析，可以发现，包拯从廉政的角度对制度的思考颇具系统性和逻辑性。其一，取士、择官、考课等制度属于廉政建设中的预防机制的范畴。在包拯看来，必须选用德才兼备而不是昏聩贪腐之人担任行政职务，这是预防腐败现象产生的前提条件，通过对取士、择官、考课制度的改革可以使朝廷选拔出贤能之士。其二，台谏、按察、封驳等制度属于廉政建设中的监督

132

机制的范畴，包拯认为，通过对台谏、按察、封驳制度的改革可以及时发现并查处官员们的贪腐枉法行为，规谏君主的个人私欲行为，进而使政治系统能够稳定良性运转。其三，审判、问责、罢黜等制度属于廉政建设中的惩处机制的范畴。在包拯的观念中，任何行政行为都必须要承担相应的责任，健全审判、问责、罢黜制度可以构建一套有效的官僚惩处机制，一方面使尸位素餐的昏聩之人退出官僚队伍；另一方面则通过对腐败人员的严厉惩处来树立法治的权威，增强行政人员对法律的敬畏感，使他们勤政、廉政。由此可以看出，包拯在思考廉政问题时，非常重视制度方面的改革和建设。

事实上，包拯之所以从制度方面思考当时的廉政建设，其中一个重要的原因就是当时宋朝的制度在约束和规制施政者的行政行为方面存在问题。

为解决因五代政治动乱所带来的社会动荡，重建社会政治秩序与道德秩序，宋初君臣在建国之初，即以汉唐作为参照，在制度方面进行了一系列系统的规划与设计，收到了一定的效果。《宋史》载："建隆以来，释藩镇兵权，绳赃吏重法，以塞浊乱之源；州郡司牧，下至令录、幕职，躬自引对；务农兴学，慎罚薄敛，与世休息，迄于丕平；治定功成，制礼作乐。"①特别是在惩治腐败方面，宋初统治者在细致的思考基础上做了精心的规划：一方面，为了防止官员出现因对某一权力的独享而产生徇私枉法行为，宋初统治者通过分权的方式，在正职之外，设置许多副职，使其互相制衡牵制，互相举报，以此防止官员腐败行为的发生。另一方面，宋初统治者比较重视法律的规范作用，相继通过立法对腐败的行为及其惩罚措施进行了细致的规定，希望通过刑罚的惩罚作用威慑官员的内心，使其对法律产生敬畏，进而廉洁自律。此外，宋初统治者表彰儒学，奖掖士风，大开科举，优容士大夫，希望以此砥砺士大夫阶层的操守，使从政的士大夫阶层能够尽心尽职，克己奉公。可以说，宋初统治者为了解决腐败问题，相继从体制、法律、思想三个方面进行

① （元）脱脱等：《宋史》，北京：中华书局2000年版，第34页。

了相应的规划，希望以此实现清正廉洁的官场风气。

但是任何制度在实施方面都必须要有一定的规制，即制度约束，如果缺少制度约束，则制度的运行必然会出现效用递减的现象，在一定意义上，制度约束是制度稳定有效运行的关键。正如美国经济学家道格拉斯·诺斯所言："制度运行的关键在于犯规确有成本，并且惩罚也有轻重之分。"①宋初设计的反腐倡廉制度运行到宋仁宗时期，对官吏腐败行为的约束力越来越低。在中央和地方上，腐败案件层出不穷。从制度运行的角度来看，其原因主要有两个方面：

一是统治者人为干扰了制度的约束作用，使得官吏的腐败行为缺少制度上的有效规制。如宋仁宗在面对官员的徇私枉法行径时，往往减免其死罪，只是将其流放，其中部分官吏在受到处罚之后不久即转任他职，这就导致腐败人员在面对由法律所建构的反腐制度时，没有任何畏惧之心，所以他们在任职期间更加有恃无恐、贪索无度。范仲淹曾言："臣闻《书》曰：'谨乃出令，令出惟行。'准律文，诸被制书有所施行而违者，徒二年，失错者，杖一百。又监临主司受财而枉法者，十五匹，绞。盖先王重其法令，使无敢动摇，将以行天下之政也。今观国家每降宣敕，条贯烦而无信，轻而弗禀。上失其威，下受其弊。盖有朝廷采百官起请，率而颁行，既昧经常，即时更改，此烦而无信之验矣。又海行条贯，虽是故违，皆从失坐，全乖律意，致坏大法。"②在这段论述中，范仲淹明确指出了宋代反腐制度的困境，认为制度约束力的降低是腐败问题发生的重要原因。在范仲淹看来，统治者在颁布法律后，每每因为各种问题而干扰法律的执行，结果导致"上失其威，下受其弊"，各种腐败问题接连丛生。对此，范仲淹建议宋仁宗："如是干刑名者，更于审刑，大理寺勾明，会法律官员参详起请之词，删去繁冗，裁为制敕，然后颁行

134

---

① ［美］道格拉斯·C.诺思，杭行译：《制度、制度变迁与经济绩效》，上海：格致出版社、上海人民出版社2014年版，第4—5页。

② 丁守和等主编：《中国历代奏议大典》第三册，哈尔滨：哈尔滨出版社1994年版，第75页。

天下，必期遵守。"①即在惩罚贪腐犯罪时，杜绝一切政治关系的干扰，严格按照法令的规定来处理。

二是在宋仁宗时期，在考课方面，文官三年一迁，武官五年一迁。只要在任职期间没有过错，即使庸碌之人也能稳步晋升。这种考核方法实际上造成了多数官吏在任职期间消极对待工作，不求有功而求无过，关心私益者多，关心公事者少。当时翰林学士张方平曾对宋仁宗时期的考课制度的这种弊端予以揭露，他言："祥符之后，朝廷益循宽大，自监当入知县，知县入通判，通判入知州，皆以两任为限；守官及三年，例得磨勘。先朝始行，未见有弊。及今年深，习以为常，皆谓分所宜得，无贤不肖，莫知所劝。愿陛下稍革此制，其应磨勘叙迁，必有劳绩；或特敕择官保任者，即与转迁；如无劳绩又不因保任者，更增展年。"②在张方平看来，官吏按年限考核升迁的体制弊端甚多，一方面，有才能的官吏即使能力出众，但限于年限资历，只能按部就班晋升，这种做法消磨了他们治国理政、平治天下的热情；另一方面，无才能的官吏即使能力低下，但恃于年限资历，也会一步一步晋升，这种做法也助长了他们结党营私、徇私自利的行为。所以张方平在奏疏中建议推行考课改革，即在官员转迁考核时，以官员的治绩或者有无保任作为标准。

事实上，在宋仁宗时期，在朝的大臣中有不少人对考课制度有所不满，认为这种按年限升迁转任的做法无法使朝廷获得优秀的人才。同一时期的范仲淹曾在奏疏中言："今文资三年一迁，武职五年一迁，谓之磨勘。不限内外，不问劳逸，贤不肖并进，此岂尧舜黜陟幽明之意耶？假如庶僚中有一贤于众者，理一郡县，领一务局，思兴利去害而稍有为也，众皆指为生事，必嫉之、沮之、非之、笑之，稍有差失，随而挤陷。故不肖者素餐尸禄，安然而莫有为也。虽愚暗鄙猥，人莫齿之。而三年一迁，坐至卿监、丞郎者，历历皆

① 丁守和等主编：《中国历代奏议大典》第三册，哈尔滨：哈尔滨出版社1994年版，第75页。
② （元）脱脱等：《宋史》，北京：中华书局2000年版，第2517页。

是，谁肯为陛下兴公家之利，救生民之病，去政事之弊。"①这段话语的主要意思是指：当前文官任官满三年进行考核，武官任官满五年进行考核，这就是所谓的磨勘。只要不出现大的差错，一般官员都会获得相应的晋升，这种做法实际上失去了考核的本意。假如官员中有一人能力突出，贤于他人，在中央或地方上任职，想要革除政治弊端而有所作为，其他的官员肯定指责他多事、生事，必然对其嫉妒和嘲笑。一旦此人在处理政务时稍有差错，这些官员便找到借口对其进行排挤和构陷。所以官僚系统中尸位素餐，无所事事的官员到处都是。他们能力平常，昏昏碌碌。而三年一迁的考核机制却使得大量这样平庸的官员升到高位，他们只要无过即可通过这种方式来不断地晋升。这种情况造成了大量的官员缺乏政治主动性和政治责任感。范仲淹在奏疏中所言可谓切中时弊，他指出了宋朝当时考核制度中问题的关键所在，即贤能之士才能的发挥被这种考核制度所限制，而庸碌之人反而借助这种考核制度逐步晋升。长久下来，居于官场者必然多为明哲保身、谋取私利者。君主指望这样的官僚队伍在为政中央或地方时兴利除弊几乎没有可能，这些官员在任职期间更多的是蒙蔽君主，结党营私。

可以说，宋朝在仁宗时期出现的腐败问题已经不单单是靠对官吏进行道德教化或法律惩戒所能解决的。这些腐败问题的产生在很大程度上是制度层面出现了问题，即制度对腐败现象的约束效用出现递减。因此，如果要解决腐败问题，必然要对制度进行变革或者修改。事实上，包括包拯在内的同时期有志之士基本上都意识到了这一点。庆历三年（1043年），范仲淹、欧阳修等人在获得宋仁宗的支持后开始推行新政，而新政内容中多数政策均涉及吏治问题，如减免恩荫、严格磨勘等。在这种历史背景下，包拯亦对宋朝腐败问题进行了细致的思考，认为宋朝的官僚制度存在问题，并言"若不锐意而改图，但务因循，必恐贻患将来，有不可救之过矣"②。在长

---

① 丁守和等主编：《中国历代奏议大典》第三册，哈尔滨：哈尔滨出版社1994年版，第71页。

② （宋）张田编：《包拯集》，北京：中华书局1963年版，第15页。

期政治实践基础上，他对宋朝的取士、择官、考课、台谏、按察、封驳、审判、问责、罢黜等制度进行了分析，并向宋仁宗提出了相应的改革措施。以下详述之。

一、预防机制

从现有的文献来看，包拯思想中的腐败概念主要有两方面的内涵：一是指政治主体的腐败，二是指行政过程的腐败。

政治主体的腐败主要指官员为一己之私而收受贿赂。在包拯看来，这种腐败主要包括贪污贿赂与渎职两大方面。贪污贿赂主要有几种类型：一是贪污，即官吏运用手中的权力突破法律的规制，以各种手段侵吞、占有财物，如包拯弹劾的王逵就是典型的贪污人员。王逵为进士出身，长期在地方上担任转运使一职，并攀附朝中的陈执中、宋庠等官员。为求仕途，王逵在地方上长期搜刮民脂民膏，欲求无度，且另立各种征税名目，对民众巧取豪夺。虽然经常受到弹劾，但他每次降职不久都能很快升迁。包拯曾七次上书弹劾王逵，指出其"行事任性，不顾条制，苛政暴敛，殊无畏惮"①。二是指贿赂，包括受贿与行贿。受贿主要指官员利用手中职务之便，以利益交换为目的收受贿物，为他人谋取相关利益。如当时的担任地方提点刑狱之职的潘师旦、令狐挺、张士安、席平等人，包拯曾向宋仁宗说道他们素无廉洁之誉，且才能不堪其用。②行贿主要是指各级官吏为获取利益而攀附上级官吏，给予他们各种利益的行为。如当时担任监榷货物的王焕，包拯曾弹劾他性格贪婪，善于结交攀附大臣，谋取自身利益，并指出他虽然数次因为贪赃而罢官，但不久都能获

---

① （宋）张田编：《包拯集》，北京：中华书局1963年版，第72页。

② 包拯言："其提点刑狱，亦未甚得人，若广西潘师旦、江东令狐挺、京西张士安、河东席平，皆素非干敏之才，又无廉洁之誉。"参见（宋）张田编：《包拯集》，北京：中华书局1963年版，第30页。

得职位。①

　　渎职则主要有以下几种类型：一是滥用职权，即官员利用手中权力，肆意妄为，刚愎自用，以至于国家与民众遭受重大利益损失。如担任三司使、吏部侍郎的张方平，在职期间，他滥用手中的权力，贱买了当地富民的一处官邸作为己用，结果遭到包拯的弹劾。二是徇私枉法，即官员不顾法律的约束，为了自己的利益而做出各种贪腐之事。如当时担任司勋郎中、淮南路转运使的张可久，包拯曾弹劾他在任职期间不顾朝廷禁令，私自贩卖食盐，劣迹斑斑，不应叙用。②三是玩忽职守，即官员长期占据职位，昏聩无能，导致国家与民众的利益遭受重大的损失。如包拯弹劾的宋庠就是典型的玩忽职守人员。宋庠曾两度拜相，第一次是在宝元年间，宋庠任参知政事。第二次是皇祐元年（1049年），朝廷任命其为兵部侍郎、同中书门下平章事。宋庠长于文辞，短于政事，任相期间，无所作为。包拯指出其"自再秉衡轴，首尾七年，殊无建明，略效补报，而但阴拱持禄，窃位素餐，安处洋洋，以为得策"③。

　　行政过程的腐败则主要是指在行政过程中，正常的权力运行被人为地干扰，进而出现的贪污行为。在这一方面，包拯认为，对宋朝正常的权力运行干扰最大的就是君主和朝中的重臣。他曾向宋仁宗言道："臣窃见天圣中凡有内降，莫测夤缘，尽由请托，盖倾邪之辈，因左右之容，假援中闱，久渎圣化。"④包拯指出，在天圣年间，宋仁宗经常通过内降的形式来影响朝廷正常的权力运行和决策。这主要是因为奸佞贪腐的官员为了自身的利益通过各种关系来影响君

---

　　① 包拯言王涣："曾犯赃罪，除名编管。自后改除班行，勾当作坊之时，又犯赃罪去官。其人赋性贪回，用心狡狯，善能交结，以恣其为。"参见（宋）张田编：《包拯集》，北京：中华书局1963年版，第80页。

　　② 包拯言："若张可久，先任淮南转运使日，以自贩私盐，剩收职田黜削，累经叙用，已任蔡州节度副使，见监陈州粮料，今来不可更复正官。"参见（宋）张田编：《包拯集》，北京：中华书局1963年版，第56页。

　　③（宋）张田编：《包拯集》，北京：中华书局1963年版，第63页。

　　④（宋）张田编：《包拯集》，北京：中华书局1963年版，第46页。

主，使其越过正常的决策系统而直接发布命令，从而借此获得利益。在包拯看来，这种行为危害巨大。一方面，君主绕过正常的决策系统通过内降的形式干扰权力运行，这会使正常的决策系统受到影响，降低决策部门的决策行为的正当性和合理性。另一方面，这种行为也开启了腐败分子通过各种关系来请托获利的方便之门，他们或借助于君主身边的亲信关系，或借助于后宫的裙带关系，通过行贿的方式促使君主周边的人来影响君主的思考和决策，进而达到自己的目的。

包拯认为，针对朝中的这些腐败现象，在打击严惩的同时，必须要从源头入手，在取士、择官和考课制度方面进行相应变革，进贤而退不肖，使真正德才兼备的廉洁之士进入官僚队伍中来，这也是预防腐败现象产生的重要途径。

（一）取士制度

包拯认为，腐败行为的主体是官员，因此必须从源头抓起。当选拔的士人心术不正，则会在任官期间假公济私，谋取利益；当选拔的士人清正廉洁，则会在任官期间克己奉公，尽心为政。故此，包拯认为政府应挑选出清正廉洁的士人来担任官员，在奏疏中，他言："故治乱之原，在求贤取士得其人而已。"[①]统治者如果想要王朝实现长治久安，就必须选拔并任用贤能之士。事实上，宋朝在建立之初，即恢复了科举考试以收揽人才。《宋史》载："宋初承唐制，贡举虽广，而莫重于进士、制科，其次则三学选补。"[②]虽然在科目的设置上宋朝基本上模仿唐朝，设置进士、九经、五经、开元礼、三史、三礼、三传、学究、明经、明法等科。但从实施的效果来看，取士最多的集中在进士科，一般朝廷重臣皆是从此科入仕。进士科考试每三年一次，分为三个等级，即州试、省试与殿试。州试在当年考试的秋天举行，一般考试时间为三天。其中的考取者在第二年

---

① （宋）张田编：《包拯集》，北京：中华书局1963年版，第25页。

② （元）脱脱等：《宋史》，北京：中华书局2000年版，第2409页。

春天参加礼部主持的省试，主持人由朝廷委派的重臣担任。省试结束后，由皇帝亲自主持殿试，并排出考生名次，分别授予一甲、二甲进士及第，三甲进士出身，四甲、五甲同进士出身。为防止考生作弊，宋朝实行糊名制，任何考官接触不到卷子的考生姓名。这种考试方式相较于唐代科举而言，有两方面的优点：一是采用程序化的考试模式有助于人才选拔制度的运行；二是在一定程度上有效地解决了官员因各种人情、利益关系的影响而曲判卷子等级的问题。这种取士方式更多的是以考生的"才"作为选拔的标准，注重其录取的客观性。但相较于汉唐时期取士的状况来看，宋朝取士方式也存在一定的问题，即在考试过程中无法考察士人的德行。有才而无德之人将这种取士方式视为晋升之阶，在获取官位之后以权谋私，无所不为。包拯对这种情况亦有深刻的了解，在奏疏中，他言：

> "今之取士异于是：乡曲不议其行，礼部不专其任，但糊名誊本，烦以绳检，复于轩陛，躬临程试，三题竞作，百篇来上，不逾三数日，升降天下士。其考校去留，可谓之精且详乎？臣亦恐非进贤退不肖之长策也。"[1]

包拯认为，宋朝的这种取士方式存在着很大的弊端：一则地方在推荐州试的合格者参加省试之前，并没有听取他们所在的乡里对他们品行的评价，也没有仔细地考察其德行是否良善中正，而只是简单地根据他们考试的成绩向礼部推荐。二则在省试、殿试时，考官和皇帝也只在很短的时间内根据考生卷子内容的优劣来评定录取，无法真正考察这些士人的综合素质。在包拯看来，这种取士方式无法真正将贤能之士与不肖之士区分开来。即使一个士人品行再差，只要其通过了科举考试，就会被朝廷授予官职。他们在官僚队伍中为了自身利益又会产生攀援结交，行贿受贿的行为，而真正的贤者反而受到排挤和打击。实际上，贤者正是君主在治国理政过程中不

140

---

[1] （宋）张田编：《包拯集》，北京：中华书局1963年版，第25页。

可或缺的协助者与执行者，君主必须要依靠这些具有德性的贤能官员来协助自己治理国家。一方面，这些贤能之士立身持正，在任职期间廉洁奉公，可以对周围的官员和民众形成道德示范作用，营造一种风清气正的官场氛围，有效地抑制腐败现象的发生；另一方面，他们具有政治主动性和政治责任感，以治理天下为己任，无论是在朝廷上还是在地方上任职，他们都能以民生为念，实施善政。包拯认为，如果君主在任人方面不能分别贤能之士与不肖之徒，则必然会使庸碌贪腐之人高居庙堂之上，贤能为公之士退居草野之间。他对此言道："且知人与不知人而任之，乃得失所系，而安危从之，宜乎取士之际不可不慎焉。"①这段表述的意思是指：在取士任人的过程中，统治者能否全面考察士人的德才状况而选贤与能，关乎着国家的安危。因此，在取士过程中，统治者对此应该慎之又慎。事实上，从历史角度来看，历代王朝政治衰败的一个很大的原因就是包拯所言的贤能之人被庸碌贪腐之人排挤出政治系统，结果在王朝发生危机之时，朝廷缺少贤才可用。在同一时期，也有相当一部分官员对宋朝取士制度的弊端进行思考，并向君主指出取士制度中的弊端。如在皇祐二年（1050年），程颐即在上仁宗皇帝书中言道：

> "国家取士，虽以数科，然而贤良方正，岁止一二人而已，又所得不过博文强记之士尔；明经之属，唯专念诵，不晓义理，尤无用者也。最贵盛者，唯进士科，以词赋声律为工。词赋之中，非有治天下之道也，人学之以取科第，积日累久，至于卿相。帝王之道，教化之本，岂尝知之？"②

在此，程颐也指出了宋代取士制度中所存在的问题：取士的科目虽然有数科，但是所录取的贤良方正每年不过一两人，虽然长于文章记诵，但却缺乏实干才能。明经科所录取的士人只知背诵经义

---

① （宋）张田编：《包拯集》，北京：中华书局1963年版，第25页。

② （宋）程颢、程颐：《二程集》上，北京：中华书局2004年版，第513页。

参加考试，却不晓得古代圣贤话语中的义理。进士科虽然录取的人数较多，但却以辞赋水平的高低作为录取与否的标准。所录取的士人缺乏治国理政之术。所以在程颐看来，宋朝的取士制度急需要改革。在当时，部分有志于天下长治久安的官员对宋朝取士制度能否真正录取德才兼备之人普遍存有质疑。在这一方面，他们与包拯的看法基本上相同。

包拯认为，取士制度必须要发挥两方面的功效，即一方面需要考察士人才能的高低，因为才能是其以后从事政务工作的基础；另一方面则必须考察出士人德性的有无，因为德性是其以后进行治国理政的根本。才能与德性都是施政者应该具备的政治品质，对于一个合格的官员来讲，必须同时具有才能与德性，缺少德性或者缺少才能都会使施政者无法展开工作，陷入政治困境。为了解决宋朝取士制度中存在的弊端，包拯在奏疏中提出相应的制度改革措施，他言：

142

> "夫三代取士之法，阔略难议。两汉而下，莫若唐天宝之制，自京师逮郡县，皆有学焉。每岁仲冬，馆学课试，乃与计偕；其不在馆学而举者，谓之乡贡。并责成有司，唯以得之与否以为荣辱，得士者升，失士者黜，孰不公其心以进退乎？其得第者，但谓之选人；有格限未至，而能试文三道者，谓之宏词；试判三道者，谓之拔萃，中是选者，得不限年而授职。复有贤良之科者，所以区别才行，慎重名器，如是之审也。故当时文物尤盛，比隆三代。"①

在这段论述中，包拯系统地阐述了他的取士改革主张。他认为，从制度沿革的角度来看，取士制度相对比较完善的是唐代天宝年间实行的制度。这套制度有三方面的特点：一是政府在中央与地方都设有学校，并在固定的时间内对士子进行考核，培养士子的学问与

① （宋）张田编：《包拯集》，北京：中华书局1963年版，第25页。

操守。二是将人才的培养作为科举制度中相关人员晋升的主要标准，当录取得人时，相关人员会获得晋升；当录取非人时，相关人员则会被罢黜。这种方式激励了地方官员发现并推荐人才的主动性和积极性。三是按照参加科举者的贤能"不限年而授职"，使得贤能之士可以相对不受资历和年限的限制而施展自己的政治抱负，这为没有资历的贤能之士得以充分发挥自己的才能提供了有效的助力。

事实上，就科举制度而言，唐代也是在摸索中不断对科举制度进行完善。唐朝吸收并借鉴了隋朝创立的科举制度作为选拔人才的标准。在科举考试的科目方面，唐朝设立进士、明经、明算等科目，其中进士科是科举考试中最受重视的科目，考试的难度大，录取的比例低，中试者也会被政府委以重任。故终唐一代，进士科是诸科当中最重要的一科。在科考人员的培养方面，唐代为广施教化，在中央设有国子学、太学、四门学，主要是按官员的等级招收其子弟，其中四门学也招收部分庶人子弟。在地方上唐代也设有各种学校，以便士人就近入学学习，各类学校都有相应的考核。在考试的程序方面，唐代参加科举的人员主要有两类，一是在中央和地方各类学校学习的"生徒"，二是没有在官办学校里学习过的士人。前者通过学校的考试后即可报名参加省试，后者则需要先通过州县的考试合格后才可以报名参加省试。省试一般由礼部主持，并根据考卷质量判出名次。《新唐书》曾对唐代科举取士制度的特点进行总结：

> "唐制，取士之科，多因隋旧，然其大要有三。由学馆者曰生徒，由州县者曰乡贡，皆升于有司而进退之。其科之目，有秀才，有明经，有俊士，有进士，有明法，有明字，有明算，有一史，有三史，有开元礼，有道举，有童子。而明经之别，有五经，有三经，有二经，有学究一经，有三礼，有三传，有史科。此岁举之常选也。其天子自诏者曰制举，所以待非常之才焉。"[1]

---

[1] (宋)欧阳修：《新唐书》，北京：中华书局2000年版，第761页。

包拯之所以对唐代天宝年间的取士制度产生认同，主要是因为在天宝年间，唐玄宗在前人的基础上对科举制度进行了一定的变通。《新唐书》载："天宝九载，置广文馆于国学，以领生徒为进士者。举人旧重两监，后世禄者以京兆、同、华为荣，而不入学。"①此前在开元年间，唐玄宗也对科举制度进行了相应的变革，如开元五年（717年），"始令乡贡明经、进士见讫，国子监谒先师，学官开讲问义，有司为具食，清资五品以上官及朝集使皆往阅礼焉"②。在开元七年（719年），"又敕州县学生年二十五以下，八品子若庶人二十一以下通一经及未通经而聪悟有文辞、史学者，入四门学为俊士。即诸州贡举省试不第，愿入学者亦听"③。可以说，从唐玄宗对取士制度的一系列变革措施来看，他主要的目的在于求贤任能，实现王朝的长久治安。事实上，包拯之所以上书宋仁宗力言取士制度变革的重要性，其目的也是为宋朝广求贤能，以使政治清明，社会稳定。所以从这一点来看，包拯之所以认可唐代天宝年间的取士制度，就是在于这种制度有助于将德才兼备的士人选拔到政治系统中来。基于此，包拯曾对宋仁宗谏言，希望朝廷能借鉴唐制，不拘泥于资历和年限，多途径选取德才兼备之人，他言：

> "盍使礼部考试，定其可否高下，混于奏籍，赐第上前，抑亦无失于国体矣。然后复宏词、拔萃之科，明立条目，宽限人数，岁一设之，其与选者，比类奏举之人，以次甄擢而任之，有以得其实才矣。"④

在此，包拯认为：一方面，君主要慎重对待取士过程，不要受各种关系的请托影响，要注重所选士人的德才状况，选拔出真正为

144

---

① （宋）欧阳修：《新唐书》，北京：中华书局2000年版，第764页。
② （宋）欧阳修：《新唐书》，北京：中华书局2000年版，第764页。
③ （宋）欧阳修：《新唐书》，北京：中华书局2000年版，第764页。
④ （宋）张田编：《包拯集》，北京：中华书局1963年版，第26页。

国为民的士人，授予其官职，发挥其治国理政的才能；另一方面，朝廷不应该拘泥于传统的取士方式，可以恢复宏词、拔萃之科，多方面录取人才。

包拯认为，通过改革取士制度选拔出贤能之士，可以有效地推动廉政建设，防止贪腐现象的发生，利国、利民、利君。他对宋仁宗言道："方今天下多事，边鄙未宁，政失于宽而弊于姑息，士弛于务而幸于因循，固宜推择真贤，讲求治道：外则黜郡守县令，不才贪懦苛虐之辈，以利于民；内则辨公卿大夫，无状诣佞朋比之徒，以肃于朝。杜绝回邪，振张纪律，可使教惇于上，民悦于下。"①这段话语表达了包拯三方面的意思：首先，他向宋仁宗指出了当时朝廷面临的问题，即国家需要治理的事情层出不穷，边境地区的安全也需要进一步加强。朝廷施政的方式过于宽松，没有对一些弊政进行及时改革。士大夫阶层也奉行因循之政，无所作为。这些问题导致了宋朝社会政治秩序出现了紊乱的状况。其次，包拯向宋仁宗谏言在此时应该改革取士制度，选拔出贤能之人。在地方上罢免徇私枉法，以苛政虐民的地方官员；在中央层面则罢免阿谀奉承、朋比为奸的朝廷官员。将选拔出的贤能之人安排到这些重要的岗位上，这是解决宋朝面临的社会政治问题的重要方法。最后，包拯向宋仁宗强调，只有举贤而退不肖，以贤能之士取代昏聩之徒，才能使政治步入正轨，朝纲得到整肃。如此，则腐败现象也会逐渐减少，民生也会得到相应的改善，朝廷的威信也会逐步加强。故此，他建议宋仁宗以历史为鉴，根据当时的情况对取士制度进行相应的变革。②

由此可以看出，包拯非常重视通过改革取士制度来预防和抑制腐败现象产生的重要性。

---

① （宋）张田编：《包拯集》，北京：中华书局1963年版，第26页。

② 包拯在《论取士》的奏疏中言："伏望陛下稽前代之成败，验当今之得失，政有未顺，理由未安，则思而图之，图而行之，行而终之，则生灵受其福，而宗社享无疆之休矣。惟陛下鉴其区区，恕其狂直，一赐观采。"参见（宋）张田编：《包拯集》，北京：中华书局1963年版，第26页。

（二）择官制度

政治系统的运转必须要靠官僚体系去推动，因此官员自身的品行和能力对政治系统能否良性运转起着至关重要的作用。当选用的官员德行能力较强，就会对政治系统的运转起到良性的推动作用。反之，则会对政治系统的运转起到严重的阻碍作用。这在传统中国王朝政治中表现得非常明显，故传统王朝在建立之初都对择官制度非常重视，广招士人，选任贤能。宋朝在建立之初，为避免出现如同五代十国时期一样极度紊乱的社会政治秩序，君主倡导文教，主张与士大夫共治天下。因此，在宋朝，士人的地位相较于五代时期而言有了明显的提高。在王朝建立不久，宋初统治者即开科取士，建立了一套择官制度，以求国家的长治久安。[①]这套择官制度在入仕的途径方面有五种方式，一是贡举，即参加科举考试获得官职。二是奏荫，即朝廷因高官的奏请而授官于其子孙。三是摄署，即在职官员兼任代理高于自己的职位。四是流外，即低级官员通过考试铨选而获得晋升。五是从军，即通过军功而获得相应的官职。《宋史·选举志》载：

> "太祖设官分职，多袭五代之制，稍损益之。凡入仕，有贡举、奏荫、摄署、流外、从军五等。吏部铨选惟注拟州县官、幕职，两京诸司六品以下官皆无选；文臣少卿、监以上中书主之，京朝官则审官院主之；武臣刺史、副率以上内职，枢密院主之，使臣则三班院主之。其后，典选之职分为四：文选曰审官东院，曰流内铨，武选曰审官西院，曰三班院。"[②]

在铨选管理方面，北宋初期，州县官员的注拟由吏部主持，在

---

① 如宋太宗言："朕欲博求俊彦于科场中，非敢望拔十得五，止得一二，亦可为致治之具矣。"参见(元)脱脱等：《宋史》，北京：中华书局2000年版，第2411页。

② (元)脱脱等：《宋史》，北京：中华书局2000年版，第2471页。

京官员由审官院主持，武职官员则多由枢密院主持。后几经沿革，在元丰改制之前，宋朝铨选机构形成了固定的机制，即文官的选任由审官东院和流内铨负责，武官的选任由审官西院和三班院负责。宋朝官员的职阶共分为七级，《宋史·选举志》载：

> "凡选人阶官为七等：其一曰三京府判官，留守判官，节度、观察判官，即后来承直郎。其二月节度掌书记，观察支使，防御、团练判官，即后来儒林郎。其三曰军事判官，京府、留守、节度、观察推官，即后来文林郎。其四曰防御、团练、军事推官，军、监判官，即后来从事郎。其五曰县令、录事参军，即后来从政郎。其六曰试衔县令、知录事，即后来修职郎。其七曰三京军巡判官，司理、户曹、司户、法曹、司法参军，主簿，县尉。即后来迪功郎。"①

一般来说，由于宋代政治氛围相对宽松，官员在职期间只要没有重大的过错，都会按照年限与资历稳步晋升。当然，这种官员铨选制度也导致了许多庸碌昏聩之徒允斥于各个机构。事实上，在当时，甚至连铨选部门自身也出现了腐败的现象。一部分通过铨选的官员为了好的职位，往往行贿于铨选机构的负责人。在宋仁宗时期，为了防止这种现象的发生，朝廷将所有的官缺公开，以防止铨选部门利用信息的不对称性而徇私舞弊。由此可见，在择官制度方面，宋朝存在着一个严重的问题，即官员的晋升与选任往往依据年限与资历，而贤能之士往往不能在其中脱颖而出。欧阳修在《论按察官吏札子》中曾言：

> "臣伏见天下官吏员数极多，朝廷无由遍知其贤愚、善恶。审官、三班、吏部等处又只具差除月日，人之能否都不可知。诸路转运使等，除有赃吏自败者临时举行外，亦别无按察官吏之术。致使年老病患者或懦弱不材者或贪残害物者，此等人布

---

① （元）脱脱等：《宋史》，北京：中华书局2000年版，第2471-2472页。

在州县，亦无黜陟。因循积弊，冗滥者多，使天下州县不治者十有八九。"[1]

在此札子中，欧阳修指出了宋朝择官制度的问题所在：一是宋朝官员的升迁流转往往依据年限，故管理官员升迁选调的机构如审官院、三班院、吏部在选任官员的时候往往认可其年限资历，这种做法使得真正的贤能之士不能脱颖而出。二是负责对地方官员进行考察的转运使，往往无所作为，除了处理自行暴露其贪腐行为的贪官污吏之外，基本上缺乏识人察人之才，这就造成了大量的无德无才官员充斥于地方政府中。

对于宋朝择官制度中的问题，包拯因长期任职于中央，故对其亦有深刻的认识。在奏疏中，包拯对宋仁宗言道："臣窃见审官院差京朝官并循旧例，以到院先后为限，未尝较辨贤否，论次殿最，清浊一混，流品不分，但以名次补阙而已，甚非委重近臣审择之意。"[2]他认为，审官院在官员的铨选方面存在两方面的问题：一是以"到院先后为限"，没有对选任官员的能力、品行等进行细致的考察，造成了所选任的官员德行、能力参差不齐，良莠难分；二是直接以"名次补阙"，没有根据所铨选的官员性格长处进行分配，导致了许多政府机构所用非人情况的发生。

包拯认为，从设立的初衷来看，审官院在铨选中主要是起到甄别贤能的功用，但是从实施的效果来看不尽如人意。一方面，审官院只是按照年限资历对官员进行除拟，这种方法不能起到进贤而退不肖的作用；一方面，审官院在铨选官员时，也没有真正将有德有才的官员选任到合适的职位。可以说，在包拯看来，审官院已经形同虚设，变成了一个以计算"月日次第"为主的铨选机构，无法发挥其应有的职能。这导致在中央层面缺少通晓国事大体的官吏，在地方层面缺少德才兼备的郡守、县令。一大批昏聩贪腐人员充斥于

148

---

[1] 丁守和：《中国历代治国策选粹》，北京：高等教育出版社1994年版，第353页。

[2]（宋）张田编：《包拯集》，北京：中华书局1963年版，第31页。

地方行政机构之中，鱼肉乡里，枉法受财，造成了各种地方治理问题。包拯对此言：

> "当除拟之时，但以月日次第，差而授之，则向来黜陟之状，委而不顾，乃同虚设，岂不惜哉！且黎元之命，系于长吏，今郡守、县令鲜或得人，盗贼间起，生民重困，天下受敝，职此之由，可不慎哉！"[①]

这段话语表达了包拯两方面的意思：其一，审官院设立的本意主要在于对京朝官员进行考核甄别，选出贤者，而当时这一机构实际运行的情况却是根据官员的资历年限而授予其相应的官职。资历年限长，则能晋升到高位；资历年限短，则即使才能突出，也不能被委以重职。这种做法使得审官院失去了甄别官员、量才授官的功能。其二，由于审官院在择人、选人方面存在问题，必然会对国家治理产生负面的影响：一方面，委派到地方上的官员才能昏聩，徒有资历，无法胜任地方上的行政事务；另一方面，这些官员由于自身才能的不足，在施政方面必然多有纰漏，或徇私枉法，或鱼肉百姓，严重影响了地方上的社会稳定。对此，包拯认为，宋朝必须对择官制度进行变革，否则便会出现因人才选任不合适而导致各种社会政治问题的发生。因此，在与宋仁宗的奏疏中，包拯每每谈论择官问题的重要性，强调君主如果想要实现国家的长治久安，必须要求任贤才，与贤能之士共治天下。[②]围绕朝廷在择官过程中存在的弊端，包拯提出了以下建议。

第一，在择官的原则方面，包拯认为，必须要规范铨选的程序。铨选部门应以官员的才能而不是其任官的资历和年限进行选拔，不

[①]（宋）张田编：《包拯集》，北京：中华书局1963年版，第31页。

[②]包拯言："臣闻王者之总治天下也，内则宰臣、百执事，外则按察之官、刺史、县令而已。若中外各得其人，协心以济，则陛下垂拱仰成，无为无事矣。"参见（宋）张田编：《包拯集》，北京：中华书局1963年版，第30页。

能受到外在各种关系的干扰。从宋朝择官的状况来看，君主和宰相往往出于己意而干扰正常的铨选过程。特别是君主，往往因各种关系直接亲擢官员，如皇祐二年（1050年），宋仁宗因宠爱张贵妃而授予其伯父宣徽南院使、淮康军节度使、景灵宫使、群牧制置使等官职。包拯认为，无论是君主还是执政大臣都在择官问题上必须克己奉公，不能因为自己的私欲与喜好而选任亲信故旧。因为君主不能一人治理天下，必须依靠臣僚的辅助。如果君主或执政大臣根据自己的好恶而选任官员，则无法选任出才德兼备的贤能之士。一些才能较差、品行不端之人往往会通过各种关系影响君主和执政大臣的判断，进而借此获得官位，这必然会对政治系统的良性运行产生负面的影响，导致朝廷无贤才可用。在与宋仁宗的奏疏中，包拯阐明了君主通过"内降"方式来干扰人事制度的危害。他言："臣窃见天圣中凡有内降，莫测贪缘，尽由请托，盖倾邪之辈，因左右之容，人不以幸蒙。乃比年以来此路寝启，妨公害政，无甚于此。"[1]天圣是宋仁宗未亲政时所用的年号，当时太后刘氏当政，许多朝臣利用各种关系向刘太后进行请托。宋仁宗亲政后，对这种情况进行了整顿。但不久这股请托的风气又开始形成，一些官员为了获取官位，或为了减免自己或子女亲属的罪责，经常利用各种关系对宋仁宗施加影响，使宋仁宗直接以"内降"的方式干扰正常的行政运行过程。对此，包拯指出，君主在施政过程中应该以身作则，不应该干扰朝廷中正常的决策过程。一方面，应该严禁宫内和宫外之人私自交结，以防止一些官员利用这层关系来谋求官位或获取利益；另一方面，当请托之事发生之后，君主应该将其交由中书省、枢密院以及三司等有关部门进行公正处理，君主不应在没有了解事情来龙去脉和利弊关系的前提下直接发布相关政令。[2]在包拯看来，朝廷必须保证铨

---

① （宋）张田编：《包拯集》，北京：中华书局1963年版，第46页。

② 包拯言："臣欲乞今后应中外之人阴有交结，或冒陈劳效，以图荣辱，或必缘罪犯，苟希横贷，伏望圣慈特降指挥止绝。如更妄有陈乞，并令中书、枢密院、三司、开封府等处详先降指挥，依公执奏，毋得阿徇。"参见（宋）张田编：《包拯集》，北京：中华书局1963年版，第46页。

选择官程序的正常运行，使其不受各种利益关系的干扰和影响，这是考核选任贤能官员的前提条件。

第二，在择官的方式方面，包拯认为在健全铨选程序的基础上，必须要加强对官员的监督考核，以使贤者进而庸者退。具体说来，在中央官员的铨选方面，包拯认为，审官院在官员初任之时，即应对其进行严格考核，并按照考核成绩分为三等，以此作为铨选的依据。对此，他向宋仁宗谏言："臣欲乞今后审官院应京朝官初任，即令勘会：在任有举主五人，无私罪者，升为上；有举主三人以下，或无举主及私罪者，以为次；其有私罪及体量者，降为下，凡差授以为定制。如此，则进者知劝，退者知惧。"[1]为了改变审官院以官员任职的年限和资历作为其晋升依据，包拯指出，可以对审官院的运作程序略作修改。当京朝官员初任之时，即对其进行严格的考核。如果该官员有五位推荐他的举主，且没有违法乱纪之事的话，则升为上等；如果该官员有三位以下或无推荐他的举主，且没有违法乱纪之事的话，则定为次等；如果该官员有徇私枉法的劣迹，则降为下等。审官院应以此依据作为铨选官员、授予官职的重要判准。

此外，在地方官员的铨选方面，包拯尤其重视县令在地方治理中的重要性，他认为汉唐之所以出现治世，其中很大一个原因就是地方上的县令选任得人。事实上，宋朝建立以来，在县令的任用方面一直存在着问题，即县令直接负责地方基层的治理，位卑而责重，这使得一般官员不愿意被铨选到这一职位。这就造成了地方基层官员特别是优秀官员的缺乏。包拯对此情形曾言："凡有清流素望，或稍挟权势之人，即苟谋他官，耻为县道；但庸人下品，甘于其职。虽郡隶吏卒，皆能诃制，苟免罪戾之不暇，欲振起风教，为民父母，其可得乎！"[2]这段表述的意思是指，朝廷中凡是深孚众望、清正自持的官员以及有权有势的官员在官职铨选之时，都不愿意被任命到地方上担任县令这样的基层职位。只有一些才能和品行平庸之人愿

151

①（宋）张田编：《包拯集》，北京：中华书局1963年版，第31页。

②（宋）张田编：《包拯集》，北京：中华书局1963年版，第48—49页。

意担任县令之职，结果造成国家在基层治理方面存在短板，民众也得不到有效的教化。在包拯看来，朝廷在县级官员特别是县令的选拔任用方面存在着一定的问题。

从治理的角度来看，县令是亲民之官，国家的各项政策措施都必须通过县令来落实。如果县令的德行与才能存在问题，则必然会导致基层治理中的各项措施无法推行。可以说，县令的选拔问题直接关乎国家基层的稳定。从宋代的选官制度来看，县令一级处于官阶等级的下端，远离政治中心，通过科举考试的士人大都希望在京城任职不愿去往地方基层。《宋史·选举志》载："初，州郡多阙官，县令选尤猥下，多为清流所鄙薄，每不得调。"①州郡等地方上虽然空缺了许多职位，但是许多士人都不愿意去地方上任职。对此，包拯认为，朝廷必须重视县令的选拔与任用，不能因循苟且。一方面，县令属于亲民之官，也是人们常说的"父母官"，负责落实朝廷制定和实施的各项政策和措施，教化民众使其通晓礼仪道德。如果县令所任非人，则会直接影响到地方上的治理效果。另一方面，许多士人和官员子弟没有在基层任职的经历，而直接被朝廷擢升到朝内或朝外的重要岗位上，这会导致他们因不熟悉基层治理之道而无法胜任其工作。包拯言道："且今朝廷仕进清选，大臣子弟偶缘文墨，或希辟令，即自下僚擢升馆职，不然，才出外任，列为金判，不龋不为县，便作通判、知州。泊为长吏，昧于民情，懵然其间，不知治道之出。况四方多务，令长尤在得人。"②包拯在此指出了当时朝廷在择官方面存在的一个突出问题，即许多官宦子弟由于具有各种关系优势，直接被朝廷选拔到馆阁任职，或被任命到州郡上担任主官。由于没有经过基层政务的历练，他们在任职后，对于治理之道非常生疏，难以处理本部门的各项政务。

针对上述情况，包拯提出两点建议：其一，朝廷必须要重视县令等基层官员在国家治理中的重要性，选派贤能之士到地方上任职，

---

① （元）脱脱等：《宋史》，北京：中华书局2000年版，第2478页。

② （宋）张田编：《包拯集》，北京：中华书局1963年版，第49页。

充分发挥他们化民成俗的才能。其二，朝廷可以在官员任用制度上稍加变通，"凡历仕中不曾任县令及知县者，不得便为长吏按察之官，且令知县方得入通判、知州"①。即将是否担任县令或知县作为官员晋升的一项标准，凡是没有担任县令或知县的官员在政府铨选之时不能晋升到更高一级的官职。

此外，包拯对官员的致仕问题也非常关注，他认为朝廷在择官方面应该考虑到官员的从政年龄问题。凡是年纪超过致仕年龄的官员，如果他没有上书自请致仕，则由朝廷劝其致仕。包拯认为，官员正常的致仕年龄应在七十左右。贯彻和落实致仕制度，一方面可以使年龄很大的官员安享晚年，另一方面也有利于朝廷提拔年轻才俊之士。包拯向宋仁宗谏言："伏以人臣之义，七十致仕，著在礼经，卓为明训，所以优假老成，遂其安逸。既不违达尊之教，且开知足之端。历代所钦，治宜敬切。"②包拯认为，官员七十岁退休，是古往今来的通义。合理的致仕制度可以维持政治系统的正常运转，有助于年轻优秀的人被选拔到官僚队伍中来。所以历朝历代都奉行致仕之制。在包拯看来，宋朝在建立之初即对官员的致仕问题非常重视。在官员致仕之后，给予一半的俸禄，使其可以安度余生。对此，包拯言："本朝典故，尤所重之。凡曰引年，莫非延世，推之半禄，待以优恩。其于惇劝之方，可谓至乎其至也。"③宋朝官员的致仕一般有两种方式：第一种是自己到了退休年龄之后，官员上书自请致仕；第二种是虽然年龄已经符合致仕的要求，但官员因眷恋官位而没有上书自请致仕，此时由朝廷下令强制其退休。从致仕制度的实施实践来看，在宋太祖、宋太宗两朝，朝廷因为人才缺乏，且为了政治稳定运作的需要，对于官员七十岁致仕之制没有严格执行。而在宋真宗与宋仁宗时期，因官僚机构的膨胀，宋廷开始推行七十致仕的制度，但是有的官员特别是重臣，往往到了退休的年龄而毫

① （宋）张田编：《包拯集》，北京：中华书局1963年版，第49页。
② （宋）张田编：《包拯集》，北京：中华书局1963年版，第20页。
③ （宋）张田编：《包拯集》，北京：中华书局1963年版，第20页。

无致仕之意。特别是在宋仁宗时期，不少官员因贪恋权位，以各种借口为理由而不致仕。包拯曾对当时的这种情况言道："然而近岁寝成敝风，搢绅之间，贪冒相尚，但顾子孙之计，殊愆羞恶之心，驰末景于桑榆，负厚颜于钟漏，不知其过，自以为得。"①他认为当时的一些官员或为了自己的利益，或为了子孙的利益，到了致仕年龄仍然没有致仕之意，且对自己的这种行为无所顾忌。对此，包拯向宋仁宗提出了相应的对策。他言："伏愿特降指挥御史台，将文武班簿检会，应臣僚年及七十，并令台牒讽其致仕；如牒举后三两日内，未见抗章祈请，乞自朝廷降令致仕，所贵稍遏趋营之弊，颇惇廉耻之风。"②包拯认为，首先，应该发挥御史台的监察作用，由御史台对官员的履历进行详细核查，凡是发现年龄到了七十岁而没有致仕的官员，应该劝其上书申请致仕。其次，如果到达致仕年龄的官员经过御史台的劝谏之后，没有上书自请致仕，则由朝廷下令强制其致仕。

154 　　包拯认为，厉行七十致仕之制，可以有效地遏制官员为一己之私而到处钻营之弊，也可以有效地推动士大夫廉洁自律之风的形成。对此，包拯在任监察御史时，身体力行，弹劾当时年近八十而不致仕的大臣张若谷。他言："臣闻引年致政，抑有定规，殉禄贪荣，颇伤清议。窃见龙图阁直学士、兵部侍郎、知洪州张若谷，年近八十，自登膴仕，亟践清涂，久越既耄之年，未有乞骸之请。虽圣朝眷待近侍，进退以礼；而大臣去就之义，安可阒然不知。伏况江西重地，为一都会，兵赋繁盛，控扼上游，尤在得人，以之镇靖。"③在此，包拯向宋仁宗指出，张若谷作为大臣，贪图权势，寡廉鲜耻，虽年近八十，但毫无致仕之意。且张若谷又担任洪州知州，无论是年龄精力还是才能德行，都不能胜任这一职位。如果朝廷对其置若罔闻，一方面会损害宋朝制定的致仕之制，其他朝臣也会效法此行；另一

① （宋）张田编：《包拯集》，北京：中华书局1963年版，第20页。
② （宋）张田编：《包拯集》，北京：中华书局1963年版，第20页。
③ （宋）张田编：《包拯集》，北京：中华书局1963年版，第72页。

方面也会不利于地方的治理。因此，包拯建议，朝廷应该谕令张若谷致仕，如果他仍然对此置若罔闻，朝廷则应强制其致仕，并选用贤才替代其任职。

(三) 考课制度

考课制度是指政府为确保行政运行的廉洁高效而对官员进行考核，并将其作为晋升依据的制度。健全的考课制度可以有效地推动政治系统的完善，对于国家的良善治理起着非常重要的作用。因此，中国古代王朝非常重视官吏考核，冀希通过考课制度来激励并规制官吏的政治行为。从历史来看，中国古代考课制度起源很早。如《尚书·舜典》中载："三载考绩，三考，黜陟幽明，庶绩咸熙，分北三苗。"[①]即帝舜每三年即对官员的治绩进行考核，三次考核后即根据考核成绩提拔或者罢黜相关的官员。《周礼》中亦载："岁终，则令百官府各正其治，受其会，听其致事，而诏王废置。三岁则大计群吏之治而诛赏之。"[②]即在每年年终进行一次小考核，根据官员的政绩考核等次来任用或罢免相关人员。每三年则进行一次大考核，并根据考核成绩对官员进行奖赏或处罚。

秦汉以后，由于官僚制的发展，政府机构人员随之大幅度增加。为有效管理官员，使其能更好发挥作用，统治集团对考核制度不断完善，并将其定为国之常典。如唐代即令吏部尚书、侍郎总管全国官吏的选任、勋封与考课，[③]并在尚书省中设考功司这一机构，专门负责官员的考核之事。[④]此外，在考核标准方面，唐代也进行了细致

① (宋)蔡沉撰，王丰先点校：《书集传》，北京：中华书局2018年版，第18页。

② (清)李光坡：《周礼述注》，北京：商务印书馆2019年版，第17页。

③《唐六典》载："吏部尚书、侍郎之职，掌天下官吏选授、勋封、考课之政令。凡职官铨综之典，封爵策勋之制，权衡殿最之法，悉以咨之。"参见(唐)李林甫等：《唐六典》，北京：中华书局2014年版，第27页。

④《唐六典》载：考功司设"考功郎中一人，从五品上，员外郎一人，从六品上；主事三人，从九品上。考功郎中、员外郎之职，掌内外文武官吏之考课"。参见(唐)李林甫等：《唐六典》，北京：中华书局2014年版，第41页。

的规定，总的原则是选任德才兼备的官吏，主张"德钧以才，才钧以劳"。在具体的实施方面，唐代对考核的原则和标准做了明确的规定，《唐六典》曾载："以四事择其良：一曰身，二曰言，三曰书，四曰判。以三类观其异：一曰德行，二曰才用，三曰劳效。德钧以才，才钧以劳。其优者擢而升之，否则量以退焉。所以正权衡，明与夺，抑贪冒，进贤能也。"①至于具体的考核之事，则由吏部考功司专门负责。考功司设有郎中一人，员外郎一人，主事三人，负责对官员进行考核。在考核的等次划分方面，唐代以"四善二十七最"作为依据。"四善"即德义有闻，清慎明著，公平可称，克勤匪懈。"二十七最"则分别对近侍、选司、考校、礼官、乐官、判事、宿卫、督领、法官、校正、宣纳、学官、将帅、政教、文史、纠正、勾检、监掌、役使、屯官、仓库、历官、方术、关津、市司、牧官、镇防等二十七种类型的官职考核的优秀标准进行了规定。②根据"四善二十七最"，唐代将官员考核的等次划分为九个等级，即上上、上中、上下、中上、中中、中下、下上、下中、下下，③以此作为晋升

---

① (唐)李林甫等：《唐六典》，北京：中华书局2014年版，第27页。

② "二十七最"："一曰献替可否，拾遗补阙，为近侍之最；二曰铨衡人物，擢尽才良，为选司之最；三曰扬清激浊，襃贬必当，为考校之最；四曰礼制仪式，动合经典，为礼官之最；五曰音律克谐，不失节奏，为乐官之最；六曰决断不滞，与夺合理，为判事之最；七曰部统有方，警守无失，为宿卫之最；八曰兵士调习，戎装充备，为督领之最；九曰推鞫得情，处断平允，为法官之最；十曰雠校精审，明于刊定，为校正之最；十一曰承旨敷奏，吐纳明敏，为宣纳之最；十二曰训导有方，生徒充业，为学官之最；十三曰赏罚严明，攻战必胜，为将帅之最；十四曰礼义兴行，肃清所部，为政教之最；十五曰详录典正，词理兼举，为文史之最；十六曰访查精审，弹举必当，为纠正之最；十七曰明于勘覆，稽失无隐，为勾检之最；十八曰职事修理，供承强济，为监掌之最；十九曰功课皆充，丁匠无怨，为役使之最；二十曰耕耨以时，收获剩课，为屯官之最；二十一曰谨于盖藏，明于出纳，为仓库之最；二十二曰推步盈虚，究理精密，为历官之最；二十三曰占候医卜，效验居多，为方术之最；二十四曰讥察有方，行旅无壅，为关津之最；二十五曰市廛不扰，奸滥不行，为市司之最；二十六曰牧养肥硕，蕃息孳多，为牧官之最；二十七曰边境肃清，城隍修理，为镇防之最。"参见(唐)李林甫等：《唐六典》，北京：中华书局2014年版，第42—43页。

③ 《唐六典》载："一最已上有四善为上上；一最已上有三善，或无最而有四善为上中；一最已上有二善，或无最而有三善为上下；一最已上有一善，或无最而有二善为中上；一最已上，或无最而有一善为中中；职事粗理，善最弗闻为中下；爱憎任情，处断乖理为下上；背公向私，职务废阙为下中；居官谄诈，贪浊有状为下下。"(唐)李林甫等：《唐六典》，北京：中华书局2014年版，第43页。

或罢黜官员的依据。

唐代的这种考课制度对宋代考课制度影响巨大，可以说，宋朝基本上延续了唐朝考课制度的内在原则而又有所变更。

在淳化三年（992年），宋朝开始设立磨勘京朝官院与磨勘幕职州县官院，负责对官员的治绩进行考核。此后不久，磨勘京朝官院与磨勘幕职州县官院被改名为审官院与考课院，相应的官员在任期满后均赴对应的考核机构进行磨勘。[①]为了进一步规范磨勘制度，在咸平四年（1001年），宋朝推行"磨勘京朝官法"，以官员的治绩和资历作为其晋升或罢黜的重要根据。但是在实际执行的时候，官员的资历而非治绩越来越成为磨勘时的主要依据。一般来说，官员任职的资历和年限越长，其获得晋升的机会就越大，而才能之士却常常因资历不够而不能晋升到合适的职位。就实施效果来看，宋朝的这种考课制度虽然在形式上规范了当时的官员考核方式，但也导致一些优秀的人才囿于任职的资历和年限而不能脱颖而出。龚延明曾对宋代考课制度的特点进行过这样的总结："宋代磨勘考课制度，重资历而不重门阀、重岁月而不重才能，以勘验官员簿籍档案与举主保明作为主要考核手段，在防范任人唯亲、门阀政治方面起了积极的作用。但是，以资格压抑人才，勘簿吏胥'得以司升沉之权'，也留下了无法克服的弊病。"[②]

事实上，在宋仁宗时期，宋朝的这种考课制度的弊端日渐暴露出来。如范仲淹就曾指出："今乃不问贤愚，不较能否，累以资考，升为方面。懦弱者不能检束，得以蠹民；强干者唯是近名，率多害物。邦家之本，由此凋残。"[③]范仲淹认为，宋朝考课制度的一个非常大的弊端就是不考察官员是否贤能，而只是以资历作为官员升迁的主要依据，这导致了大量不合格的官员充斥于政府机构当中，引

---

① 龚延明言：宋朝"主持磨勘的机构不一，文臣京朝官的磨勘由审官院（熙宁时改为审官东院），幕职州县官磨勘改官由流内铨，武臣小使臣归三班院，大使臣以上归枢密院（熙宁后归审官西院）"。参见龚延明：《宋代官制词典》，北京：中华书局2017年版，第45页。

② 龚延明：《宋代官制词典》，北京：中华书局2017年版，第46页。

③ 丁守和：《中国历代奏议大典》第三册，哈尔滨：哈尔滨出版社1994年版，第78页。

发了许多社会政治问题。实际上，包拯也注意到了这个问题，他与范仲淹的见解基本相同，都认为宋朝的考课制度在实施过程中不能分别贤与不肖，导致选任的官员往往庸碌昏聩，不堪其任。

包拯在奏疏中言："臣窃见审官院差京朝官并循旧例，以到院先后为限，未尝较辨贤否，论次殿最，清浊一混，流品不分，但以名次补阙而已。"①事实上，宋朝每次在修改考课制度时，往往重视的是客观化的任职年限与资历，对于官员的治绩却不甚讲求。如咸平五年（1002 年），宋朝设立官员磨勘法，规定京朝官任职满五年、武臣任职满七年后如没有贪赃枉法之罪即可以参加磨勘，获得晋升的机会。景德四年（1007 年），宋朝修改磨勘制度，规定京朝官任职满三年、武臣任职满五年后即可参加磨勘。可以说，宋朝在对官员进行考课磨勘时，关注的重中之重有两点：一是年限资历是否足够；二是任职期间有无犯罪情况。对此，包拯认为必须对宋朝考课制度进行一定的变革，以选任出德才兼备的贤能官员。

包拯认为在考核方面，考课部门不应该将资历作为重中之重的考察标准，资历虽然重要，但官员的才能更为重要。如果磨勘考课只以官员的资历作为其转官的标准，那么昏聩无能但任职较久的官员往往会被选任到重要的职官位置上，而真正贤能的官员往往会因为资历问题而无法获得晋升。长此以往，就会出现庸碌之辈充斥于各个重要的政府职位中。对此，包拯建议对磨勘考课制度进行调整，并向宋仁宗提出了两方面的改革主张。

第一，以官员的才能、德行而非资历作为官员考核的重要参考依据，量才而授官。在《再请选转运提刑》的奏疏中，包拯向宋仁宗指出，"自来朝廷凡有差除，皆以资序叙迁，或用臣僚荐举，间容滥进，未甚得人，致一方之民必受其害。"②包拯所言，实有所指，当时宋朝在选派官员担任地方上的转运使、提刑按察使等职位时，都是根据官员任职的资历和年限来选任。结果造成了不少能力平平、

---

① （宋）张田编：《包拯集》，北京：中华书局 1963 年版，第 31 页。

② （宋）张田编：《包拯集》，北京：中华书局 1963 年版，第 34 页。

德行较差但任官的资历和年限较长的官员被铨选到这些岗位上。包拯以地方上的李熙辅、张经等为例向宋仁宗指出了宋朝磨勘选任官员的弊端。他认为，李熙辅、张经两人是典型的庸吏，虽然身肩治理地方的重任，但却刚愎自用，昏聩无能，在地方上徇私枉法，妄构刑狱。①之所以会出现这种现象，主要还是因为当时宋朝在磨勘官员时以任职的资历和年限而非才能作为选任的依据。包拯在奏疏中进一步指出，李熙辅、张经并非个例，不少在地方任职的官员都出现才不堪其任的现象，如果不对磨勘选任制度进行改革，这种现象还会持续下去。对此，他建议朝廷在磨勘选官之时要注重官员的才能，选任合适的人担任官僚系统中的重要职位。②

　　第二，充分发挥举主的荐举功能来补充和完善磨勘考课制度。包拯认为，朝廷在委派官员任职时，必须要选任德才兼备的人。但判断一个人的德才状况并非易事，不同人对待同一个人存在着较大的主观性判断，其评价不尽相同。在这种情况下，可以在官员磨勘过程中发挥举主的作用，以贤举贤。对此，包拯言："臣欲乞今后审官院应京朝官初任，即令勘会：在任有举主五人，无私罪者，升为上；有举主三人以下，或无举主及私罪者，以为次；其有私罪及体量者，降为下，凡差授以为定制。如此，则进者知劝，退者知惧。"③在此，包拯主张在京朝官员初任时，审官院即应对其勘会，如果在任时有五位举主保举，且没有违法犯罪者，定为上；如果只有三位以下的举主保举，或无举主保举，但也没有违法犯罪者，定为次；如果在任时有贪赃枉法等行为时，定为下。在包拯看来，这种方式在一定程度上可以弥补现有磨勘考课的不足，进而选任到德

---

　　① 包拯言："如李熙辅、张经等，居按察之任，当一路之重，不能遵守诏敕，振举职业，而挟私逞憾，无所忌惮，妄构刑狱，恣行追摄。"参见（宋）张田编：《包拯集》，北京：中华书局1963年版，第34页。

　　② 包拯向宋仁宗言："臣欲望圣慈应今后差转运使、提点刑狱臣僚，并请选素有才能公直廉明之人充职，不以资序深浅为限，则逐路得人，而官吏所有凛畏矣。"参见（宋）张田编：《包拯集》，北京：中华书局1963年版，第34页。

　　③（宋）张田编：《包拯集》，北京：中华书局1963年版，第31页。

才兼备的人才。

二、监督机制

宋朝建立之后，为防止官员出现腐败行为，在中央设置御史台与谏院，负责对官员的不法行为进行弹劾与监督；在地方上则实行按察制度，令监司对其所辖的路一级的官员进行监察，以防止地方官员贪赃枉法，鱼肉百姓。此外，为防止君主与大臣因私欲而做出错误的决策，宋朝恢复了唐代的封驳制度。从实际运行来看，到了宋仁宗时期，无论是台谏制度，还是按察制度与封驳制度，都存在一定的问题，其监督朝廷官员的行政行为与政策实施方面的效用逐渐递减。包拯针对这些制度中的弊端，结合宋朝当时的政情，提出了富有针对性的建议。

（一）台谏制度

宋代在台谏制度方面有一个明显的特点就是"台谏合一"。在宋之前的唐代，御史与谏议之间的职责很清晰。御史负责弹劾按察百官，指出其重大过失或不法行为；而谏议负责在朝堂上对君主或大臣的政策观点进行论争。宋朝建立之后，御史与谏议的职责逐渐混同，两者都可以弹劾百官，也可以讨论国事。徐式圭对宋代台谏制度的特点曾总结道："宋前御史和谏议的分际很严：御史主弹劾，谏议主论争。所以拾遗补阙，名叫'侍臣'；御史中丞名叫'法吏'，分工合作，很有法治的精神。到了宋朝以后，御史可以兼论朝事，谏议也可以兼任奏弹，事权混化，这便是'台谏'两字连合一起的由来。"①

就御史台的制度设置来说，宋承唐制，设立御史台，负责纠察官员的各种不法行为。从运行的特点来看，宋大体上是沿袭唐制但有所革新，御史台设立三个子机构，分别是台院、殿院与察院，总

① 徐式圭：《中国监察史略》，北京：中国书籍出版社2016年版，第75页。

负责人是御史中丞。台院设立侍御史一人，其职责主要是协助御史中丞负责御史台工作。殿中侍御史二人，其职责是在大朝会以及每月的朔望等日纠察弹劾百官当中失仪者。监察御史六人，其职责是"掌分察六曹以及百司之事，纠其谬误，大事则奏劾，小事则举正"①，即主要对口负责纠察政府各个机构中的人员，对其各种不法行为进行弹劾或举正。就谏院的制度设置来说，在天禧元年（1017年），宋真宗为纠察百官，延议国事，特设置谏院，且作为独立的行政机构，其中有左右谏院大夫、左右司谏、左右正言六人。但在实施过程中，谏官之职常常缺而不置。直到宋仁宗天圣元年（1023年），谏官之职开始恢复。但是从运行来看，谏官制度存在着很大的问题。本来朝廷设立谏官，主要目的是谏议君主，防止其作出错误的决策。但由于谏官由皇帝亲擢，权力相对独立，谏官往往顺从君主之意弹劾朝堂大臣，②且担任谏官的官员往往昏聩不才，惟知秉承君主的意思办事，逐渐失去了其原有对君主决策察疑补阙的作用。事实上，包拯对当时台谏制度中所存在的问题亦有深刻的认识。在奏疏中，包拯提出了自己的看法。

第一，在御史制度方面，首先，包拯强调其对于维护政治秩序的重要性。③他认为御史制度在唐代就已经成熟，其设立的目的在于纠察百官，维持朝廷纪纲。宋朝建立之后继承了唐代的御史制度，设立御史六员，其目的在于充当君主的耳目，以检举不法，以正官风。可以说，御史在一定程度上维持着政治系统中信息传递的准确性，以防止官员因信息的不对称性而贪赃枉法，索财受贿。因此，包拯认为，御史之职必须要选任得人，不能由重利好财之人担任。

---

① （元）脱脱等：《宋史》，北京：中华书局2000年版，第2594页。

② 钱穆言："本来谏官之设，用意在纠绳天子，并不是用来纠绳宰相，对皇帝才称谏，而且谏官也明明是宰相的属官。现在谏官脱离了门下省，就变成了秃头的，独立的，不隶属于宰相了。而又是由皇帝所亲擢，不得用宰相所荐举。于是谏官遂转成并不为纠绳天子，反来纠绳宰相。"参见钱穆：《中国历代政治得失》，北京：生活·读书·新知三联书店2012年版，第84页。

③ 包拯言："且国家置御史府者，盖防臣僚不法，时政失宜，朝廷用之为纪纲、人君委之如耳目。"参见（宋）张田编：《包拯集》，北京：中华书局1963年版，第19页。

对此，包拯曾言："臣谨按唐制，御史府其属三十人，所以重风宪之职。国朝以来，选任尤剧。天禧中，御史六员。盖朝廷纪纲之地，为帝王耳目之司，必在得人，方为称职，自非端劲特立之士，不当轻授。"①这段话语的主要意思是：根据唐代的制度设置，御史府共设行政人员三十名，设立的主要目的在于监察百官，弹劾不法。宋朝建立之后，统治者也非常重视发挥这一机构的功能，在天禧年间，宋真宗设置了言事御史六名，希望能发挥其对朝廷决策查漏补缺的作用。御史之职关于朝廷纪纲的维持，也是君主察识百官的耳目，因此必须选用立身持正、性格刚毅之人担任，不能随便将其授予某位官员。包拯此论，实有所指。景祐元年（1034年），在群臣的建议下，朝廷设立了殿中侍御史里行、监察御史里行之职，意在提拔资历较浅而能力较强的官员，发挥其对朝政指陈得失的功能。后来朝廷又将里行之职废除。包拯对此曾言："臣窃见顷年添置御史里行二员，缘所举之人，秩序差浅，用之不次，必无畏避，自后因循而罢，物议惜之。"②在包拯看来，当初设立殿中侍御史里行和监察御史里行之职的目的很明确，即擢用没有资历但能力和政治责任感较强的人担任监察之职。从实施的效果来看，这种机构设置确实也起到了为朝政拾遗补缺的作用。但后来朝廷又取消了御史里行的职位，这是非常可惜的。御史台官员数额本来就少，承担着纠察百官、弹劾不法的重要责任。因此，包拯建议朝廷恢复御史里行的职位，由御史台的知杂中丞保举两名德才兼备之人担任殿中侍御史里行和监察御史里行之职，以加强御史台的监察功能。③

其次，包拯认为宋朝的御史制度有两方面的问题亟待解决：一是君主或者执政大臣出于私意而对御史提出的意见不满，导致御史因畏惧君主或执政大臣的权势而明哲保身，不敢直言。包拯言："臣

---

① （宋）张田编：《包拯集》，北京：中华书局1963年版，第29页。

② （宋）张田编：《包拯集》，北京：中华书局1963年版，第30页。

③ 包拯言："方今台官员数最少，抨弹之任所系尤重。欲乞令中丞知杂，依旧例于升朝亲民官内，保奏堪充御史里行二员；如稍不称职，并严坐所知。"参见（宋）张田编：《包拯集》，北京：中华书局1963年版，第30页。

伏见近者台官以朝政阙失，上章论列，或令分析，或取戒励，中外传闻，于体不便。"①在包拯看来，御史的作用在于"防臣僚不法，时政失宜"②。如果在御史上奏之时，君主或执政大臣"或令分析，或取戒励"，则不能有效发挥御史的监察作用。二是御史人数相对较少，且负责的事情过多，特别是监察御史额定六人，却负责监察弹劾朝中各种事务，而且除了御史中丞之职比较稳定外，监察御史的人数往往不足额定之数。另外，监察御史的选任对才能和资历要求较高，往往有才能而资历尚浅之人很难被举任。如在治平四年（1067年），御史中丞王陶曾言："奉诏举台官，而才行可举者多以资浅不应格。"③他指出，朝廷下令推举御史台官员时，才能堪任其职之人多因资历问题而最后没有被选任上。包拯对此问题亦言："近岁知杂中丞，不专奏辟，或令两省臣僚参举，而条制约束，罕得应诏。虽素有才望，又限以资考，推择之际，颇慎其选。"④他认为，当时御史台官员的选任虽然改令中枢两省的官员保举推荐，但囿于体制中的各种原因却很难推行。即使一些官员才德兼备，却也因受到资历的限制不能被选任到御史台的职位上去。

最后，为解决御史制度中存在的问题，包拯认为，一方面，君主和执政大臣要优容御史，使其不畏权势而能够指出朝政之得失，弹劾官员之不法。包拯对宋仁宗言："臣欲望今后御史等凡有弹奏，事或过当，更不令分析及取戒励，若乃阿意徇私，即乞重行责降。如此，则上彰陛下好谏之德，下免朝廷过举之失。"⑤包拯在此处所言的意思主要是指：御史的职能在于纠察官员，监督朝政，即使所言与事情本身有所出入，如果不是有意为之，朝廷应该对其宽容。当然，如果御史出于己私，捕风捉影，肆意弹劾官员，则朝廷应该对其进行责罚。另一方面，包拯认为必须要增加监察御史的人数，

① （宋）张田编：《包拯集》，北京：中华书局1963年版，第19页。
② （宋）张田编：《包拯集》，北京：中华书局1963年版，第19页。
③ （元）脱脱等：《宋史》，北京：中华书局2000年版，第2594页。
④ （宋）张田编：《包拯集》，北京：中华书局1963年版，第29—30页。
⑤ （宋）张田编：《包拯集》，北京：中华书局1963年版，第19—20页。

以使御史台的工作能够正常运转，进而发挥其维持纲纪、纠察不法的作用。在包拯看来，御史台的工作对于王朝的长治久安而言至关重要。如果人数较少，则无法发挥其应有的功能，因此，必须增加监察御史的人数。对此，他建议可以由知杂御史在亲民之官中，选任殿中侍御史里行和监察御史里行二名，以增加御史人数，使其更好地发挥监察作用。

当然，包拯也身体力行向朝廷做了推荐御史人选的活动。在担任天章阁待制、知谏院之职时，包拯曾向宋仁宗递交奏疏，请求让韩贽、孙抗、阎询等人担任御史之职。韩贽、孙抗和阎询分别担任祠部员外郎、屯田员外郎和太常博士。他们都曾担任过御史，后来因为一些小的问题被调到现在的职位上任职。包拯指出，这三人都是德才兼具之士，也有过在御史台任职的经验。如果将他们再次委任到御史台工作，发挥他们监察朝政得失的作用，必然会对政治系统的运作产生良性推动作用。对此，他向宋仁宗言道：这三人"才识明茂，资质纯正，先任御史，各以微累黜免，多历年所，屡经恩宥，勘会前来，所坐原情，且非大故，弃暇亦合录用"①。人才难得，而资质纯正的人才更为难得，故包拯建言宋仁宗，希望能够重用这三人，将其调到御史台工作。

第二，在谏官制度方面，其一，包拯指出其存在着所用非人的问题。在奏疏中，包拯对宋仁宗言："近岁殊不选择，但以年叙迁。如慎铺等辈，昏瞆不才，皆践此职。是以朝廷名器容易假人，紊黩典常，莫斯之甚。"②在包拯看来，谏官之职主要是纠弹官员的徇私不法行为，对朝廷决策进行查漏补缺，因此需要选任刚直清廉的贤能之士担任这一职位。但是近来朝廷选任谏官的方法与程序却不适当，只根据官员的年限和资历而不是能力而授予其谏议之职，如慎铺此人，其子侄贪污受贿，无所不为，自身家风都有问题，朝廷却让其担任谏官之职。长此以往，朝廷的纲纪法律很难维持。对此，

---

① （宋）张田编：《包拯集》，北京：中华书局1963年版，第35页。
② （宋）张田编：《包拯集》，北京：中华书局1963年版，第29页。

包拯在奏疏中从制度沿革的角度对宋仁宗阐述了谏官之职的重要性。他言："臣谨按唐六典，隋氏门下省置谏议大夫，从四品下，龙朔中改为正谏大夫，开元初复旧，凡置四人，常侍从规谏，仗下候言朝政得失，故其秩峻，其任重。历代以至祖宗朝，未尝轻授。"①包拯认为，隋朝将在三省中的门下省设置谏议大夫之职，位列官阶四品下，可以看出这一职位的重要性。唐代在继承隋代制度的基础上，设置四人担任此职，其目的在于谏论朝政得失。宋朝建立以来对此职也非常重视，对选任之人多加考求。可以说谏官承担的责任重大，必须选用得人。君主在任命官员担任谏官之职时，要考虑到其才德是否匹配此岗位。

其二，对此包拯阐发了自己的建议。他认为，对于谏官之职，必须要严格其选任程序，使清正廉洁、素有才望的人担任。如果所授非人，则无法发挥其进贤而退不肖的作用。包拯言："臣欲乞今后应少卿、少监等，该磨勘改官，如曾经职司，委是素有才望，为众所推者，方得转谏议大夫，其余不得徇入，止授以大卿监，所贵官无滥进，流品益清。"②在此，包拯建言，谏官之职关乎拾遗朝政，监督纲纪，必须要选用清翰之官来担任。君主不能将其职位作为官员晋升的一个中转站，必须选任得人，才能发挥谏官之职在国家治理中的重要功能。朝廷和君主必须重视谏官之职的人选问题，不能将一些能力平庸的人选到这一职位上来。综上所述，可以看出包拯对谏官之职的重视。

（二）按察制度

按察制度是中央监督地方官员清正廉洁的重要方式。宋初统治者在加强中央集权的同时，为了防止地方官员出现不法行为，开始在路一级设立监司。在宋淳化年间之前，监司主要是指转运使司，内设转运使等职，负责地方路一级的行政事务，又负责对辖区内官

---

① （宋）张田编：《包拯集》，北京：中华书局1963年版，第29页。

② （宋）张田编：《包拯集》，北京：中华书局1963年版，第29页。

员的考核与监察。《宋史·职官志》对都转运使、转运使、转运副使以及转运判官的职责做了记载:"掌经度一路财赋,而察其登耗有无,以足上供及郡县之费;岁行所部,检察储积,稽考帐籍,凡吏蠹民瘼,悉条以上达,及专举刺官吏之事。"①具体来说,转运使司主要负责三方面的事务:一是统筹管理所在辖区财赋的征收;二是负责所在辖区的各项行政事务;三是对所在辖区的官员进行监督和考核。在淳化年间之后,宋太宗开始设立提点刑狱司,其职责主要有两方面:一是负责管理所在辖区的狱讼事件;二是对辖区内的不法事件进行纠察上奏。《宋史·职官志》载:"察所部之狱讼而平其曲直,所至审问囚徒,详复案牍,凡禁系淹延而不决,盗窃捕窜而不获,皆劾以闻,及举刺官吏之事。"②转运使司与提点刑狱司在当时被合称为监司,两者权力范围有所重叠,即都可以对辖区内的各种不法事情进行按察与监督,如弹劾不法官员的贪污受贿情况等。

　　一般而言,在对待官员腐败案件的调查与处理方面,根据宋朝的制度设计,监司负有按察弹劾之责。当监司发现地方上出现官员贪污枉法的事情并证实之后,必须上奏纠弹,然后经朝廷廷议后由司法部门对监司所纠弹之事进行审判处理。魏泰在《东轩笔录》中曾记载过以下这一事件:"明肃太后临朝,一日,闻宰相曰:'福州陈绛赃污狼籍,卿等闻否?'王沂公对曰:'亦颇闻之。'太后曰:'既闻而不劾,何也?'沂公曰:'方外之事,须本路监司发摘;不然台谏有言,中书方可施行。'"③福州陈绛在任职期间贪污索贿,其事情传至宫中,明肃太后闻知后询问当时的大臣王沂公为何没有处理此人,王沂公向明肃太后说道,根据惯例,地方上的腐败事件必须先由监司按察处理。由此可以看出监司在宋朝地方监察制度中的重要性。

　　① (元)脱脱等:《宋史》,北京:中华书局2000年版,第2656页。

　　② (元)脱脱等:《宋史》,北京:中华书局2000年版,第2658页。

　　③ (宋)魏泰、马永卿撰,田松青校点:《东轩笔录 嬾真子录》,上海:上海古籍出版社2012年版,第43页。

宋朝设立转运使司与提点刑狱司除了治理地方外，还有监督和按察地方官吏的目的，因此，朝廷赋予了监司相当大的权力。这种做法使得监司可以对辖区内的官员进行有效的监察。但是，当监司选用非人时，这种按察制度的弊端就产生了。欧阳修曾在奏疏中向宋仁宗阐述了这一问题。他言：

> "今所委转运使，岂尽得人乎？其间昏老病患者有之，懦弱不材者有之，贪赃失职者有之。此等之人自当被劾，岂可更令按察？其间纵有才能之吏，又以干运财赋，有米盐之繁；供给军需，有星火之急；既不暇遍走州县，专心察视，则稽迟鲁莽不得无之。故臣谓转运使兼按察使，不材者既不能举职，材者又不暇尽心，徒见空文，恐无实效。"①

欧阳修认为，朝廷以转运使监督和按察地方吏治的作用有限，原因有两方面：一是朝廷选拔的转运使自身都存在着很大的问题，有的转运使年老昏聩，有的转运使胆小懦弱，有的转运使则自己贪赃受贿。这些人本来应该是被弹劾的失职官员，而朝廷反而派他们去监督地方官员是否廉政，其结果可想而知。二是即使有的转运使能力较强，为人清廉，但他们在地方上也是忙于收缴财赋上缴中央，或筹办军需供给，无法认真仔细地考察所辖的官员。因此，在欧阳修看来，朝廷虽然出于公心，以转运使考察监督地方官员是否清正廉洁，但是从实施状况来看，其结果却不尽如人意。

包拯对此也有深刻的认识，在奏疏中，包拯指出了转运使与提点刑狱公事的重要性，他言："夫转运使、提点刑狱，在乎察官吏之能否，辨狱讼之冤滥，以至生民利病，财赋出入，莫不莅焉。事权至重，责任尤剧，设非其人，则一路受敝。"②包拯认为，转运使与提点刑狱公事职责重大，担负着四项主要职能：一是通过对地方官

① 丁守和：《中国历代治国策选粹》，北京：高等教育出版社1994年版，第353页。
② （宋）张田编：《包拯集》，北京：中华书局1963年版，第30页。

吏的考察而甄别其贤能与否，进而荐用德才兼备的官员，罢黜昏聩无能的官员。二是通过监察地方刑狱的运转，以防止冤假错案的发生。三是在地方治理中解决民生问题，使民众能够安居乐业。四则是负责征收地方财政赋税，以维持国家的正常运作。因此，必须选用贤能刚正、廉洁奉公之人担任此职。

在包拯看来，宋朝的按察制度存在很大的问题，主要表现为三个方面：一是朝廷缺乏对负责按察的转运使、提点刑狱公事两职应有的重视，在选任方面失之于草率；二是朝廷经常改易地方转运使与提点刑狱公事，使得他们无法正常发挥按察功能。三是在转运使与提点刑狱公事的选任方面，朝廷往往选任非人。担任这些职位的官员有的昏聩无能，有的徇私枉法，有的贪污索贿，有的鱼肉乡里。他们不仅不能发挥对地方官员的监督与按察作用，反而变本加厉助长了地方上腐败现象的发生。朝廷任用这些官员担任转运使与提点刑狱公事，其结果可想而知。包拯对此言道："今朝廷既已轻授，又数数更易，其才者虽有育民济治之具，亦乌所施设哉。又况庸瀸者乎！"[1]他指出，朝廷在监司的人员选用方面并没有慎重对待，而又经常将他们调来调去，即使有"育民济世之具"的监司也很难发挥自己治理地方的才能，何况地方上的许多监司又昏聩无能。事实上，宋朝从建立之初起，就一直存在包拯所说的这一问题。范仲淹在奏疏中对宋仁宗曾言：

> "天下官吏明贤者绝少，愚暗者至多，民讼不能辨，吏奸不能防，听断十事，差失者五六。转运使、提点刑狱但采其虚声，岂能遍阅其实？故刑罚不中，日有枉滥。其奏按于朝廷者，千百事中一二事耳。其奏到案牍，下审刑、大理寺，又只据案文，不察情实，惟务尽法，岂恤非辜？"[2]

---

[1] （宋）张田编：《包拯集》，北京：中华书局1963年版，第30页。
[2] （清）范能濬编：《范仲淹全集》上，南京：凤凰出版社2004年版，第526页。

在这段论述中，范仲淹对宋朝的转运使、提点刑狱公事看法与包拯基本相同。在范仲淹看来，转运使、提点刑狱公事负责对地方官吏进行监督和按察。但从实施效果来看，结果却大违统治者的初衷。一方面，基层官吏在执法断案中各种问题层出不穷；另一方面转运使、提点刑狱公事却不能及时地发现与解决这些问题。因此，在宋仁宗时期，包括包拯在内的主张革除弊政的大臣基本上都形成了这样一种共识，即必须对按察制度进行改革，选择公忠正直之士担任转运使与提点刑狱公事等职。

为了论证按察制度改革的必要性，包拯以具体的例子向宋仁宗阐述了当时地方按察制度中存在的问题。他言：

> "今粗举一二，条陈如左：窃见近日除授转运使，但理资序，不甚选择，如江西路刘纬、利州路李熙辅，皆知识庸昧，众所共知；其提点刑狱，亦未甚得人，若广西潘师旦、江东令狐挺、京西张士安、河东席平，皆素非干敏之才，又无廉洁之誉。"[1]

包拯向宋仁宗指出，朝廷在选拔转运使和提点刑狱公事时，只强调资历，而忽视德行与能力。这种铨选方式造成了肩负按察职能的转运使和提点刑狱公事要么见识短浅，毫无为政于地方的能力，如当时江西路的刘纬、利州路的李熙辅等；要么昏聩无能，缺少施政于地方的才干，如广西路的潘师旦、江东路的令狐挺、京西路的张士安、河东路的席平等人。为解决按察制度中所存在的问题，包拯提出了以下两方面的建议：

第一，包拯认为正本须先清源，君主和执政大臣不能因为个人好恶而任用自己喜欢的人担任转运使与提点刑狱公事，必须要选任公忠体国，不徇私情之人担任这两种职位。他言："欲乞今后应除转运使，先望实而后资考，则所得精矣。凡举提刑，若保荐之人不协

---

① (宋)张田编：《包拯集》，北京：中华书局1963年版，第30页。

公议，即乞责其谬举，别委他官。如此，则可绝徇私之请矣。"①转运使与提点刑狱公事两职关乎地方治理的良善与否。包拯认为，朝廷在考虑转运使的人选时必须先要观察所选之人是否具有才能和德行，然后再考虑能否授予其官职。同样，朝廷在任命提点刑狱公事之时，对于候选之人则需考察其有无人望，如果与公议不符，则需另择他人，如此才能将合格的官员选任出来。此外，包拯还建议在选拔转运使与提点刑狱公事时，不能以官员资历、年限或者人际关系作为铨选标准，而应该唯才是举，铨选清正廉洁的官员。他言："臣伏见诸路转运使并提点刑狱，自来朝廷凡有差除，皆以资序叙迁，或用臣僚荐举，间容滥进，未甚得人。"②从转运使与提点刑狱公事的选拔方式来看，宋朝的选拔一般不外乎皇帝亲擢、大臣举荐以及宰执堂除等方式。但这些选拔方式都有一个共同特点，即看重官员的资历和任职年限。包拯认为，如果要任用贤能，必要须改变这种单一的铨选标准。他言："臣欲望圣慈应今后差转运使、提点刑狱臣僚，并请选素有才能公直廉明之人充职，不以资序深浅为限，则逐路得人，而官吏有所凛畏矣。"③包拯所言主要是指君主在任命地方的转运使和提点刑狱公事之时，必须要同时考虑两方面的人选标准：一是才能可以胜任地方治理之职；二是清正廉洁，素有人望。只要不拘资历，将符合这两方面标准的人选委任到地方上任职，则自然能够发挥他们治理地方、监督和按察官吏的作用。

第二，包拯认为，转运使、提点刑狱公事为政于地方，其施政的良善直接与国计民生有密切的关系。因此，对于昏聩无能的转运使与提点刑狱公事，必须及时裁撤；而对于贪赃枉法的转运使与提点刑狱公事，则要严惩不贷。事实上，在宋仁宗时期，不少转运使虽然在地方上胡作非为，徇私枉法，但是每次台谏官员弹劾他们的时候，这些官员却可以全身而退，没有受到严惩。之所以如此，主

---

① （宋）张田编：《包拯集》，北京：中华书局1963年版，第30—31页。

② （宋）张田编：《包拯集》，北京：中华书局1963年版，第34页。

③ （宋）张田编：《包拯集》，北京：中华书局1963年版，第34页。

要是君主看重其敛取地方财赋上交中央的能力。只要转运使在地方上能按时上交朝廷额定的赋税数额，君主对其在地方上的不法行为往往视而不见。如转运使王逵在地方上横征暴敛，鱼肉百姓，却因能超额完成朝廷摊派的赋税额度而获得宋仁宗的青睐，将其视为能吏。对此，包拯认为，君主应从国家的长治久安出发，不能计利于一时，对于转运使的不法行为要及时处理，更不能姑息养奸。他言：

> "如李熙辅、张经等，居按察之任，当一路之重，不能遵守诏敕，振举职业，而挟私逞憾，无所畏惮，妄构刑狱，恣行追摄，虽已冲替，未足惩戒，各乞重行黜降，以警将来。"[1]

包拯向宋仁宗指出，如李熙辅与张经等人担任按察之职时，利用手中权势，徇私枉法，毫无忌惮。包拯认为，朝廷虽然已经将他们的职位替换，但是惩戒力度太小，不能对其他官员产生警示作用。因此，他建议宋仁宗必须要对李熙辅、张经等"重行黜降"，严厉惩罚，如此才能表明君主惩处腐败官员的决心，进而使地方上的监司循规守法。

（三）封驳制度

封驳是指担任封驳之职的官员封还君主不合时宜的诏令，驳正相关官员的行为。作为一种政治行为，封驳早在汉代就已经出现，如汉哀帝因宠幸董贤，"托傅太后遗诏，令成帝母王太后下丞相御史，益封贤二千户，及赐孔乡侯、汝昌侯、阳新侯国。"[2]而当时王嘉在接到诏书时并没有执行哀帝的命令，而是封还诏书并谏言君主。作为一种政治制度，封驳之制始自于唐。唐代设立中书、门下、尚书三省，其中中书省负责草拟诏令，门下省负责对失宜的诏令进行封还或者驳正，尚书省则负责执行。封驳制度建立的目的就是为了

---

① （宋）张田编：《包拯集》，北京：中华书局1963年版，第34页。

② （汉）班固：《汉书》，北京：中华书局2007年版，第853页。

避免或减轻统治集团因政治决策失误所造成的危害。《唐六典》曾载门下省：

> "给事中掌侍奉左右，分判省事。凡百司奏抄，侍中审定，则先读而署之，以驳正违失。凡制敕宣行，大事则称扬德泽，褒美功业，覆奏而请施行；小事则署而颁之。凡国之大狱，三司详决，若刑名不当，轻重或失，则援法例退而裁之。"①

可以说，从军国大事到司法刑狱，门下省的给事中对其失宜的诏令都有封驳的权力。宋朝建立之初，并没有设置封驳的机构，也无专门的官员负责封驳的事务。但当时的通进司与银台司掌握着部分封驳权力。在淳化四年（993年）六月，宋太宗应朝臣之请，下诏恢复封驳之制，并任命左谏议大夫魏庠与司封郎中知制诰柴成务一起担任同知给事中事一职，让他们对存在问题的制敕诏令进行封驳。但在当年九月，宋太宗即废止了同知给事中事封驳制敕之权，改由通进、银台司兼任其功能。咸平四年（1001年），宋真宗采纳了知通进银台封驳司官员陈恕的建议，将通进银台封驳司改为门下封驳司，隶属于银台司管辖，并下诏令凡有封驳之事，皆用门下省之印。

但是从实施效果来看，宋朝的这种封驳制度并没有发挥应有的作用，担任封驳的官员往往充任其职而无任何建言。包拯曾对此言道："窃观国家循旧例置门下封驳司，以近臣兼领，未尝见封一敕，驳一事，但有封驳之名，而无封驳之实。"②包拯这段话的意思主要是指：门下封驳司这一机构主要在于封驳朝廷不合理的政令，对朝廷决策起着查漏补缺的作用。但这一职却由君主身边亲近之臣担任，他们在职期间，没有对朝廷的政令实施有过任何不同的意见，只是备位充职，丝毫不能发挥封驳的作用。这使得门下封驳司光有其名，而无其实。事实上，在宋仁宗时期，门下封驳司的职位往往由君主

---

① （唐）李林甫等：《唐六典》，北京：中华书局2014年版，第244页。
② （宋）张田编：《包拯集》，北京：中华书局1963年版，第24页。

身边的近臣担任，他们基本上没有对君主的诏令进行过封还，也没有驳正朝廷任何失宜的决策。有鉴于此，包拯指出，恢复并落实封驳制度对于国家治理而言具有重要的积极意义。

第一，包拯认为，封驳之制对于国家的决策而言具有重要的矫正作用。在奏疏中，他言："臣伏见朝廷近日凡有除授，制命已行，或物论未允者，则臣僚上疏论驳，因而追改者有之，然未若精择而后用之之审也。"[①]在包拯看来，朝廷决策的制定与实施往往失之于草率。如在用人制度上，往往是朝廷已经下了拜官授职的敕令后，部分官员觉得不妥时才开始规谏君主，受此影响，有时下发的诏令需要追回并修改。这种做法影响了君主的威信，也损害了政府的公信力。导致"外议喧然，谓进退可否之柄不专于上，流闻四方，大损国体"[②]。因此，急需要封驳制度来规制朝廷的决策。

第二，包拯认为，朝廷必须要真正落实封驳制度的实施，不能使其徒具形式，可以借鉴唐代封驳制度的一些合理经验来完善和改进宋朝的封驳制度。包拯比较推崇唐代的封驳制度，他认为唐代前期所取得的治理效果与这一机构的正常运行是分不开的。从制度运行角度来看，唐代的封驳制度在一定程度上缓解了君主专制的危机。唐代朝廷的诏令，一般由中书省制定，经由皇帝画敕后，送与门下省复核。若门下省认为此诏令没有问题，即由尚书省负责执行。若门下省认为中书省拟定的诏令存在问题，即在送来的诏令上批注后送还给中书省即"封驳"。《新唐书·选举志》载："凡百司奏抄，侍中既审，则驳正违失。诏敕不便者，涂窜而奏还。"[③]这种制度在传统政治中有两方面的优点：一是诏令的拟定与复核分开，中书省与门下省之间存在一定的权力制衡，可以有效地防止因决策制定权集中于某一部门而形成官员的专断；二是通过封驳制度，可以纠正中书省所拟定的存在问题的诏令，在一定程度上降低了政府的决策失

---

① （宋）张田编：《包拯集》，北京：中华书局1963年版，第24页。

② （宋）张田编：《包拯集》，北京：中华书局1963年版，第24页。

③ （宋）欧阳修、宋祁：《新唐书》，北京：中华书局2000年版，第794页。

误率。故包拯认为可以吸取唐代封驳制度的经验，以使宋朝封驳制度真正发挥功效。

第三，包拯向对宋仁宗谏言："臣请特正封驳之职，选两制以上慎重介直不挠者主之，或令谏官兼掌，应有除授之制，并先由门下，其不可者，得以辨别是非，封进诏敕。如此，则差易改正，兼免漏泄，少裨圣政。"①包拯这段表述的意思主要是指：自己希望朝廷能够真正地恢复封驳之职，选出公忠廉明的大臣担任其职，或由谏官兼任，以发挥封驳机构的正常功能。在包拯看来，如果要解决朝廷的决策特别是人事任免方面出现的问题，必须一方面在借鉴唐代封驳制度的经验，实质性恢复封驳之制，这是前提条件。事实上，在包拯所处的时代，封驳之权由门下封驳司行使。但从制度的运行效果来看，这一机构徒具形式，发挥的作用有限。担任封驳的官员或因权力关系或因利害得失，很少对朝廷的诏令有所封驳。因此，在包拯看来，朝廷不能只设立一徒具虚名的机构，必须要真正将封驳制度落到实处。另一方面，包拯认为必须选任清正廉洁的官员或者谏官担任封驳之职。在宋仁宗时期，担任封驳之职的多为君主近臣，与君主关系密切。在包拯看来，这些近臣因为接近权力中心，且念及自己利益得失，不可能真正如唐代门下省官员一样行使其封驳权力。因此，必须选用中正介直之士担任此职，且在制度上予以保证，才能改变封驳制度"但有封驳之名，而无封驳之实"②的局面，进而在此基础上有效地规制朝廷决策的失误。

三、惩处机制

在反腐实践中，惩处机制不可或缺。一方面，健全、有效的惩处机制可以对一些想要徇私枉法的行政人员产生震慑心理，抑制他们产生贪腐的行为。另一方面，当有的行政人员铤而走险，为了利

---

① （宋）张田编：《包拯集》，北京：中华书局1963年版，第24页。
② （宋）张田编：《包拯集》，北京：中华书局1963年版，第24页。

益而进行行贿、索贿行为时，就会受到惩处机制的严厉制裁，这一行为可以对其他的行政人员产生重要的警示作用。在宋朝，腐败案件频频发生的一个重要原因就是惩处机制落实得不到位。一些贪腐分子利用与君主和朝中执政大臣的关系干扰司法部门对自己的审判，以达到免刑或减刑的目的。包拯认为，朝廷必须要严格执行对贪腐人员的惩处，如此才能有效遏制官员腐败，营造清正廉洁的政治文化。对此，针对宋朝当时的腐败问题，包拯在审判制度、问责制度与罢黜制度方面向宋仁宗阐发了自己的建议，形成了切合时弊的行政惩处思想。

（一）审判制度

为了惩治腐败，建立廉洁高效的官僚体制，包拯认为，应该在审判制度方面进行相应的变革。这种变革主要有两方面：一是完善宋朝的审判制度，以防止官员利用审判制度的漏洞而徇私枉法，收受贿赂；二是通过审判制度，加大对腐败官员的处理力度。

第一，从完善审判制度的角度来看，包拯对宋朝审判制度的运行机制进行了思考，并对其中的弊端提出了相应改革建议。

宋朝建立之后，为了避免出现五代时期刑滥狱冤的情况，在承袭唐代审判制度的基础上对其做了变革，形成了以权力分制为目的的审判制度。首先，在立法渊源方面，建隆四年（963年），窦仪在宋太祖的授意下完成了《建隆重详定刑统》即《宋刑统》。相较于《唐律疏议》而言，《宋刑统》既吸收了唐律中"一准于礼"的立法内容与精神，以礼治教化作为法治实施的内在精神，[1]又汲取了自晚唐五代以来立法方面的有益经验。特别是后周时期的《大周刑统》对《宋刑统》的法律内容与实施方式影响巨大。总体来说，宋代在立法方面形成了既重视教化，又推崇法治的特色。其次，在审判制度的机构设置方面，宋朝从宋太祖至宋仁宗时期，审判制度相对稳

---

①《宋史·刑法志》载："宋法制因唐律令格式，而随时损益则有编敕。一司一路一州一县，又别有敕。"参见邱汉平：《历代刑法志》，北京：商务印书馆2017年版，第364页。

定，①在中央审判制度上，宋朝一方面继承了唐代的中央审判机构即刑部、御史台与大理寺作为审理案件的机构，另一方面则又通过增设机构来分三法司的职权。淳化二年（991年），宋朝设立审刑院，分任了刑部与大理寺的一部分职权。②大中祥符二年（1009年），宋朝设立纠察院，负责纠察中央层面的刑狱。至宋仁宗时期，宋朝实际上有五个部门拥有审判权力，即刑部、御史台、大理寺、审刑院与纠察院。五个部门职责上互有重叠。在地方审判制度上，宋朝在司法审判方面分为县、州、路三级。在县一级，以县令或者知县来负责县级的司法审判事务，其程序内容主要涉及这几个方面：控告、拘提、追捕、监禁、检验、保释、审讯、拷讯、穿款、录问、判决、取因服辩。③在州一级，以知州来负责一州的司法审判，当所管辖的县中出现难以判决的司法案件时，由知州来解决。如果案件十分复杂，知州也无法判决时，则由知州移送于监司或者中央。在路一级，宋朝设立转运使司、提点刑狱司、提举常平司，三个部门都有一定的审判监察权力。后为了事权归一，宋朝将提点刑狱司定为路一级最高审判机构。最后，从审判制度的运行特点来看，宋朝司法部门实行审与判分开进行的方式即"鞫谳分司"处理相关的案件。"鞫司"由司理院司理参军担任，主要负责对案件进行审理；"谳司"则由州的司法参军担任，主要是根据审理结果负责对案件进行判决。这种审与判分离的制度设立的目的是防止官员在司法方面出现腐败，以防止因审与判合一所引起的冤假错案的发生。此外，与唐代审判

---

① 刑思陆认为：宋代的审判制度可以分为三个相对稳定的阶段，"（一）北宋时期：宋太祖建隆元年（西元九六〇年）至宋神宗熙宁十年（西元一〇七七年），共一一七年。（二）北宋后期，宋神宗元丰元年（西元一〇七八年）至宋钦宗靖康元年（西元一一二六年），共四十八年。（三）南宋时期，宋高宗建炎元年（西元一一二七年）至宋恭帝德佑二年（西元一二七六年），共一四九年"。参见刑思陆：《中国审判制度史》，上海：上海三联书店2013年版，第118页。

② 《宋史·刑法志》载：宋太宗"又虑大理刑部吏，舞文巧诋，置审刑院于禁中，以枢密直学士李昌龄知院事，兼置详议官六员。凡狱上奏，先达审刑院，印讫，付大理寺，刑部覆视以闻，乃下审刑院详议申覆，裁决讫，以付中书省，当，即下之，其未允者，宰相覆以闻，始命论决"。参见邱汉平：《历代刑法志》，北京：商务印书馆2017年版，第371-372页。

③ 参见刑思陆：《中国审判制度史》，上海：上海三联书店2013年版，第123-128页。

制度相比，宋朝在路一级设立了提点刑狱司，作为地方上最高的审判机关，其设立的目的在于"凡管内州府十日一报囚帐，有疑狱未决即驰传往视之。州县稽留不绝，按谳不实，长吏则劾奏，佐史小吏许便宜按劾从事"①，即负责管辖区域中的司法案件。宋初建立的这套审判制度沿革到宋仁宗时期，存在着如下所述的弊端，围绕这些弊端，包拯向宋仁宗提出了解决办法。

一是一些官员利用朝廷的"疏决"之制徇私舞弊，给正常的审判制度造成了负面的影响。"疏决"主要是指，宋朝在每年的四五月间，为了能够体现以仁治天下的精神，由君主亲自审判犯罪之人，并对他们的罪行进行减刑的行为。这一做法的本意主要是君主寄希望于通过对犯罪之人进行宽大处理，来体现自己推行德治、实施仁政的精神。但在实行中，三司和开封府等部门的一些官员，却经常利用皇帝的"疏决"之制而徇私舞弊。包拯在奏疏中向宋仁宗指出："窃闻当四月后，三司、开封府等处，应有收坐干连人，合行追勘公事，及寄杖人，多是用情拖延，等候疏决，深成弊倖。"②这段表述的意思是指：自己听闻每当疏决之日临近时，三司、开封府等部门经常将原本应当了结的案件进行拖延，以使这些案件获得君主的疏决。包拯认为，这种方式滋生了腐败，导致一些官员利用君主"疏决"可以减轻罪行的方式来与他人进行利益交易，也损害了审判的公正性。对此，包拯向宋仁宗提出了解决办法，"欲乞指挥，今后才入三月，应有合行结决公事，严紧催促了当，仍令当职官员躬亲检举，庶绝奸弊。"③一方面，包拯建议宋仁宗颁布命令，让三司和开封府等部门在君主疏决之前将原本应当了结的案件进行了结，防止他们通过君主的"疏决"来徇私枉法，谋取私利。另一方面，包拯建言朝廷应当加强监督，一旦发现有相关部门利用疏决之制进行谋私舞弊时，即行检举。在包拯看来，通过这两种措施的实施可以有

---

① 邱汉平：《历代刑法志》，北京：商务印书馆2017年版，第371页。

② （宋）张田编：《包拯集》，北京：中华书局1963年版，第53页。

③ （宋）张田编：《包拯集》，北京：中华书局1963年版，第53页。

效地防止疏决之制产生的弊端，增强审判制度的公正性。

二是一些官员利用审判机制的漏洞为自己谋取利益，影响了审判制度的公平性。在宋朝，根据政治惯例，如果民众想要向府衙告状，进行民事诉讼或者刑事诉讼，不能直接进入这些行政机构，而是将"状牒"先交给府衙的府吏，然后等待传唤。这种制度在实际运行中造成了两方面的弊端：一是府吏因为掌握了递交"状牒"的权力而有可能会产生徇私枉法的行为，他们或囿于人情关系，或缘于利益关系，会积压一部分"状牒"，使得一些正常的案件不能得到及时和公平的审理。二是府衙的官员往往以"状牒"作为审判的主要文字依据，一些文化水平不高的民众在案件审判中会受到影响。景祐二年（1035年），包拯在担任权知开封府时，开始对此弊端进行改革，一方面，他废除了府吏接收"状牒"的权力，让有诉讼要求的民众直接进入开封府内进行诉讼；另一方面，在诉讼过程中，包拯让民众自己表述案件产生的缘由以及主要情况，以防止文吏舞弊。《五朝名臣言行录》载："旧制，凡诉讼不得径造庭下，府吏坐门，先收状牒，谓之'牌司'。公开正门，径使至前，自言曲直，吏民不敢欺。"[1]从实际效果来看，包拯在担任权知开封府之职后，因为府吏弄权而影响审判公平性的问题得到了有效解决。

第二，从通过审判制度加大对腐败的惩治力度的角度来看，包拯认为，朝廷对腐败官员不能姑息，必须要将其交给司法部门，依照法律进行惩治，以维护司法机构的权威性，君主更不能法外施恩，影响审判的公正。包拯的这种思想在其弹劾官员魏兼的事件中表现得非常明显。魏兼曾任淮南转运使、工部郎中等职。在任期间，他徇私舞弊，通过职权贪污受贿，购买了大量的产业。包拯指其："以先在任日，于部内置买物业，并剩量过职田斛斗等罪犯奏案。"[2]罪行被查后，魏兼被移送到司法部门进行审理。但当时，由于案件审理接近君主疏决的日子，魏兼有可能因此而被君主减轻刑罚。为了

① （宋）张田编：《包拯集》，北京：中华书局1963年版，第142-143页。

② （宋）张田编：《包拯集》，北京：中华书局1963年版，第55页。

清心为治本：廉政的包拯

严肃纪纲，包拯主张对魏兼按照法律严惩，他言："乃不顾朝章，自为非法，窃虑疏决在近，乞不从原减之例。"①包拯认为，魏兼身为朝廷官员，地方大吏，在任期间本应克己奉公，以身作则，但他却肆意贪腐，以身试法，对于这样的官员，朝廷决不能姑息，更不能对其所犯之罪进行减刑。君主如果在疏决时对魏兼进行法外施恩，则会对当时的吏治整治产生负面的影响，一些官员会因犯罪成本降低而走上贪污腐败的道路。对此，他建议宋仁宗交给司法部门，"法外重行，以警贪狠"②。

由上述可知，包拯非常重视朝廷审判制度的公正性。他主张司法部门严格执法，不能因为外在因素的干扰而影响审判制度的正常运行，对于贪腐官吏的审判，他更是强调必须依法审判，不能法外施恩。在政治实践中，他也身体力行，积极革除审判制度中的弊端，以发挥审判制度对廉政建设的促进作用。

（二）问责制度

问责是指对政府机构的官员在施政过程中的过错追究其责任。从包拯关于反腐败的论述来看，他脑海中的腐败概念事实上包含两个维度：一是官员贪赃枉法，利用职权和影响收受索取大量财物。如张方平利用自身权力的影响贱买民宅，这在包拯看来就是明显的腐败现象，是一种典型的利用权力进行寻租的腐败。二是官员在职位上或限于才能或为求无过而无所作为，使得公私利益受到极大的损失。这类腐败现象看起来比较不明显，但危害巨大。如宋庠任宰相后七年，没有任何作为，也没有明显的贪污受贿迹象，但在包拯看来，由于宋庠的不作为导致了各种不法现象的产生，因此，包拯认为宋庠的这种行为也属于腐败的一种。在弹劾宋庠的奏疏中，包拯言宋庠"自再秉衡轴，首尾七年，殊无建明，略效补报，而但阴

---

① （宋）张田编：《包拯集》，北京：中华书局1963年版，第55页。

② （宋）张田编：《包拯集》，北京：中华书局1963年版，第55页。

拱持禄，窃位素餐，安处洋洋，以为得策"[1]。事实上，宋庠的这种行为在宋朝非常具有典型性，官员往往为了获得晋升而在任职期间本着"多一事不如少一事"的想法，消极地对待自己的职责。他们虽然没有明显地收受财物，但却对当时的政治文化产生了消极的影响。特别是朝廷中的执政大臣，为了自己的名声或利益，在任期间尸位素餐，结果上行下效，对政治系统的正常运行造成了极大的危害。欧阳修曾对这种现象批判道：

> "国家之法，除赃吏因民告发者乃行之；其他不材之人，大者坏州，小者坏县，皆明知而不问。臣谓凡赃吏多是强黠之人，所取在于豪富。或不及贫弱。不材之人不能驭下，虽其一身不能乞取，而恣其群下共行诛剥，更无贫富，皆被其殃，为害至深，纵而不问。故臣尤欲尽取老病谬懦者，与赃吏一例黜之。"[2]

180

欧阳修认为，相对于贪污受贿的官员而言，在职位上能力较差、无所作为的官员对政治运作产生的危害更大。贪污索贿的官员重点在于巧取豪夺、中饱私囊、瞒上欺下、盘剥豪富；而能力较差又无所作为的官员，一方面缺乏管控下属的能力，另一方面又躲避责任，结果造成了下属官吏鱼肉百姓，恣意妄为。对此，欧阳修曾建议宋仁宗将缺乏能力的"老病谬懦者"与贪污腐败的官吏一并罢黜，选任公忠廉明的官员，以为官僚队伍增加新鲜的血液。包拯与欧阳修也持有类似的观点，他认为朝廷在对贪腐人员进行严厉惩治的同时，也需要对尸位素餐的官员进行问责。当官员在任职期内无所作为、昏昏碌碌时，朝廷应该对其进行降职、罢免并追究其相应的责任，不能因循苟且，明知不问，使这些庸碌的官员一直窃居职位。在包拯看来，庸碌无能的官员占据官位，对国家而言主要有以下两方面

① (宋)张田编：《包拯集》，北京：中华书局1963年版，第63页。
② 丁守和：《中国历代治国策选粹》，北京：高等教育出版社1994年版，第354页。

的弊端。

第一，当占居职位、无所作为的官员是朝中重臣特别是执政大臣时，会对整个国家的治理带来负面的影响。包拯认为，朝中重臣特别是执政大臣在朝廷中主要发挥四方面的重要作用：一是负责协助君主处理整个国家的政务；二是制定涉及政治、经济、军事、科举等方面的政策；三是选任才能突出的人担任各级政府机构的官员；四是整肃朝纲，监督和弹劾官员的各种违法乱纪行为。因此，其能力高低、尽责与否直接关乎国家治理的完善与否。即使他们没有贪污腐败的行为，如果只是循规蹈矩，毫无作为，也会影响国家的治理。包拯对此言道："执政大臣与国同体，不能尽心竭节，卓然树立，是谓之过。"[1]朝中重臣特别是执政大臣是国之股肱，肩负着治理天下的重责，如果他们尸餐素位，毫无建树，就属于失职。在包拯的观念中，如同中书门下平章事、参政政事等执政大臣对上辅佐人主治理天下，对下统帅百官实施治理，必须要用贤才来担任。在晏殊罢相之后，包拯曾对宋仁宗阐发了选任刚健有为的执政大臣对于国家治理的重要性，他言："夫宰相者，上佐人主，以道治天下，固非庸材所堪，当历选群卿，以补其阙。得其人则舆议厌伏，非其人则大职堕斁，治乱之本，在兹一举。"[2]在包拯看来，执政大臣是整个官僚系统的中枢，其德才状况关乎政治系统的稳定运行。君主在选任重臣、大臣之时，要充分考虑到这一问题，不能随便选用庸才充任其中。

第二，当占居职位，无所作为的官员是普通官员或者是地方官员时，会对国家政策执行的效果产生负面的影响。朝中普通官员和地方官员是朝廷决策的执行者和落实者，包拯认为，如果他们在职位上滥竽充数，得过且过，不能主动承担起相应的职责，也属于失职状态，朝廷如果发现后，必须对其问责，并进行惩戒或罢免。事实上，从当时的政治运行来看，宋朝因制度问题所形成的冗官冗员

---

① （宋）张田编：《包拯集》，北京：中华书局1963年版，第63页。

② （宋）张田编：《包拯集》，北京：中华书局1963年版，第16页。

现象非常严重，这也是导致不少朝中普通官员和地方官员尸位素餐、无所作为的一个重要原因。如当时的江淮发运使之职，许多官员在任期间少至几个月，多至数年即被转任他官，许多官员只是将其作为获得资历的一个中转站。他们在任期间，很少有所作为，"旦方受署，夕已望迁"①，脑海里想的都是如何利用关系来获得进一步的晋升，对于所职之事不闻不问，消极对待。包拯曾向宋仁宗指出，一些官员在担任江淮发运使还不到三个月，即获得升迁，这对于地方治理的负面影响非常大。他言："祇如近年林潍、李宗咏、杨日华等，各未逾三数月，旋即罢去，移易之速，甚于传舍。"②在包拯看来，一方面，这种过于快速的升迁方式使得在此地任职的官员没有将心思放在做好本职工作上，他们只是将这一职位视为升迁的平台，在这种观念的影响下，他们在职期间基本上只会奉行多一事不如少一事的心态。另一方面，由于这些官员对本职工作漠不关心，导致一些下属官吏利用他们对行政事务的不熟悉，徇私舞弊，谋取私利，进而引发各种弊政。③对此，他建议宋仁宗将江淮发运使等官员的任期改为三年，满三年后根据他们取得治绩的大小而改任官职。

当然，对于在地方上任职的监司及其下属官员，包拯认为，当他们在职期间浑浑噩噩、无所作为时，朝廷必须对其进行问责。特别是地方上的转运使，他们职责重大，朝廷的各项决策都必须通过他们来落实到基层。如果他们消极对待工作，则会导致国家权力运行的网络出现问题，朝廷的各项决策无法落实到基层。他们手下的属官和胥吏也会利用他们的昏聩来从事各种不法的行为。如包拯就曾弹劾当时担任监司之职的李熙辅、张经等人，指出他们在职期间没有遵守诏敕，做好本职工作，结果使得辖区中的民众深受其害。他建议宋仁宗对这些官员进行问责，以警示其他官员，使其能够奉

① (宋)张田编：《包拯集》，北京：中华书局1963年版，第47页。

② (宋)张田编：《包拯集》，北京：中华书局1963年版，第47页。

③ 包拯对此言："不独送故迎新，寖成大弊，抑亦老胥猾吏，缘以为奸，不可不察也。"参见(宋)张田编：《包拯集》，北京：中华书局1963年版，第47页。

公守法，廉政、勤政。

针对这些弊端，包拯进行了思考，从其奏疏中可以看出，他认为必须要健全朝廷的问责制度，以督促官员做好本职工作。具体说来，包拯认为，朝廷在健全官员的问责制度方面要做到以下三方面：

第一，朝廷在官员的选任方面要慎重对待，必须要选任贤能的官员担任各级职位，并定期对其进行考核，使其能够做好本职工作。这是防止官员在岗位上出现为政方面问题的重要预防措施。包拯认为，君主在治国理政中必须要通过官僚系统来贯彻和执行各种政令，实施各项政治措施。如果选任得人，信之、任之，官员可以在发挥政治主动性的基础上展开各项工作，一方面可以落实朝廷制定的各项措施，另一方面可以针对施政过程中的弊端进行治理。如果所用非人，则自然会对国家治理产生一定的危害。包拯对此言道："若任而不择，择而不精，非止不能为治，抑所以为害矣。"①朝廷在选任官员时如果不能仔细地考察他们的道德状况和施政能力，就把他们委派到相应的岗位上，非但不能起到政治治理的功效，反而会产生一定的危害。因此，在选任官员方面，朝廷和君主必须慎之又慎，不能任意对待。

第二，要充分发挥台谏官员在官员问责方面所起的重要作用。台谏之官是朝廷中监察百官的一支重要力量，御史纠弹不法，谏官拾漏补遗。对于违法乱纪或者昏聩平庸、才不堪其任的官员，台谏之官可以对其进行有效的纠察和弹劾，指出其为政过程中的问题，这对于落实官员的问责制度效用巨大。包拯在谏院任职时曾自述台谏之官在官员问责方面的重要性。他言："臣等蒙陛下擢任，处之谏垣，惟采取天下公议，别白贤不肖，敷闻于上，冀陛下倚任常得起人，以熙大政，不使贪冒非才者得以胶固其位，害败于事。"②包拯这段话语的主要意思是指：包括自己在内的台谏官员，既然被君主任命为台谏之职，其职责就应该根据天下的公议，考察官员的得失，

①（宋）张田编：《包拯集》，北京：中华书局1963年版，第9—10页。

②（宋）张田编：《包拯集》，北京：中华书局1963年版，第63页。

以分别贤能和昏聩的官员，并将自己得到的结果告知君主和朝廷。这样做的目的主要是希望健全朝廷的用人机制，使贤者在位，并且纠弹才能平庸、能力低下的官员，使朝廷对其进行问责、惩戒，以防止这些不肖之人久处其位，影响政治系统的正常运行。可以说，台谏官员在落实官员问责制度方面扮演着重要的政治角色。

第三，朝廷特别是君主必须严格执行官员问责制度，做到有功必赏，有责必罚，这是保证官员问责制度能够实施的重要措施。对于施政存在问题的官员，或在岗位上无所作为的官员，朝廷和君主必须要秉公处理，对其进行责罚惩戒，不能因为各种私情关系而影响问责的实施。包拯曾借天象异常之事指出朝廷在官员问责方面所存在的问题，他言："况今政失于宽，而敝在姑息，官弛于苟简。近下诏令淘汰流品，而才者未之进，不才者未之退。"①包拯此言的意思是指：当前朝廷政令赏罚的执行过于宽松，姑息之风盛行，官员们也奉行因循之政，无所事事。虽然君主颁布了淘汰冗员的诏令，但所起的作用有限。有才能的官员不能获得提拔，而昏聩庸碌的官员仍然占据原有的职位。对此，包拯建议，必须要明赏罚，严黜陟，当朝廷发现官员行政能力较差，在任上胡作非为或无所作为时，必须对其进行严厉的问责和惩戒。基于此，包拯建议宋仁宗要做到："发号施令，在乎必行；赏德罚罪，在乎不滥。振举纲目，杜决萌渐。"②在包拯看来，其一，君主发布的政令，必须要做到令出必行，且要保持一定的持久性，不能前令刚出，即因为各种关系的请托而又制定了与此前政令内容相悖的政令。③其二，君主赏罚要做到公平，当官员有功时，要及时地对其进行奖赏；当官员有过时，要及时地对其进行问责和惩罚。不能滥用奖赏，也不能滥用惩罚，必须要根据官员的实际功过情况而定。其三，君主在治国理政中必须要

---

① （宋）张田编：《包拯集》，北京：中华书局1963年版，第18-19页。

② （宋）张田编：《包拯集》，北京：中华书局1963年版，第19页。

③ 包拯言："缘累年以来，此弊尤甚；制敕才下，未逾月而辄更；请奏方行，又随时而追改。"参见（宋）张田编：《包拯集》，北京：中华书局1963年版，第22页。

整肃纪纲，宽严相济，将各种弊政消除在萌芽状态。

此外，包拯认为，为正本清源，朝廷必须对保举失当的举主进行问责。在宋朝，官员的晋升需要相应的举主对其进行保举，一些官员在保举推荐他人的时候并没有从至公的角度出发，而是根据自己的好恶或利益而推荐官员。包拯曾对当时的官员保举状况描述道："而论荐之人，不能体认朝廷求实才备急用之意，但缘其雅素，或匿于爱私，或迫于势要，或通于贿赂，势不得已，因而举之，又何暇论材器，较治行之详悉哉！"①他指出，朝廷实施荐举之制的原因在于以贤求贤，希望能够通过官员的推荐而使朝廷获得贤能之士。但这一制度在实施时却不断远离朝廷立制的初衷。一些官员或根据与自己的亲疏程度，或根据自己的喜好，或囿于他人的逼迫，或为了谋取自身利益，对相关的人员进行了荐举，结果这些被推荐的人能力和德行都存在问题，根本无法胜任所在岗位的职责。如当时的枢密直学士蒋堂保奏推荐石待举不当，给国家造成了巨大的损失，结果蒋堂只是被处以罚铜四十斤，除此之外，再无责罚。包拯认为，如果对蒋堂这样的行为姑息纵容，就会进一步加剧朝廷中滥举现象的发生。为了整肃纲纪，必须要对包括蒋堂在内的荐举官员不当的举主进行问责和惩戒，以防止荐举人才行为中因私废公现象的发生。

（三）罢黜制度

从政治文化的角度来看，宋朝鉴于五代之乱，在建国之初即奉行崇文抑武、优待士大夫的政治方略，故而在政治文化方面形成了相对宽松的氛围。在宋仁宗时期，这种宽松的政治文化对当时的吏治产生了积极与消极两方面的影响：就积极影响而言，一部分官员的政治主动性因此而增强，他们以天下为己任，无论为政于中央还是地方，在施政过程中他们都廉洁自律，践行和推动儒家的德治。就消极影响而言，由于政治文化相对宽松，统治者对有过错的官员惩罚力度不够。官员在任职期间如果没有大的过错，便会通过考课

---

① （宋）张田编：《包拯集》，北京：中华书局1963年版，第52页。

后正常晋升。即使在任期间出现重大过错而受到罢黜，等到事情过后，便因各种关系通过各种方式再次获得晋升。包拯曾对这种现象言道："今天下郡县至广，官吏至众，而赃污擿发，无日无之。洎具案来上，或横贷以全其生，或推恩以除其衅，虽有重律，仅同空文，贪猥之徒，殊无畏惮。"①这段话语主要指出：当时官员人数众多，但为公者少，为私者多，这些官员为了谋求自身利益而徇私枉法，导致几乎每天发生贪污腐败的事件。朝廷在审理这些贪腐案件时，不少官员利用各种关系来为自己的罪行开脱，导致国家虽然对官员贪腐行为制定了严厉的法律，但这些律令实施效果却大打折扣。由于朝廷执法不严，官员们对于法律也没有敬畏之感，依旧不断地进行以权谋私的行为。

事实上，从当时的吏治状况来看，包拯的所言真实地揭露了当时的官场情况。部分地方官员为了利益或者权力主动攀附朝中执政大臣，而朝中执政大臣也相应地拉拢地方官员进而培养自己的势力，受此影响，宋朝的政治系统中形成了一个个基于利益关系而建立的小圈子。当地方官员进入这些圈子后，便与朝中大臣形成了一损俱损、一荣俱荣的关系，不但会获得晋升之阶，而且会得到保护之伞。因此，这些小圈子内部的官员往往在贪污索贿之后不但对法律有恃无恐，而且利用手中的关系打击检举和弹劾他们的官员。这种情况在仁宗时期频频发生，造成了大量昏聩无能、贪腐索贿之人充斥于官僚体制中，对政治运行造成了极大的危害。欧阳修曾对当时的吏治状况言道："方今天下凋残，公私困急，全由官吏冗滥者多，乞朝廷选差按察使，纠举年老、病患、赃污、不材四色之人，以行澄汰。"②他认为，当时的宋朝已经出现了政治危机，朝廷如果不能厉行罢黜制度，将滥竽充数、徇私枉法的官员清理出官僚队伍之外，则当时的政治状况只能不断恶化下去。

包拯也持有与欧阳修类似的观点，他长期担任监察职务，对吏

---

① (宋)张田编：《包拯集》，北京：中华书局1963年版，第40页。
② 丁守和：《中国历代治国策》，北京：高等教育出版社1994年版，第354页。

治问题非常熟悉。他认为，如果想实现王朝的长治久安，就必须整顿吏治，实施健全的罢黜制度，以使贪污腐化的官员不能借助各种关系来躲避自己的罪责。在奏疏中，包拯向宋仁宗强调"明黜陟"的重要性，他言："妒贤嫉能，以一己为计者，宜速罢免，毋俾久塞要路，则化危为安，变艰于易，如反掌矣。"①这段话语的意思主要是指朝廷对于那些妒贤嫉能，谋取自身私利的官员，必须尽快将其罢黜，不能使他们担任要职。如此，才能使政治步入正轨。在包拯看来，贪腐庸碌的官员是官僚系统中的蠹虫，如果任由他们在官僚队伍中任职，则会不断地腐蚀王朝统治的根基。因此，必须将这些贪腐庸碌的官员及时地清理出官僚队伍之外，并选任贤者担任要职，如此，才能不断地刷新吏治。

为论证自己观点，包拯从历史角度阐发了朝廷对贪腐庸碌的官员进行黜陟的正当性和必要性。他言："昔两汉以赃私致罪者，皆禁锢子孙，矧自犯之乎！太宗朝尝有臣僚数人犯罪，并配少府监隶役，及该赦宥，谓近臣曰：'此辈既犯赃滥，只可放令逐便，不可复以官爵。'其责贪残，慎名器如此。皆先朝令典，固可遵行。"②包拯此言的主要意思是：在两汉时期，朝廷对于贪污腐败的官员，除了严惩他们之外，还禁锢他们的子孙，不令其进入仕途。宋太宗统治时期，曾经有官员贪腐致罪，被发配到少府监从事劳役。等到该宽赦宥免他们的时候，宋太宗对周围的近臣说道，这些人既然犯了贪腐的罪行，只可以将其进行放逐，不能再让他们担任官职，由此可以看出宋太宗严惩贪腐、重视纲纪的态度。这些都是宋朝初期曾经实施过的做法，朝廷在当前也可以吸收和借鉴这些经验。

在包拯看来，古代王朝一直重视惩贪倡廉问题。宋朝建立之后，统治者也奉行重典治吏的原则，对于贪污腐败的官员绝不宽赦。但是到了宋仁宗时期，腐败问题逐渐严重，一些官员在徇私枉法、贪污腐化之后，或利用各种关系，躲避了朝廷对自己的惩罚；或通过

---

① （宋）张田编：《包拯集》，北京：中华书局1963年版，第9页。

② （宋）张田编：《包拯集》，北京：中华书局1963年版，第40页。

向朝中重臣行贿，借此减轻了自己的罪行，且不久又步入仕途，获得官职。这种政治状况使朝廷的罢黜制度很难真正地落实下去，而罢黜制度难以落实又进一步加剧了官员贪腐现象的发生。对此，包拯认为，朝廷应该严格执行罢黜制度。

第一，对于凡是因贪赃枉法而获罪的官员，朝廷不能因为各种关系而减轻对他们的处罚，必须要对其严惩不贷。即使遇到大赦，也不能让这些官员再次进入官僚系统，担任要职。如当时的阎士良，无德无才，屡为不法之事，但因为他是宋仁宗的亲信，每次被弹劾罢黜之后，不久即获升迁。包拯在奏疏中向宋仁宗言道："臣等伏见六宅副使阎士良除授崇仪使，罔测禄縡，中外疑惑。盖自明堂覃恩之后，臣僚非著灼然功效，未尝有超越迁转者。按士良先任蔡州都监日，以不法坐罪，黜降不逾数年，复升职任。今又不次骤正使名，物议喧然，以为不可。"[1]在此，包拯指出，从宋朝官员的晋升通例来看，如果没有非常大的功劳治绩，一般不会越迁转官。阎士良在蔡州担任都监之时，因为不法之事被罢黜后，不过数年即升任官职，现在又被委任崇仪使一职。在包拯看来，这明显有违公议和朝廷的法律。故此，他谏言宋仁宗"追夺前命，以戒将来"[2]。

第二，对于素无廉誉，庸碌昏聩之人，朝廷亦应及时地对其罢免，选任贤者，以防止他们在职位上对朝廷的治理产生更大的危害。如当时的刘兼济，才识浅薄，贪财好利，人尽皆知，但他却利用各种关系获得了地方上的要职，担任了雄州的知州。包拯上书宋仁宗，指出他素来没有廉洁的声誉，其行政能力根本不足以担任地方上的要职，并请求罢免刘兼济的官职，另择任贤能之人担任。他言："臣近以新差知雄州刘兼济材庸识闇，素无廉节，当此边寄，中外之议，共以为不可，乞选有材略武臣充替。"[3]在包拯看来，雄州地区地处边境，宋朝自建立以来，一直选任能力较强的官员担任此地的管理

---

[1]（宋）张田编：《包拯集》，北京：中华书局1963年版，第79页。

[2]（宋）张田编：《包拯集》，北京：中华书局1963年版，第79页。

[3]（宋）张田编：《包拯集》，北京：中华书局1963年版，第77页。

者。①而刘兼济能力匮乏，才识昏庸，显然不适合担任雄州的地方官。故此，包拯谏言宋仁宗尽早罢免刘兼济，起用富有能力的官员赴雄州任职。

综上所述，可以看出包拯也非常注重从制度的角度来思考问题。事实上，宋朝官僚队伍中所出现的人浮于事、无所作为、互相攀附、徇私枉法等现象，在很大程度是由于制度本身设计的不合理和制度绩效的不断递减所造成的。宋初统治集团为了稳固权力，在制度上采取了强干弱枝、互相制衡的策略，造成了宋朝的制度在运转方面效率极低，且机构之间互相牵制，大量冗官冗员充斥其间，怠于政事。不少徇私枉法的官吏又利用制度的漏洞来不断地为自己谋取利益。针对当时的这些现象，包拯对取士、择官、考课、台谏、按察等制度中所存在的弊端进行了分析，并向统治者提出了切实可行的改革建议，其目的在于规范政治系统的运行，从制度上解决腐败现象的发生。

---

① 包拯言："如祖宗朝用何继筠、李汉超、何承矩、李允则以御北鄙，皆极一时之选。"参见（宋）张田编：《包拯集》，北京：中华书局1963年版，第77页。

第五章 包拯廉政思想的主要特征与现代意义

在宋代及其以后的朝代，人们一直将包拯视为清正廉洁的典型象征。历代王朝在反腐惩贪中都以包拯作为奉公廉政的代表，提倡官员学习包拯为国尽忠、刚正不阿的精神。可以说，包拯在宋代以后人们的观念中，已经成为廉政的象征性符号，这可以从包拯去世后人们对他的评价中看出来。在包拯去世不久，与其共事多年的同事吴奎即在《宋枢密副使孝肃包公墓志铭》中言："公幼则挺然若成人，不为戏狎，长弥勖厉操守，（不作私书，绝干请，慎）交游，（喜读）书，无所不览，至于辅世康民，致君立节，可以训人臣之失。公（性峭直，立朝刚毅，）为国家事，词严气劲，件析明白，闻者莫不悚然服从。"①南宋大儒朱熹在《五朝名臣言行录》中亦载："包孝肃立朝刚严，闻者皆惮之，至于闾里童稚妇女，亦知其名；贵戚宦官，为之敛手。"②包拯在朝为官之时，甚得当时吏民的敬畏，甚至基层的妇女儿童都知道包拯的名字，而当时的皇亲国戚以及宫内的宦官，都因为包拯执法严厉、铁面无私而有所收敛，不敢为非作歹。清代李瀚章亦言："公生平忠谠大节，昭如日月，虽妇人孺子无不知其名而敬其人。"③由这些记载与评价可以看出，人们普遍认

---

① （宋）包拯撰，杨国宜校注：《包拯集校注》，合肥：黄山书社2014年版，第278页。
② （宋）张田编：《包拯集》，北京：中华书局1963年版，第142页。
③ （宋）张田编：《包拯集》，北京：中华书局1963年版，第161页。

为包拯具有公平、正直、公正的品性，他也成为了民众心中公正的化身。习近平总书记指出：“研究我国反腐倡廉历史，了解我国古代廉政文化，考察我国历史上反腐倡廉的成败得失，可以给人以深刻启迪，有利于我们运用历史智慧推进反腐倡廉建设。”[1]习近平总书记的这段表述包含了两方面的要点：一是肯定了中国古代廉政思想以及实践的价值；二是指出了这些思想和价值对于当前的廉政治理具有非常重要的借鉴意义。这为我们理解并发掘包拯廉政思想的现代价值提供了方向与依据。在反腐倡廉方面，包拯既有其“言”，即在长期的从政生涯中形成了系统的反腐思想；又有其“行”，即为了整肃吏治，他经常通过弹劾等各种方式惩治贪腐。可以说，包拯的廉政思想既具有理论上的缜密性，也具有实践上的借鉴性，其丰富的惩贪反腐思想对于当前的廉政建设具有重要理论与实践意义。

一、主要特征

从包拯关于反腐惩贪方面的一系列论述的内容来看，其廉政思想的主要特征有三个方面：一是强调官员德性修养的重要性，认为官员在施政过程中要重视培养自身的德性；二是主张在官员选拔中选任贤能，使德才兼备之士列于朝堂之上；三是在反腐过程中强调严格执法。

（一）强调官员德性修养的重要性

在治国理政过程中，儒家素来强调德性的重要性，主张施政者必须时时自省己身，率先垂范。如孔子就认为施政者在施政过程中必须要不断地培养自己的德性，正己而后正人，做到“为政以德”。孟子也强调施政者如果想要实现天下大治的宏愿，就必须自身先修其德，然后在此基础上推行仁政。可以说，从孔、孟开始，儒家就非常强调德性之于政治的重要性，将德性视为政治的道德根基，倡

---

[1] 习近平：《习近平谈治国理政》，北京：外文出版社2014年版，第390页。

导施政者通过不断完善自身的道德品质而在施政过程中发挥以身示范的作用。包拯自幼深受儒家思想的影响，在施政过程中也非常重视德性问题。从其关于反腐惩贪的言论中可以看出，包拯认为施政者具有良好的德性是其廉洁从政的基础和前提，如果施政者以私欲为念，缺少德性，则会在施政过程中为了自己的目的而不择手段。如果施政者克己奉公，不断地自省己身，则会在施政过程中以国家和民众的利益作为政策制定和实施的依据。

包拯本人是非常注重自身德性修养的，在从政过程中经常以身作则，廉于公事。这从包拯在地方任职中的几件事情中即可表现出来。

宋景祐四年（1037年），在尽孝十年之后，包拯入京履职，当时的士人都非常看重包拯的仁孝之风，对他非常推崇。到京之后，包拯居住在同里巷等待朝廷授职。而当时的宰相吕夷简也居住在这个地方，一次，他在待漏院的登记簿中看到了包拯的名字及住处，认为包拯之所以选择在同里巷居住，其目的肯定是为了方便拜谒结交自己。过来一段时间后，朝廷任命下来，包拯被授予了大理寺丞、知天长县后便离京赴任。吕夷简知道后非常感慨。《五朝名臣言行录》载：吕夷简"一日待漏院，见班次有包拯名，颇喜，及归，又闻知居同里巷，意以拯欲便于求见。无已，报拯朝辞，乃就部注一知县而出，尤奇之"[1]。对于吕夷简而言，登门求见，利用人际关系希望获得晋升的官员他经常能遇到，而包拯却没有通过人际关系联系他求得更高的官职。这是他对包拯"奇之"的原因。这件事反映了包拯在德性修养上正是践行了儒家所主张的清正立身、刚直不阿的原则。

宋康定元年（1040年），包拯被朝廷任命为端州知军州之职。到任之后，他很快发现端州地区存在的弊政。端州素以生产端砚出名，且是朝廷钦定的贡品，许多朝廷大臣也非常喜欢端砚。由于端砚生产难度大，周期长，所以一块砚台的价格非常昂贵。一些主政端州

---

[1]（宋）张田编：《包拯集》，北京：中华书局1963年版，第142页。

的官员为了自己的仕途，相继不断压榨端州民众，征收更多的砚台向当时朝廷的权贵行贿。这些额外征收的砚台的数量超过了朝廷制定的上贡数量的数十倍。《宋史》载："端土产砚，前守缘贡率取数十倍，以遗权贵。"①针对这种情况，包拯下令端州只制作需要上贡砚台的数额，并且在任满之后，以身作则，没有带走一块端砚。这件事体现了包拯在为官期间以民为本、不畏权贵的行政作风以及以身作则、克己奉公的政治道德。

宋皇祐五年（1053 年），由于家庭原因，包拯辞去了河北都转运使的官职，开始担任庐州的地方官。庐州是包拯的乡里所在，自然有许多亲戚故旧。包拯任职后，有一些亲戚故旧借助于包拯的名号和关系扰乱官府，违法乱纪，谋求自身的利益，严重影响了当地的社会政治秩序。为了打击不法，警示亲旧，包拯对自己从舅的不法行为进行了审判，并命衙役当场挞之。《五朝名臣言行录》载："包希仁知庐州，庐州即乡里也，亲旧多乘势扰官府，有从舅犯法，希仁挞之，自是亲旧皆屏息。"②在各种腐败案件中，亲属涉腐是诱发官员徇私枉法的一个重要因素。许多官员在工作过程中，由于忽视了对家人、亲戚的约束和政治教育，导致了他们往往借助于官员的人际关系而进行各种不法的行为。有的官员在家人、亲戚的腐化下也丧失了政治觉悟，逐渐落入贪污腐败的深渊。儒家认为，君子爱人，导之以德；小人爱人，纵以姑息。一些重大贪腐事件的发生正是由于官员放纵姑息了对自己家人、亲属的管束和教育，在亲情、关系面前丧失了自己的政治底线，将亲情、关系置于法律之上，结果导致权钱交易的发生。己之不正，焉能正人？家风不正，何以为政？儒家在廉政方面一直强调施政者要注重自己德性的培养，正己而后正人，齐家而后治国。包拯对亲戚故旧进行这种严格约束，正是对儒家这种观念的践行。

---

① （宋）张田编：《包拯集》，北京：中华书局1963年版，第144页。

② （宋）张田编：《包拯集》，北京：中华书局1963年版，第143页。

（二）主张在官员选拔中选任贤能

主张选任贤能是包拯廉政思想的另一个主要特征。在包拯看来，反腐与倡廉同等重要。一方面，在官僚系统中，选任贤能可以使德才兼备之人尽心尽力从事政治管理工作，防止贪腐之人占据职位，徇私枉法，无恶不作；另一方面，朝廷提拔贤能，使德才兼备之士可以通过正常的官僚升迁渠道不断地获得晋升，可以鼓舞士气，提升官僚队伍的道德水准，预防腐败现象的发生。在担任监察官时，包拯曾纠弹当时的宰相宋庠。宋庠于宋天圣二年（1024年）状元及第，此后一直累官至兵部侍郎、同中书门下平章事，担任相职。宋庠长于文辞，短于行政，在任相之后，七年之间并没有大的改善国计民生的举措，所做的基本上都是日常性工作。宋庠行为处事较为低调，延续了从北宋初期以来宰相因循为政的一贯作风，因此深得宋仁宗的青睐。但当时的宋朝自庆历变法失败后，各种社会政治问题不断涌出，宋初宰相们所坚持的"无为"做法已经不能再适应当时时代的需要。如果想要延续宋朝的国祚，就必须在政治方面实施"有为"之政，解决当时国家和社会中急需要解决的紧迫问题。而宰相位居政府，是整个行政官僚队伍的组织者和领导者，其能力对于国家治理而言非常重要。但宋庠任相七年，却没有什么大的作为。按照包拯的说法，宋庠不但尸位素餐，而且还以此为荣，平时所做的就是把持人事，安插亲信，以维护自身的地位。在弹劾宋庠的奏疏中，包拯言："自再秉衡轴，首尾七年，殊无建明，略做补报，而但阴拱持禄，窃位素餐，安处洋洋，以为得策。"[1]在包拯看来，如果想要实施清廉之政，就必须选用贤能之士担任要职，防止昏聩无能之人窃居其位，培植党羽，安插亲信，影响官僚系统的正常运行，引发各种徇私枉法行为的出现。

当然，在包拯的思维中，所谓的贤能必须是德与才兼备，如果其人只有才而无德则不属于贤能之士的范围。他的这种观点在弹劾

---

① （宋）张田编：《包拯集》，北京：中华书局1963年版，第63页。

王逵的行为中表现得尤为明显。王逵长期担任地方转运使，与朝中的陈执中、贾昌朝等人相善。陈执中和贾昌朝是当时朝廷重臣，久秉枢衡。当时宋朝转运使的主要职责就是收税，朝廷判断地方官员是否贤能的标准实际上也是按其能否足额地征收赋税。王逵在担任湖南路的转运使之后，不但按时上缴了当时的赋税，而且还额外征收了大量的"羡余"。宋仁宗也比较看重王逵，视其为能吏。但王逵之所以能够征收超额的赋税，主要是靠其盘剥百姓的手段而来。在其辖区之内，许多农户因交不了税款而受到处罚，不少人逃离家乡，有的民众甚至聚众反抗王逵的征税行为。在包拯看来，王逵并非能吏，毫无任何政治道德，朝廷任用这样的官吏只能不断恶化政治环境，引发民众更多的不满。在弹劾王逵的奏疏中，包拯明言："伏见王逵凶暴无识，残忍有馀，列位簪绅，心同蛇蝎，因缘奸诈，遂忝职司。在湖南日，酷法诛求财利，苟图进擢，民被杀者，罔知其数。"①在此，包拯表达了自己两方面的看法：一是王逵道德败坏，行政能力不足，只不过是靠投机取巧而非自身能力获得官职；二是王逵在湖南任职期间，为了自己的仕途，拼命搜刮民脂民膏，征收额外的赋税，且杀害百姓，恶事做尽。换言之，在包拯看来，王逵不仅不是君主眼中的能吏，反而是祸国的蠹虫。因此，他建议宋仁宗查办王逵，以正视听。

为了能够整顿吏治，营造风清气正的官场氛围，包拯本人也积极地向朝廷推荐贤能之士。如张田，曾在河北广信军、信安军担任通判，熟悉边务，长于边防，曾经撰写过《边说》，其中细致阐发了如何处理边务事务。包拯看到后，即送给宋仁宗观看。由于内容翔实，颇有见解，张田受到了仁宗的欣赏和表彰。可以说，包拯对张田而言有着知遇之恩。②在包拯担任三司使时，为了能够整顿财政，

---

① （宋）张田编：《包拯集》，北京：中华书局1963年版，第76页。

② 包拯在《进张田边说状》中向宋仁宗言："臣窃见殿中丞通判信安军张田，性质端劲，文艺该博，周知河朔之事，尝著边说七篇，词理切直，深究时病，辄敢缮写进呈。伏望陛下万机之暇，少赐观览，则沿边利害，粲然可见。"参见（宋）张田编：《包拯集》，北京：中华书局1963年版，第115页。

包拯又向宋仁宗推荐张田担任三司度支判官一职，协助自己处理三司的工作。而张田在长期的仕宦生涯中，也以廉洁自律，秉公理事。

又如沈起，曾经担任过滁州通判的职务。其父有病，他未暇按正常程序辞官，直接回到家乡侍奉父亲。在父亲去世，守孝满三年后，宋仁宗念其仁孝，便任命他为海门县令。海门近海，每年涨潮之时，海水便会淹没部分田舍，沈起到任之后，便根据当地的地势修筑了防潮大堤，解决了水患问题，因此受到民众的爱戴。包拯在了解到沈起的事迹之后，认为他廉于公事，便向宋仁宗推荐他担任监察御史之职。事实证明，包拯推荐的这些官员在职期间都清正廉洁，克己奉公，并取得了良好的治绩。

在《进魏郑公三疏箚子》中，包拯曾向宋仁宗说明选拔贤能的困难性以及重要性。包拯认为，当时朝廷存在着一股不好的官场风气，即秉钧大臣妒贤嫉能，不愿意任用贤能之士。当有的官员勤于公事、有所建树时，就会遭到这些重臣的厌恶和讥讽，或指其沽名钓誉，或指其急躁功利，结果这些贤能的官员受到打击后有的意志消沉，有的怠于政事。①对此，包拯深感痛惜，他认为宋朝机构中之所以出现人浮于事的情形，与这种官场氛围有很大的关系。事实上，从组织行为学的角度来看，任何个体的行为都受到所处环境中的舆论的影响。当个体周围的舆论认可和支持个体的行为时，个体就会不断地从事并优化自己的行为；反之，当个体周围的舆论否定甚至打击个体的行为时，个体从事这一行为的积极性就会大打折扣。在政治系统中，这种情况也存在。如果秉钧大臣对贤能之士的行为认可并支持，则这些官员的政治积极性和主动性就会不断提高；如果秉钧大臣对贤能之士的行为不屑一顾，则这些官员在政治活动中就很容易失去政治积极性和主动性，造成的结果正如包拯所说的那样："然士有志于国家之急务者甚少。其能处心积虑图报于上，又困于近

---

① 包拯言："臣伏闻顷岁大臣颛政，颇恶才能之士，有所开建，则讥其近名，或云沽激，欲求进达，遂使才能之士莫敢自效，纵能不顾忌讳，指陈事理，固亦困于沮挠，无得而施用矣。"参见（宋）张田编：《包拯集》，北京：中华书局1963年版，第7页。

名之说，是则志士仁人终无以奖进矣。"[1]以天下为己任，有志于国事的士人本来就不是很多，而当时想要积极报效国家的士人又困于各种舆论的影响，不能施展自己的抱负，许多碌碌无为的官员反而充斥于官僚队伍之中。

对此，包拯认为，人才难得，廉于公事、积极为国的人才更为难得。君主必须发挥自身在政治系统中的舆论引领和人才选拔功能。一方面，君主在选人用人方面必须严格考察，不能被左右近臣以及朝廷重臣的言论所影响，应当根据治绩而非评论选拔出岗位所急需要的人才。另一方面，当贤能之士受到舆论影响时，君主应该发挥政治协调作用，"端虑以临下，推诚以格物，循名以核其实，因迹以照其心，使忠者、邪者情伪毕见"[2]。当然，在包拯看来，朝廷重臣在评价和推荐人才时，也应该出于公心，不能为了利益而推荐自己信任但没有任何行政能力的官员。

（三）在反腐过程中强调严格执法

就政治运行的过程来看，法律在反腐倡廉过程中发挥着事前预防和事后惩戒的双重作用。就事前预防而言，法律通过条文内容的形式对官员能做什么与不能做什么做了严格的界定，在一定程度上形塑了官员的行政伦理。任何一部健全的法律都含有对官员行政行为进行约束的内容，防止各种贪腐活动的发生，以维持政治系统的正常运转。就事后惩戒而言，当有的官员突破了法律的约束而徇私枉法、行贿受贿时，就会受到法律的严厉制裁，这种制裁对其他官员也产生了警戒作用。值得注意的是，法律在反腐倡廉过程中发挥作用需要一个重要的前提，即法律必须严格执行。如果出现人为干扰法律运行的事件，则会严重影响法律在反腐活动中的作用。

在帝制中国时代，影响法律在反腐活动中正常运行的因素主要有两方面：一是君权的干涉；二是监察权力的弱化。前者主要是指

---

① （宋）张田编：《包拯集》，北京：中华书局1963年版，第7页。

② （宋）张田编：《包拯集》，北京：中华书局1963年版，第7页。

君主以法外开恩的形式干扰正常司法活动的审理或直接以行政命令的形式影响法律的正常运行。后者主要是指在君权的影响下，监察官员们失去了纠弹腐败官员的政治活力，碌碌无为，发挥不了原本的监察功能。包拯事实上也深刻意识到了这两方面因素对反腐倡廉活动的影响。

第一，针对君权的干涉而言，包拯在担任户部判官时，曾向宋仁宗建言道："臣闻法令者，人主之大柄，而国家治乱安危之所系焉，不可不慎。缘近岁以来，赏罚之典，或尚因循，且人知法令之不足信，则赏罚何以沮劝乎！"①包拯认为，法令的实施关涉到政治系统的稳定运行，如果人主在实施法令之时不能做到公正，且因人因事而不断地修改，则会出现赏罚不明的情况，进而影响司法活动的开展。事实上，从当时的政治状况来看，宋仁宗有时会因为利益关系的影响而干扰正常的司法活动。如当时经常违法乱纪的郡马郭承祐就因为裙带关系而受到了宋仁宗的庇护。郭承祐出身于官宦家庭，后来娶舒王之女而为郡马。他与宋仁宗关系也较为密切，在仁宗尚为太子之时，他即担任了太子府的属官，与赵祯朝夕往来。后赵祯即位之后，他又担任阁道通事舍人之职。在职期间，郭承祐依仗自己与宋仁宗的关系，盗卖宫中物品，被发现后却受到了宋仁宗的庇护，不久即担任了建武军节度使、殿前副都指挥使等职，虽然屡遭监察官员的弹劾，但由于宋仁宗的关系，他并没有受到相应的惩罚。这导致了郭承祐在朝中肆意妄为，无法无天。欧阳修等人也曾向仁宗上书，指出郭承祐德薄才小，不堪重任，但宋仁宗却没有任何处置郭承祐的实际行为。

包拯在谏院任职之时，即非常重视法令执行的重要性，针对郭承祐的不法行为，包拯认为是宋仁宗的姑息养奸，才导致他不断地腐化。对此，他向宋仁宗上书，列举了郭承祐的种种不法行为，力主朝廷按章办事，将其绳之以法。包拯言："承祐以亲以旧，曲被优恩，有大罪而蒙全生，无微功而叨将领，便蕃富贵，出入宠荣。假

① （宋）张田编：《包拯集》，北京：中华书局1963年版，第14页。

198

使杀身，未能报德；而奶恣逞奸慝，渎乱国经。"①在包拯看来，郭承祐的所作所为，件件突破法律的底线，之所以"有大罪"但"蒙全生"，没有受到应有的制裁，主要是因为仁宗庇护的结果。针对这种情况，包拯要求仁宗严惩郭承祐，以正典刑。在包拯的强烈要求下，仁宗终于将郭承祐贬官至郑州。

在君主政体下，法令是否能够得到严格的执行，其实与君主本身有密切的关系。当君主能够做到有功者必赏、有恶者必罚时，则官员就会严格执行朝廷的法令；当君主赏罚不定，全凭一己好恶而奖赏或惩罚官员时，则法令的执行度就会大打折扣。包拯亦认识到了这一点，他曾举唐文宗和李石之间的对话来劝说宋仁宗做到知人善任，赏罚必公。唐文宗李昂即位之后，有感于当时的政局，曾问宰相李石如何才能使天下复归于治的问题，李石回答说，朝廷的法令如果得到贯彻和落实，则国家的治理自然能步入正轨。包拯以此段对话作为例证向宋仁宗阐发了在反腐过程中严格执法的重要性。他言："赏者必当其功，不可以恩进；罚者必当其罪，不可以幸免。邪佞者虽近必黜，忠直者虽远必收。法令既行，纪律自正，则无不治之国，无不化之民，在陛下力行而已。"②此段内容包含了包拯的两方面的观点：其一，在国家治理中，君主必须公正无私，不能以个人的好恶来判断臣下行为的正当与否，如果要奖赏某人，必须要根据他的实际功劳，如果要惩罚某人，则必须根据其具体的罪责。其二，法令是治国理政的重要工具，君主在施政过程中必须严格执法，不能干扰法令的正常运行。只要君主能够依照法令中的具体内容对臣下进行奖惩，并确保法令畅通无阻，则自然会对政治运行产生积极的推动作用，有助于构建风清气正的社会政治环境。

第二，针对监察权力而言，包拯认为，必须进一步加大台谏官员规谏君主、纠察不法的权力。宋朝在制度设计上提高了君权，削弱了相权。与唐代相比，宋朝宰相统帅百官，制衡君权的力量有所

---

① （宋）张田编：《包拯集》，北京：中华书局1963年版，第69页。

② （宋）张田编：《包拯集》，北京：中华书局1963年版，第14页。

减少，而台谏官员则成为规制百官和君主行为的两股重要力量。如何有效地发挥台谏官员查漏补缺、纠弹不法的功能，进一步增大台谏部门的监察权力，成为包拯思考在反腐过程中如何能够做到严格执法方面的一个重要问题。宋真宗在提升台谏官员的地位时，事实上赋予了他们一定的风闻奏事的权力。但在包拯担任谏院之职时，台谏官员如果想要弹劾官员，指陈时弊，必须要将每条事项的证据及信息来源说清楚，即"分析"。包拯认为，国家设置台谏官员特别是御史的本意在于为朝廷纠错，台谏官员是君主的耳目，也是朝廷的监察人员。宋朝前期君主在设置御史之时，就明确规定了御史的职责，以便整肃吏治，维持纲纪。对此，他言："所以先帝特降诏书，添置侍御史以下六员，并不兼领职。当时诏令不允官曹涉私，措置乖方，刑赏逾制，并许弹奏。"[1]即使御史在弹劾纠察之时，有少许与事实不符合的地方，朝廷在查清之后也给予一定的保全，以鼓励言官上书指陈得失。宋仁宗时期，根据规定，御史在纠察朝政得失时必须要进行"分析"。这种做法实际上将监察官员的工作重心引导到了搜集弹劾之事所需要的具体证据方面，而这些事情本来是由大理寺等部门来完成。对此，包拯向宋仁宗建议，对御史的弹奏，不必令其进行"分析"，可以直接将其所奏之事在朝堂上讨论，或交由司法部门进行处理。御史等台谏官员的重心工作应该放在规谏君主、弹劾不法方面。当然，如果言官在纠弹方面确实徇私枉法，则君主应当对其进行处罚，以正国法。包拯向仁宗说道："臣欲望今后御史等凡有弹奏，事或过当，更不令分析及其戒励，若乃阿意徇私，即乞重行责降。如此，则上彰陛下好谏之德，下免朝廷过举之失。"[2]

包拯在政治实践方面也身体力行，在反腐中做到不畏权贵，严

---

① (宋)张田编：《包拯集》，北京：中华书局1963年版，第19页。
② (宋)张田编：《包拯集》，北京：中华书局1963年版，第19-20页。

格执法。①嘉祐元年（1056年），包拯被任命担任权知开封府一职。到任不久，开封即发生了洪水，城中房屋倒塌损坏严重，民众的生命安全也受到严重威胁。包拯随即派人查明了洪水暴发的原因，即当时的中官势族侵占了当时疏通水系的河流，并且在上面建立了房屋园林等建筑，阻碍了水系的流通。为了尽快解决水患，包拯即组织人员将这些中官势族侵占之地上的各种建筑拆毁，并疏通河道。事后，有一些中官贵族私自伪造地契，向包拯索赔。包拯即亲自丈量，并将他们的恶行上报君主，一一惩处。《宋史》载："中官势族筑园榭，侵惠民河，以故河塞不通，适京师大水，拯乃悉毁去。或持地券自言，有伪增步数者，皆审验劾奏之。"②无论是在朝为官，还是在地方上任职，包拯在公事问题上从不苟合，也从不为个人谋取私益，严格按照当时的法令内容执法。

二、现代意义

腐败现象产生的原因有多种，但概括来说主要有三个主要方面：一是利益的刺激，使有些官员忘记了党纪国法而肆意贪污索贿，无所不为；二是价值观的缺失，使有的官员沉迷于享乐主义文化中，自甘堕落；三是权力欲望过大，使有的官员为满足一己之私而触碰法律的底线，肆意妄为。近年来，腐败现象屡有发生，一部分官员往往自甘被围猎，在面对权力诱惑、经济诱惑、生活诱惑以及欲望诱惑时，不能坚定自己的理想信念，为了满足自己的私欲而大搞权钱交易，且为了躲避党纪国法的监察而组建利益一体的小集团。可以说，当前的腐败现象日渐呈现出复杂化、隐秘化的趋势。因此，习近平总书记曾多次强调当前反腐任务的艰巨性与严峻性。在中共

---

①《五朝名臣言行录》载："包孝肃知谏院，数论斥大臣权倖，请罢一切内降曲恩；又列上唐魏郑公三疏，请置坐右，以为龟鉴。"参见（宋）张田编：《包拯集》，北京：中华书局1963年版，第143页。

②（宋）张田编：《包拯集》，北京：中华书局1963年版，第145页。

中央第十八届中央纪律监察委员会第六次全体会议上，他指出"从党的十八大以来查处的中管干部违纪违法案件看，腐败分子往往集政治蜕变、经济贪婪、生活腐化、作风专横于一身。"①为了打击腐败，党和政府多次颁布各项规章制度。党的十八大以来，在强化干部监管方面，我国制定了一系列重要的规章规定，如中共中央组织部颁布的《关于在干部教育培训中进一步加强学员管理的规定》《关于加强干部选拔任用工作监督的意见》，中共中央办公厅、国务院办公厅制定的《领导干部干预司法活动、插手具体案件处理的记录、通报和责任追究规定》《党政领导干部生态环境损害责任追究办法（试行）》，中共中央制定施行的《中国共产党纪律处分条例》，等等。观今宜鉴古，包拯在反腐倡廉方面的思想和实践可以为当下的廉政建设提供历史智慧。

（一）推进德治，营造风清气正的价值观念

包拯认为，施政者之所以出现腐败现象，其中一个重要的原因就是道德的缺失。当施政者心存公念、以民为本时，则必然会在施政过程中克己奉公，廉洁自律；而当施政者心存私念，肆志广欲时，则必然会在施政过程中贪污索贿，徇私枉法。因此，包拯非常重视官员的德性在治国理政中的重要性，他曾言"清心为治本，直道是身谋"②，认为清心是施政者为政的根本。在包拯看来，良好的德性可以有效地抑制内在私欲的扩张，激发人的内在道德责任感，使其在施政过程中即使面对利益等各种外在诱惑时能够坚定自己的价值理念。故而，包拯认为德治是廉政建设当中不可缺失的重要措施。在当前的反腐倡廉中，德治无疑具有重要的价值意义。从落马官员的陈述内容来看，他们腐败的第一步往往是失去了自身的价值理念，丢失了应有的道德责任感。这使得他们在面对外在利益诱惑的时候，自身没有任何抑制欲望扩张的制约机制，进而铤而走险，违法犯罪。

202

---

① 习近平：《习近平谈治国理政》第二卷，北京：外文出版社2017年版，第161-162页。

② （宋）张田编：《包拯集》，北京：中华书局1963年版，第136页。

因此，在当前的廉政建设中，应该推行道德教育，以培育施政者的内在道德责任感。当然，当前廉政建设中的道德教育之"德"，并非单纯的古代社会中的传统道德，而是包含了传统美德在内的社会主义道德和政德。具体来说，德治对当前的廉政建设具有两方面的价值。

第一，有利于促进施政者内在德性的彰显与维持。德性根植于每个人的内心，对人的外在行为起着重要的调节作用。孟子曾言："恻隐之心，仁也。羞恶之心，义也。恭敬之心，礼也。是非之心，智也。仁义礼智，非由外铄我也，我固有之也。"[①]他认为人性本善，道德根植于每个人的内心。人们进行道德活动并非因为考虑外在的利益因素，而是顺从自己内在良心的召唤。人之所以出现恶行，往往是由于"陷溺其心"的缘故。[②]因此，在廉政治理中，道德教育非常重要。通过道德教育可以唤醒或激发人们内在的良知，使其自觉地抑制内在的贪腐欲望和抵御外在的利益诱惑。事实上，在政治管理中，道德教育也非常重要。管理者一方面加强自身的道德修养，另一方面加强道德教育，可以对他人起到以身示范的榜样作用，并激发他们内在的道德责任感，使其在施政过程中以公为念，克制私欲。

这对当前的廉政建设具有重要的启迪作用，从贪腐人员腐败的过程来看，世界观、人生观、价值观的扭曲是其踏入腐败深渊的第一步。面对利益和权势的诱惑，他们丧失了立党为公、执政为民的信念，将手中的权力视为获得利益的工具，希望通过利益交换而换取更大的权力，进而摄取更多的利益。许多落马的贪腐官员在忏悔中都认为，自身世界观和人生观的变化是腐化的开始。对于外在利益的诱惑，他们放松了对自己的道德要求，内心的贪欲不断扩大，

---

① （清）焦循撰，沈文倬点校：《孟子正义》，北京：中华书局2017年版，第625页。

② 孟子言："富岁子弟多赖，凶岁子弟多暴，非天之降才尔殊也，其所以陷其心者然也。"参见（清）焦循撰，沈文倬点校：《孟子正义》，北京：中华书局2017年版，第627页。

由此而走上了贪腐的不归之路。①因此，在施政过程中，必须通过各种方式培育官员内心中的德性，加强社会主义核心价值观对他们世界观、人生观、价值观的引领，树立和增强他们内心中立党为公、执政为民的价值信念，以发挥道德在预防腐败中的阀门作用。具体来说：其一，要对官员进行廉政教育，使他们内心能够树立廉政、勤政的观念；其二，要在机关单位开展廉政文化宣传，构建廉政、勤政的工作氛围，通过各种方式将廉政文化和廉政思想注入广大党员干部的内心。

第二，有利于提高社会文明程度，推进反腐倡廉工作的展开。习近平总书记强调："要重视发挥道德的教化作用，提高全社会文明程度，为全面依法治国创造良好人文环境。"②在当前的廉政建设中，道德教育作用对于腐败治理非常重要。事实上，腐败就其行为而言，主要包括索贿、受贿与行贿、施贿两个维度：索贿、受贿主要是部分官员在利益的诱惑下，丢失了立党为公、执政为民的信仰，以公谋私，摄取财利；行贿、施贿则是包括部分官员在内的社会成员为了一己之利而通过各种途径向拥有权力的官员主动给予各种利益。整治贪腐不光要营造风清气正的政治氛围，也要营造健康文明的社会氛围；既要防止部分官员的以公谋私、徇私枉法的不法行为，也要规制社会成员为了个人利益而进行的行贿、施贿行为。包拯认为，对于惩治贪腐，德治是基础，必须发挥道德教化对人心秩序的规范作用，使人们以克己奉公为荣，以假公济私为耻。在当前的廉政建设中，通过发挥道德对社会成员的道德教化作用，培养他们的公心、公德，可以有效遏制社会与政治中的不良风气，提升整个国家的社会文明程度，进而在此基础上为廉政建设提供良好的人文环境。

---

① 如徐炳松在忏悔书中说："思想已经逐步发生变化的我，防线逐步开始瓦解，由抵制、拒绝变得躲躲闪闪，由躲躲闪闪变得心存侥幸。"参见王传利：《1978—2009年中国腐败高发期及其治理方略研究》，北京：清华大学出版社2016年版，第184页。

② 习近平：《习近平谈治国理政》第二卷，北京：外文出版社2017年版，第134页。

（二）健全法治，构建有腐必惩的政治生态

"以德防腐"对于官员的腐败起到了预防作用，但是从现实层面来看，仍然有官员经受不住利益的诱惑而出现贪赃枉法的行为。包拯在从政的过程中也发现了这一问题，他主张在"以德防腐"的基础上要发挥法律的惩戒功能，实行"以法治腐"。在包拯看来，在反腐过程中，德治是根本，通过道德教化可以有效防止官员贪念的萌生，使其克己奉公、廉洁自律；法治是工具，通过法制约束可以对突破道德底线的官员的贪腐行为进行惩戒。可以说，德治是体，法治是用，在反腐过程中两者缺一不可。这对当前的廉政建设具有重要的启示意义。在当前，虽然党和国家通过各种方式展开党风廉政教育，培养公务人员的廉政道德。但仍有一些行政人员丧失了信仰，为了权力和利益，不惜铤而走险，以身试法，辜负党和人民对他们的信任，通过各种方式以权敛财，且为了防止纪检监察而互相订立攻守同盟。习近平总书记曾指出："当前，腐败问题依然存在。有的仍心存侥幸，搞迂回战术，卖官帽、批土地、抢项目、收红包，变着花样收钱敛财，动辄几百万、几千万甚至数以亿计；有的欺瞒组织、对抗组织，藏匿赃款赃物，与相关人员订立攻守同盟，企图逃避党纪国法惩处。"[1]习近平总书记的这段论述指出了当前腐败的两方面的趋势特点：一是腐败分子仍然对自己的徇私枉法行为心存侥幸，希望通过一些方法来躲避纪委和监察部门的检查。二是有的腐败分子有计划、有目的、有步骤地进行贪腐，互相之间进行串通。从习近平总书记的这段重要论述中可以看出，当前反腐工作的任务仍然较为严峻。

故此，在当前的廉政建设中，应该在加强官员道德教育的基础上发挥充分发挥法治的规范性作用，以法治腐。具体来说：

第一，应健全相关法制，树立全方位的法律监督与规制体系。人性是复杂的，当面对外在的诱惑时，内在的道德规制是第一道防

---

[1] 习近平：《习近平谈治国理政》第二卷，北京：外文出版社2017年版，第162页。

线，这道防线对行政人员内心中的贪念发挥着预防性的抑制作用。当一些腐败分子受不了外在利益的诱惑而突破了这道防线后，如果没有其他力量的制约，就会发生贪腐徇私的行为。而法治则是有效遏制官员出现腐败行为的第二道防线。这道防线的作用主要有两方面的内容：

一是及时地对贪腐的行为进行惩戒，防止政治权力体系因腐败而产生破碎化的情况。从政治运行的角度来看，良好的政治管理需要政治权力在既有的体制框架内进行良性而稳定的运行。而腐败则会对这种正式的权力运行机制产生冲击。为了谋取自己的利益，贪腐分子会借助于政治权力的权威而营造小圈子，并且以这些小圈子作为徇私枉法的主要媒介，从而形成了在正式体制外的另一套非正式的权力运行体系。这些非正式的权力运行体系成为腐败人员互相攀附、谋取私利的重要平台，且对正式的权力运行体系造成了冲击，使其制度绩效不断递减。各种行贿的人员借助于这套非正式的权力体系贿赂官员，通过钱权交易来谋取自身的利益；而贪腐人员则通过这套非正式的权力运行体系收取贿赂，产生权力寻租行为。健全法制，贯彻法治，加强监督可以有效地遏制非正式权力运作体系的生成，及时地将进行政治投机的行政人员清理出官僚队伍，进一步促进正式的权力体系的良性运行。

二是这种对腐败行为的处罚本身就对行政人员发挥了廉政宣传与教育的作用。当一部分行政人员心存侥幸，希望通过权力寻租而获取利益时，将反腐败案件作为廉政宣传与教育材料，可以有效地抑制想要以权谋私人员内心中的贪念，使他们产生对法律的敬畏感。这些廉政宣传与教育的材料所反映的是活生生的例子，更能让想要贪腐的人员切身感受到法律监督和执行的力度，使他们在内心中产生"不敢腐"的思想。①

第二，完善问责制度，建设高效廉能的纪检监察队伍。在健全法制、构建有腐必惩的政治生态过程中，打造一支高效的、廉政的、有能力的纪检监察队伍必不可少。他们是廉政治理工作的主要执行者和落实者。纪检监察队伍素质和能力建设直接与反腐倡廉工作的执行效果紧密相关。首先，在纪检监察队伍人员的选任上，要选任出工作能力强、政治责任心重、廉洁奉公的行政人员来行使纪检监察职能，防止纪检监察队伍中出现工作能力懒散，政治责任心弱，甚至与贪腐人员勾结，借此以公谋私的人员出现。其次，要加大对纪检监察人员的业务培训，增强其政治业务能力。反腐是一项重要的政治工作，关系着国家的长治久安，因此，纪检监察人员的职责非常重要，必须对其要进行业务培训。在当前，一些腐败行为逐渐出现了隐秘化的特点，侦查和发现较为困难。不少腐败人员也通过订立攻守同盟来抗拒纪检监察人员的检查，这给当前的纪检监察工作带来了一定的压力。因此，业务培训对于纪检监察人员顺利地侦查破获腐败行为来说至关重要。从增强纪检监察人员能力的角度来说，业务培训必须固定化、长期化和科技化。固定化是指要定期对纪检监察人员开展业务培训，在这方面，要把入职培训和日常的过程性培训结合起来，使纪检监察人员能够较快地熟悉自己的职能业务，顺利地开展工作。长期化是指要利用一定的时间，通过业务培训不断提高纪检监察人员的工作能力，使其了解腐败人员最新的腐败行为方式以及侦查破获方法。科技化是指要利用先进的科技来增强纪检监察人员侦查破获腐败行为的能力。当前，人工智能和大数据的发展不断取得新的进展，可以利用人工智能和大数据来分析和发现一定时期内腐败行为的特点以及趋势，在充分利用现代科技的

① 十八届中央纪律检查委员会向中国共产党第十九次全国代表大会的工作报告中指出：要"强化警示教育，充分发挥典型案例和违纪违法干部忏悔录的反面教材作用。推进标本兼治，靠加大惩治力度，形成持续震慑，巩固不敢腐。"参见中共中央党史和文献研究院编：《十九大以来重要文献选编》上，北京：中央文献出版社2019年版，第83页。

基础上，进一步推动纪检监察工作的开展。最后，要加强党对纪检监察队伍的领导。纪检监察人员不光要有强大的业务工作能力，也要有高标准的政治水准，并在此基础上能够充分地把握党和国家的各项政策的内涵。①党的领导对于纪检监察人员的工作至关重要，为纪检监察工作指引了方向并提供了政治保障。因此，在纪检监察工作中，要坚持和贯彻党管干部的原则。纪检监察干部也要在党的领导下，充分发挥自己的政治活力，高效地展开侦查反腐工作，不断深化国家廉政治理工作的深度和广度。

第三，协调立法、执法、司法和守法之间的关系，实现它们的有机联动，使腐败无处遁形。习近平总书记强调，要"坚持全面推进科学立法、严格执法、公正司法、全民守法"②。首先，科学立法是健全法治，构建有腐必惩的政治生态的重要前提。只有科学立法，构建全方位的法律监督和实施体系，才能使想要贪腐的人员不能利用法律的漏洞而做徇私枉法的行为。科学立法既要注重立法的质量，也要有一定的前瞻性。在当前，各种隐秘的腐败行为层出不穷，在科学立法的过程中要充分考虑到反腐倡廉的现实需要，在廉政治理方面制定出完善而高效的法律体系。其次，严格执法是健全法治、构建有腐必惩的政治生态的关键措施。法律本身对于贪腐人员具有震慑性，但这种震慑性的发挥必须是建立在严格执法的基础上。如果法律制定后在落实层面出现了问题，就会影响其所具有的震慑性功能的发挥。所以，在科学立法之后，在廉政治理方面必须要严格落实和推进法律的执行，防止因各种关系的影响而出现有法难以执行现象的出现，充分发挥法律对于贪腐人员的震慑性功能。再次，

① 十八届中央纪律检查委员会向中国共产党第十九次全国代表大会的工作报告中强调："广大纪检监察干部要始终对党忠诚，扎实开展以学习实践习近平新时代中国特色社会主义思想为重点的'不忘初心、牢记使命'主题教育，提高思想政治水准和把握政策能力，做敢于担当的表率。"参见中共中央党史和文献研究院编：《十九大以来重要文献选编》上，北京：中央文献出版社2019年版，第83页。

② 中共中央党史和文献研究院编：《十九大以来重要文献选编》上，北京：中央文献出版社2019年版，第622页。

公正司法是健全法治、构建有腐必惩的政治生态的重要保证。公正司法可以有效地推动廉政工作的开展，使纪检监察人员可以严格按照相关的法律来执行反腐惩贪工作，公正地对腐败案件进行审理和判决。在公正司法方面，为了防止出现以权谋私的行为，必须要进一步健全司法工作方面的相关制度，使司法部门的权力形成既相互合作又相互制约的关系，以确保司法工作人员能秉公司法。习近平总书记强调，在司法方面，要"健全司法权力分工负责、相互配合、相互制约的制度安排"①。这为公正司法提供了理论原则的指导。廉政治理离不开良好的司法制度，只有公正司法，才能为廉政治理提供执行基础。最后，全民守法是健全法治、构建有腐必惩的政治生态的社会基础。纪委监察部门对腐败行为的监督和查处是反腐倡廉工作的主要方式。为了能够全面地构建有腐必惩的政治生态，需要在全社会进行系统化的普法工作，营造全社会知法、守法的廉政风气，使腐败行为无处遁形。一方面，在廉政治理方面，全民守法可以增加民众对腐败行为的认知，发挥人民反腐的力量；另一方面，推动全民守法的工作，可以奠定廉政治理的人民基础，使人民群众大力协助纪检监察部门的反腐倡廉工作。

当然，推进德治与健全法治在廉政治理中是一体两面。②在廉政治理中需要充分发挥两者的作用，既要重视德治在腐败治理中的事先预防作用，也要重视法治在腐败治理中的事后惩戒作用，将事先预防和事后惩戒有机地结合起来，以促进廉政工作的全面展开。

---

① 中共中央党史和文献研究院编：《十九大以来重要文献选编》上，北京：中央文献出版社2019年版，第623页。

② 习近平总书记强调："法律是准绳，任何时候都必须遵循；道德是基石，任何时候都不可忽视。在新的历史条件下，我们要把依法治国基本方略、依法执政基本方式落实好，把法治中国建设好，必须坚持依法治国和以德治国相结合，使法治和德治在国家治理中相互补充、相互促进、相得益彰，推进国家治理体系和治理能力现代化。"参见习近平：《习近平谈治国理政》第二卷，北京：外文出版社2017年版，第133页。

（三）强化监督：树立全面覆盖的监察体系

包拯廉政思想的一个突出表现就是他非常重视监察在反腐倡廉中的重要作用。在与宋仁宗的奏疏中，包拯每每强调要通过台谏官员、转运使、提点刑狱公事对各级官员的监察来遏制惩戒腐败。这对目前的廉政建设而言无疑具有积极的意义。在当前的国家治理中，必须要强化监督，在权力运行的各个层面建立起全面的监察体系，以防止官员队伍中出现因缺少监督而导致的以权谋私行为。从廉政治理的角度来看，监察体系构建得越全面，则腐败人员徇私枉法的空间就越小。在廉政治理过程中，要重视监督在预防和惩戒腐败行为中的重要功能，切实建立全面覆盖的监察体系，做到不留任何死角和空白。

第一，要贯彻从严治党的方针，不断完善党和国家的监督体系。党的十九大报告指出："增强党自我净化能力，根本靠强化党的自我监督和群众监督。"[1]一方面，党的自我监督是确保行政人员廉洁奉公的主要方式，其内容涵盖三点：一是组织监督，即通过党组织而形成自上而下的监督。在当前的廉政治理中，这种自上而下的组织监督需要进一步强化。二是发挥广大党员的监督作用，形成自下而上的监督。在新时代的反腐倡廉活动中，需要进一步改进这种监督方式，切实发挥自下而上的监督的绩效。三是同级之间的相互监督，即同级行政人员之间互相监督，以防止腐败行为的产生。由此可以看出，在当下，党的自我监督体系已经成熟，形成了系统性的监督体系。另一方面，人民监督是确保行政人员廉政、勤政的重要保障。[2]政治权力的良性运行需要人民的监督。人民监督是保障政治权

210

---

[1] 中共中央党史和文献研究院编：《十九大以来重要文献选编》，北京：中央文献出版社2019年版，第47页。

[2] 党的十九大报告强调：在健全党和国家监督体系方面，"要加强对权力运行的制约和监督，让人民监督权力，让权力在阳光下运行，把权力关进制度的笼子。强化自上而下的组织监督，改进自下而上的民主监督，发挥同级相互监督作用"。参见中共中央党史和文献研究院编：《十九大以来重要文献选编》上，北京：中央文献出版社2019年版，第47页。

力运行透明、正当的重要基础。当政治系统中出现腐败行为时，人民可以及时地通过纪检监察通道将贪腐人员贪腐的信息以及证据及时地报送给相关部门，为纪检监察部门依法审理和判决腐败案件提供重要的材料和证据支撑。可以说，在反腐倡廉中，人民的监督必不可少，与党的自我监督相辅相成。党的自我监督是廉政治理的主要方式，也是惩贪奖廉的重要途径。必须在从严治党思想的指导下，不断强化党的自我监督，完善党内监督体系，发挥党内监督制度的绩效，严厉打击各种腐败行为，这也是确保人民监督能够顺利开展的重要保证。人民监督则通过发挥社会力量来健全和规制行政人员的行为，这为党的自我监督制度的实施以及功能的发挥提供了坚实的群众基础。从近年腐败治理的案件来看，不少贪腐人员都是由人民举报，纪检监察部门依法受理后通过调查和审判而发现的。在当前的廉政治理中，必须要将党的自我监督和人民监督结合起来，充分发挥两者在反腐活动中的重要作用。

第二，要完善全方位的监察体制，使监察体制成为反腐、治腐的重要力量。在廉政治理活动中，监察部门是有效防止和遏制腐败行为产生的重要力量。一方面，监察部门通过定期的、过程性的廉政教育可以增强行政人员辨认腐败行为的能力，了解腐败行为的危害，使他们树立廉政、勤政的政治伦理观。另一方面，监察部门通过行使监察权可以有效地发现并遏制腐败行为的产生以及扩散，将腐败人员及时地清理出干部队伍，确保行政人员能够克己奉公，廉于政事。当前，监察委员会已经在我国各个行政层级建立起来，根据监察法的规定，监察委员会职责主要有三个方面：一是进行廉政教育，增强公职人员的行政伦理观念，并对他们的工作行为进行监督和检查；二是对于徇私枉法的贪腐人员进行调查，收集证据，确保将他们能够被绳之以法；三是履行行政政务处分、问责以及向司法部门移送腐败调查材料的功能。[①]在未来的廉政治理活动中，必须进一步完善当前的监察委员会制度，发挥监察委员会在廉政教育以及反腐惩贪方面的重要功能。具体来说，一方面，要继续推进监察委员会工作的力度和广度，使其能够充分发挥检查和监督的作用，确保监察工作的深入开展。另一方面，则要进一步协调监察委员会与其他法治部门之间的关系，以推动监察工作快速、高效地开展。同时，在监察工作中，要贯彻和落实习近平总书记强调的抓"关键少数"与管"绝大多数"相统一的思想。[②]监察工作中的抓"关键少数"，主要是指通过监察工作管住领导干部中的骨干，使他们能够坚定党性，廉政、勤政。而管"绝大多数"则主要是指通过监察工作使广大的党员干部做到克己奉公，清白从政。这两方面是辩证统一的：一方面，通过监察工作管住领导干部中的骨干，严处其中违法乱纪、贪污腐化的人员，就会使依法治腐的价值和观念深入基层，进一步推动国家的廉政建设；另一方面，通过监察工作管住广大的党员干部，则可以营造清正廉政的政治氛围，推动反腐败工作的整体性推进。总的来说，监察体制是反腐的一道重要防线，只有打造坚实的监察体制，才能及时而有效地遏制官僚系统中的不正之风。

第三，要推进贯彻立体化的巡视巡察制度，及时地发现和处理官员队伍中的以权谋私行为。巡视和巡察是党内监督的主要方式之一。巡视重在中央和省一级，巡察则重在市与县一级。巡视巡察制

---

① 《中华人民共和国监察法》第十一条规定："监察委员会依照本法和有关法律规定履行监督、调查、处置职责：（一）对公职人员开展廉政教育，对其依法履职、秉公用权、廉洁从政从业以及道德操守情况进行监督检查；（二）对涉嫌贪污贿赂、滥用职权、玩忽职守、权力寻租、利益输送、徇私舞弊以及浪费国家资财等职务违法和职务犯罪行为进行调查；（三）对违法的公职人员依法作出政务处分决定；对履行职责不力、失职失责的领导人进行问责；对涉嫌职务犯罪的，将调查结果移送人民检察院依法审查、提起公诉；向监察对象所在单位提出监察建议。"参见中共中央党史和文献研究院编：《十九大以来重要文献选编》上，北京：中央文献出版社2019年版，第371页。

② 习近平总书记在十九届中央纪委二次全会上强调："坚持抓'关键少数'和管'绝大多数'相统一。提高全面从严治党实效，必须坚持唯物辩证法，既讲'两点论'，又讲'重点论'，在兼顾一般的同时紧紧抓住主要矛盾和矛盾的主要方面，以重点突破带动整体推进，在整体推进中破解重点难题。"参见中共中央党史和文献研究院编：《十九大以来重要文献选编》上，北京：中央文献出版社2019年版，第189页。

度的建立，对于推进党内廉政建设发挥了重大的作用。一方面，巡视巡察属于动态的监督方式，可以及时地发现行政过程中的违法违规行为，并责其进行整改，推动各级行政机关廉政廉洁氛围的建设。另一方面，巡视巡察则可以有效地检查和发现出党政机关中存在的腐败行为，将腐败人员从行政队伍中及时地清理出去。可以说，在廉政治理过程中，巡视巡察制度发挥着集中检查与专项整治的作用。集中检查是指巡视组和巡察组在党的统一领导下，对各级党政机关进行定期、过程化的监督检查，发现问题，整治问题。专项整治是在贯彻党中央精神的基础上，针对特定的廉政主题而展开的行为活动。这两者实施的目的都是为了推动廉政建设，确保党员干部能够依法行政，树立廉洁奉公的行政理念。当然，巡视巡察制度的设置也体现了新时代党建要求，①有助于国家反腐倡廉工作的深度开展。

---

① 党的十九大报告指出："新时代党的建设总要求是：坚持和加强党的全面领导，坚持党要管党、全面从严治党，以加强党的长期执政能力建设、先进性和纯洁性建设为主线，以党的政治建设为统领，以坚定理想信念宗旨为根基，以调动全党积极性、主动性、创造性为着力点，全面推进党的政治建设、思想建设、组织建设、作风建设、纪律建设，把制度建设贯穿其中，深入推进反腐败斗争，不断提高党的建设质量，把党建设成为始终走在时代前列、人民衷心拥护、勇于自我革命、经得起各种风浪考验、朝气蓬勃的马克思主义执政党。"参见中共中央党史和文献研究院编：《十九大以来重要文献选编》上，北京：中央文献出版社2019年版，第43-44页。

结　语

　　包拯是古代清官的代表，长期以来，人们也将他视为公正的化身。在长期的仕宦生涯中，他清正廉洁，不畏权贵，成为人们心中反腐倡廉的典型人物。从理论来源来看，包拯的廉政思想是对以往儒家廉政思想的继承和发展，先秦汉唐儒者所强调的民本、德教、法治等思想在包拯廉政思想体系中都有着清晰的呈现。包拯遗留于世的著作并不是很多，多为奏疏，但从这些奏疏的内容可以看出，他在君道、臣道、吏治、民生、择官、省官等方面都有所思考，并且针对宋朝当时所存在的腐败问题向宋仁宗提出了大量的政策建议。有的政策建议被朝廷采纳推行后，对其当时的吏治整顿起到了积极的作用。在当前的国家治理中，反腐倡廉意义重大，能否有效地对腐败进行治理，关乎国家的长治久安。这就需要以习近平新时代中国特色社会主义思想为指导，立足于中国国情，在广泛吸收古今中外反腐思想的基础上，构建融思想教育、制度约束与监察监督于一体的系统性的反腐倡廉体系。中国古代在长期的历史发展过程中形成了丰富的反腐思想理论，而包拯的反腐倡廉思想可以说是古代反腐思想理论中的精华和重要组成部分。通过汲取包拯廉政思想中的合理内容，可以为当前国家的廉政建设提供政治智慧与历史借鉴。

　　包拯奏疏中涉及反腐问题的文字内容精炼，话语阐述形式多为"分析问题—指出弊端—提出建议"的样式。从这些奏疏内容表达来看，包拯在阐发具体的政策建议时，背后是有一套系统廉政思想体系作为支撑的。针对宋朝当时的吏治问题以及制度弊端，包拯重申了儒家在廉政问题上所主张的以民为本、为政以德以及以法治腐等价值理念，并在践行这些价值理念的基础上针对宋朝制度中取士、择官、考课、台谏、按察、封驳等问题提出了一系列富有建设性的政策主张和建议，进一步丰富了儒家廉政思想的内容。在当前，汲取这些廉政思想中的合理成分，无疑对廉政治理具有重要的意义。

参考文献

一、史料典籍

1.（汉）贾谊：《新书校注》，北京：中华书局2000年版。

2.（汉）司马迁：《史记》，北京：中华书局2011年版。

3.（汉）班固：《汉书》，北京：中华书局2007年版。

4.（汉）桓宽撰，王利器校注：《盐铁论校注》，北京：中华书局2017年版。

5.（唐）李林甫等：《唐六典》，北京：中华书局2014年版。

6.（唐）吴兢：《贞观政要》，长沙：岳麓书社2016年版。

7.（唐）韩愈撰，马其昶校注：《韩昌黎文集校注》，上海：上海古籍出版社2014年版。

8.（宋）柳开撰，李可风点校：《柳开集》，北京：中华书局2015年版。

9.（宋）张田编：《包拯集》，北京：中华书局1963年版。

10.（宋）包拯：《孝肃包公奏议》（一、二），上海：商务印书馆1939年版。

11.（宋）窦仪等详定，岳纯之校证：《宋刑统校证》，北京：北京大学出版社2015年版。

12.（宋）包拯撰，杨国宜校注：《包拯集校注》，合肥：黄山书社2014年版。

13.（宋）陈亮撰，邓广铭点校：《陈亮集》，石家庄：河北教育出版社2003年版。

14.（清）范能濬编集，薛正兴校点：《范仲淹全集》（上、下），南京：凤凰出版社2004年版。

15.（清）孙星衍：《尚书今古文注疏》，北京：中华书局2004年版。

16.（清）焦循撰，沈文倬点校：《孟子正义》，北京：中华书局2017年版。

17.（清）王先谦撰，沈啸寰、王星贤整理：《荀子集解》，北京：中华书局2012年版。

18.（清）王夫之著，舒士彦校：《宋论》，北京：中华书局1964年版。

19.司仪祖整理：《宋大诏令集》，北京：中华书局1962年版。

二、现代著述

（一）著作

1.习近平：《习近平谈治国理政》，北京：外文出版社2014年版。

2.习近平：《习近平谈治国理政》第二卷，北京：外文出版社2017年版。

3.习近平：《习近平谈治国理政》第三卷，北京：外文出版社2020年版。

4.中共中央党史和文献研究院编：《十九大以来重要文献选编》上，北京：中央文献出版社2019年版。

5.中央纪委国家监委研究室编：《新中国成立以来党风廉政建设纪事》，北京：中国方正出版社2019年版。

6.《十八大以来廉政新规定》，北京：人民出版社2019年版。

7.李玮：《包公廉政文化研讨会文集》，广州：暨南大学出版社2018年版。

8.许高彬：《包拯传》，合肥：安徽人民出版社2018年版。

9.李启成：《中国法律史讲义》，北京：北京大学出版社2018年版。

10.俞荣根：《儒家法思想通论》，北京：商务印书馆2018年版。

11.戴兆国等：《走向文化强国的道德基石：培育和践行社会主义新道德》，北京：人民出版社2018年版。

12.陈来：《孔子·孟子·荀子：先秦儒学讲稿》，北京：生活·读书·新知三联书店2017年版。

13.龚延明：《宋代官制词典》，北京：中华书局2007年版。

14.郭学信：《宋代士大夫群体意识研究》，北京：中国社会科学出版社2017年版。

15.邱汉平：《历代刑法志》，北京：商务印书馆2017年版。

16.杨鸿烈：《中国法律思想史》，北京：商务印书馆2017年版。

17.高汝伟、殷有敢：《政治伦理学》，南京：南京大学出版社2016年版。

18.东方朔：《差等秩序与公道世界：荀子思想研究》，上海：上海人民出版社2016年版。

19.徐式圭：《中国监察史略》，北京：中国书籍出版社2016年版。

20.周五香：《廉政及其公共性》，北京：经济管理出版社2015年版。

21.刘黎明：《以史为鉴：历代廉政反腐启示录》，北京：新华出版社2015年版。

22.项继权、李敏杰、罗峰：《中外廉政制度比较》，北京：商务印书馆2015年版。

23.陈峰等：《宋代治国理念及其实践研究》，北京：人民出版社

2015年版。

24. 邓小南：《祖宗之法：北宋前期政治述略》，北京：生活·读书·新知三联书店2014年版。

25. 方潇：《天学与法律——天学视域下中国古代法律"则天"之本源路径及其意义探究》，北京：北京大学出版社2014年版。

26. 李良学：《李良学讲包公》，天津：南开大学出版社2014年版。

27. 卢雪昆：《孔子哲学传统：理性文明与基础哲学》，台北：里仁书局2014年版。

28. 李小红、张如安：《中国古代廉政思想简史》，北京：中国方正出版社2014年版。

29. 程树德：《论语集释》，北京：中华书局2013年版。

30. 严耕望：《中国政治制度史纲》，上海：上海古籍出版社2013年版。

31. 邢思陆：《中国审判制度史》，上海：上海三联书店2013年版。

32. 张义生：《宋初三先生研究》，济南：山东人民出版社2012年版。

33. 于洪珠：《腐败治理新论》，北京：世界图书出版社2012年版。

34. 梁启超：《先秦政治思想史》，北京：中国人民大学出版社2012年版。

35. 冯友兰：《中国哲学史》，上海：华东师范大学出版社2011年版。

36. 陈顾远：《中国法制史概要》，北京：商务印书馆2011年版。

37. 程东峰：《责任伦理学》，北京：人民出版社2010年版。

38. 曾振宇、傅永聚注：《春秋繁露新注》，北京：商务印书馆2010年版。

39. 瞿同祖：《中国法律与中国社会》，北京：商务印书馆2010

年版。

40.马小红：《中国古代社会的法律观》，郑州：大象出版社2009年版。

41.彭炳金：《唐代官吏职务犯罪研究》，北京：中国社会科学出版社2008年版。

42.肖建新：《宋代法制文明研究》，合肥：安徽人民出版社2008年版。

43.张晋藩：《中国监察法制史稿》，北京：商务印书馆2007年版。

44.周天：《中国历代廉政监察制度史》，上海：百家出版社2007年版。

45.徐忠明：《包公故事：一个考察中国法律文化的视角》，北京：中国政法大学出版社2002年版。

46.孔繁敏编：《包拯年谱》，合肥：黄山书社1986年版。

47.〔美〕马伯良，杨昂、胡雯姬译：《宋代的法律与秩序》，北京：中国政法大学出版社2010年版。

48.〔美〕苏珊·罗丝-阿克曼、邦妮·J.帕利夫卡，郑澜译：《腐败与政府：根源、后果与改革》，北京：中信出版社2008年版。

（二）论文

1.翁良殊、颜吾佴：《习近平廉政治理的理论创新与时代价值》，载《思想教育研究》2018年第10期。

2.李丹、孙立军：《论中国传统廉政思想文化的当代价值》，载《思想教育研究》2018年第3期。

3.杨建党：《儒家廉政文化：地位、结构与限度》，载《江汉论坛》2018年第10期。

4.张小姣、吕世伦：《包拯廉政思想要义及其当代传承》，载《北京行政学院学报》2018年第3期。

5.汪蕾、张传文：《论包拯宽严并济的行政观》，载《池州学院学报》2017年第2期。

6.张先昌、杜海棠：《以法治官：中国传统社会廉政法制建设的当代价值》，载《法学杂志》2017年第1期。

7.杨永庚：《廉政教育与我国新时期意识形态的建构》，载《陕西师范大学学报》（哲学社会科学版）2016年第2期。

8.李拥军：《中国古代廉政法制经验的现代启示》，载《学习与探索》2016年第10期。

9.宋学来：《我国传统文化的廉政特质及其当代提升》，载《理论探索》2016年第4期。

10.曹家齐：《包拯嘉祐三年新任差遣释证——兼谈仁宗至神宗时期台谏职能之变化》，载《文史》2016年第3期。

11.陈志宏：《廉政文化对政治生态的修复功能探究》，载《河南社会科学》2016年第3期。

12.李方菁：《古代廉政文化对中国特色反腐的现代意义》，载《人民论坛》2015年第11期。

13.黄亮：《理学视域下的廉政思想研究》，载《黑龙江社会科学》2015年第4期。

14.陈景良、吴欢：《清明时节说包公：包公"司法之神"形象的形成动因与观念基础》，《法学评论》2014年第3期。

15.孙立智：《包拯的法治观念及其断案特点考证》，载《兰台世界》2014年第34期。

16.孙立军、焦岚：《廉政文化的挖掘与探索》，《中共中央党校学报》2014年第1期。

17.张立文：《儒家伦理与廉政》，载《中州学刊》2014年第6期。

18.张晋藩、杨静：《俸禄与廉政史鉴》，载《国家行政学院学报》2013年第5期。

19.孔繁敏：《包拯的法治思想与断案特色》，载《北京联合大学学报》（人文社会科学版）2011年第4期。

20.范晓东：《中国传统文化中清官的法律思想——以包拯、海瑞为研究对象》，载《山西高等学校社会科学学报》2011年第10期。

21. 何峰：《略论包拯与中国的清官文化》，载《合肥学院学报》（社会科学版）2010年第2期。

22. 史戈：《包拯的民本思想》，载《江淮文史》2008年第4期。

23. 朱文涛：《包拯的审计经历与思想》，载《中国审计》2008年第13期。

24. 郭学信：《论包拯崇拜的文化心理》，载《安徽师范大学学报》（人文社会科学版）2003年第1期。

25. 洪仁杰：《论包拯的职官管理思想》，载《安徽史学》2002年第1期。

26. 杨国宜：《略论包拯的民本思想》，载《安徽师范大学学报》（人文社会科学版）2002年第1期。

27. 杨绪容：《包拯断案本事考》，载《复旦学报》（社会科学版）2001年第2期。

28. 张全明：《包拯的反贪理论与实践探微》，载《华中师范大学学报》（人文社会科学版）2001年第1期。

29. 王振国：《论包拯的吏治思想》，载《郑州大学学报》（哲学社会科学版）2001年第3期。

30. 周怀宇：《论包拯监谏结合的监察方式》，载《安庆师范学院学报》（社会科学版）2001年第3期。

31. 徐彪：《论包拯的司法道德观》，载《安徽大学学报》（哲学社会科学版）2000年第2期。

32. 沈瑞英：《略论北宋台谏与包拯》，载《河南大学学报》（社会科学版）2000年第2期。

33. 章志远：《略论包拯的惩贪思想与实践》，载《社会科学》2000年第5期。

34. 朱万曙：《论包拯的儒家人格》，载《学术界》1999年第2期。

35. 萧伯符、汪庆红：《包拯的吏治思想及其现代启示》，载《华东政法学院学报》1999年第6期。

36. 肖建新：《问渠哪得清如许？——论包拯清廉的品性和修养》，载《安徽师范大学学报》（人文社会科学版）1999年第4期。

37. 夏扬、郭世东：《试论包拯的吏治思想》，载《中外法学》1999年第5期。

38. 刘强、汪汉卿：《试论包拯的执法思想》，载《安徽农业大学学报》（社科版）1998年第3期。

39. 傅玉璋：《试论包拯的"用人之道"》，载《安徽大学学报》（哲学社会科学版）1998年第6期。

40. 杨荣：《试论包拯的知行统一》，载《安徽大学学报》（哲学社会科学版）1997年第6期。

41. 史爱君：《包拯的"宽民利国"思想》，载《史学月刊》1997年第1期。

42. 李乐宣：《包拯——中国古代监察的典范》，载《南京理工大学学报》（社会科学版）1997年第1期。

43. 刘五书：《包拯对弘扬儒家文化的贡献》，载《史学月刊》1995年第2期。

44. 贾玉英：《包拯的台谏官政绩述论》，载《安徽师范大学学报》（哲学社会科学版）1995年第4期。

45. 肖建新：《包拯监察理论和实践简论》，载《安徽史学》1994年第3期。

46. 王基：《论包拯的社会政治思想及其实践》，载《安徽史学》1994年第3期。

47. 孔繁敏：《包拯与庆历新政》，载《河南大学学报》（社会科学版）1993年第1期。

48. 刘坤太：《包拯改革赋税弊政的主张与实践》，载《河南大学学报》（社会科学版）1993年第1期。

后　记

本书为2015年度安徽省哲学社会科学规划青年项目"法治视域下包拯廉政思想及其当代价值研究"（AHSKQ2015D09）的最终成果。

本书的形成基于多年的研究积累，笔者通过搜集包拯廉政思想方面的有关文献资料，分析包拯廉政思想产生时代背景、价值理念、制度思考以及当代意义等内容，将包拯廉政思想的整体面貌呈现出来。就其内容体系来看，包拯廉政思想中蕴含着丰富的反腐惩贪方面的内容，挖掘其中契合于当前廉政治理方面的内容，通过创造性转化与创新性发展，可以为当前进度营造风清气正的廉政风气，一体化推进"不敢腐、不能腐、不想腐"提供重要的实践智慧与历史借鉴。

感谢安徽师范大学法学院院长郭泽强教授等领导的关心与指导！感谢安徽师范大学学术出版基金项目的支持！感谢安徽师范大学出版社编辑陈艳女士的辛苦付出！

本书研究意在抛砖引玉，不足之处敬请批评指正。